万世师表至圣先师孔子像

（河北地质大学校园孔子塑像）

中华优秀传统文化是中华民族的精神命脉，是涵养社会主义核心价值观的重要源泉，也是我们在世界文化激荡中站稳脚跟的坚实基础。

——习近平

国家第三批特色专业建设点——工商管理专业建设成果
河北省高校重点学科建设项目资助
河北省高校百名优秀创新人才支持计划（Ⅱ）（编号：BR2-126）
中国高等教育学会教育科学研究规划课题（编号：06AIJ0240040）
河北省教育科学规划项目（编号：06020321）
石家庄经济学院重点教研项目（编号：2003J014）

中华新儒商与传统伦理

苗泽华　编著

经济科学出版社

图书在版编目（CIP）数据

中华新儒商与传统伦理／苗泽华编著. —北京：
经济科学出版社，2016.5
ISBN 978 - 7 - 5141 - 6773 - 3

Ⅰ.①中… Ⅱ.①苗… Ⅲ.①儒学 - 应用 - 商业经
营 - 高等学校 - 教材 Ⅳ.①F713

中国版本图书馆 CIP 数据核字（2016）第 065040 号

责任编辑：周国强
责任校对：徐领柱 杨 海
版式设计：齐 杰
责任印制：邱 天

中华新儒商与传统伦理

苗泽华 编著
经济科学出版社出版、发行 新华书店经销
社址：北京市海淀区阜成路甲 28 号 邮编：100142
总编部电话：010 - 88191217 发行部电话：010 - 88191522
网址：www. esp. com. cn
电子邮件：esp@ esp. com. cn
天猫网店：经济科学出版社旗舰店
网址：http：//jjkxcbs. tmall. com
北京季蜂印刷有限公司印装
787×1092 16 开 15.5 印张 280000 字
2016 年 6 月第 1 版 2016 年 6 月第 1 次印刷
ISBN 978 - 7 - 5141 - 6773 - 3 定价：49.00 元
（图书出现印装问题，本社负责调换。电话：010 - 88191502）
（版权所有 侵权必究 举报电话：010 - 88191586
电子邮箱：dbts@ esp. com. cn）

前言

读圣贤书，背经典语，领悟中华圣贤之道德；

行儒商道，做文明人，笃行优秀传统之伦理。

  说起我十几年来一直倡导的"新儒商"，还得从 1974 年全社会掀起的那场声势浩大的"批林批孔"运动开始。当时，我大概上小学三年级，写作文时，语文老师要求必须联系"批林批孔"，有几句话必须要在作文中体现，如"林彪与孔老二一个鼻孔儿出气""林彪与孔老二穿一条裤子"等。如果文中有了类似的话，老师就极力表扬，学生也似乎感觉挺神气。现在回想起来，风马牛不相及，真是令人感到可笑、可悲、可叹至极矣！

  1981 年 9 月至 1985 年 6 月底，我在河北大学念本科，学的是数学专业。我一生感到骄傲的是我成了村里 1977 年恢复高考以后，第一个考上大学的本科生。在当时的岁月里，老师经常说："学会数理化，走遍天下都不怕！"因为我侥幸在家乡巨鹿县全体高考生中考了总分第五名，数学单科第一，于是我在老师的鼓励下就填报了河北大学数学专业。我记得小时候，看见汽车都追着看，在后面追着跑老远。上大学之前，我从来没见过火车，也没有见过高楼大厦，更没有见过大山和大海。上了大学后，我感觉什么都新鲜。当时，河北大学书画社大张旗鼓地招收新社员，大一的不少新生报名比较踊跃。我记得好像画了个猪，画得还挺像，书画社就把我招收进去了。说实话，小时候，村里的学校也没有什么美术训练，但似乎我在书画方面还有些天赋，随意画个孙悟空、猪八戒之类的，还挺像。小伙伴也经常找张珍贵的白纸（如挂历的背面），让我画，用蜡笔涂上颜色，挂在家里特别显眼的地方。在河北大学书画社，我学过书法、绘画、篆刻，也能涂抹几笔竹兰梅菊四君子和山山水水等国画。在诸多书法大家中，我最喜欢颜体，颜真卿是唐朝的大忠臣，杀身成仁，舍生取义。颜鲁公的字刚正、豪迈、大气，筋骨丰腴，有忠烈之风。当时，还喜欢读一些书法、国画、篆刻、诗歌、历史、古典小说等文学艺术类的书。

1985 年 7 月初，我毕业分配到河北地质学院基础部担任数学老师，从此与教育结下了不解之缘。从宣化到石家庄，从执教数学到执教企业管理，在这个学校从教已经三十余年，真是弹指一挥间。1989 年，一个偶然的机会，我从学校图书馆借了一本《孔子传》，现在怎么也回想不起来作者是谁了。当时，我爱不释手，反复读了六遍。孔子伟大的人格，以及他率领弟子周游列国不屈不挠的毅力与作风深深打动了我。他的学生，如颜回英年早逝，令人悲伤；子路出仕卫国，为抵抗叛军，勇战到最后，身受致命之伤，临死前还不忘正冠，令人敬佩；子贡结庐为恩师守墓长达六年之久，更是令人感动。于是，我立志以孔夫子为楷模，终生学习孔子，竭力弘扬儒学。

1990 年 9 月，我考入北京理工大学管理工程专业硕士研究生，师从金胜谟教授。一个偶然的机会，我阅读了《周易》等传统经典，尽管是一知半解，但也感受到了传统文化的神奇与魅力。因为我大学时没有系统学过经管类的课程，为了弥补自己的缺陷，当时在恩师金胜谟先生的教诲与指导下，研读了一些国外经管类名著，如斯密的《国富论》、凯恩斯的《通论》、萨缪尔森的《经济学》、孔茨的《管理学》、西蒙的《管理行为》、科斯的《交易费用》、德鲁克的《管理实践》和斯蒂格勒的《价格理论》等。这些国外名著的作者皆是经济与管理学界的大师，不少作者曾经获得诺贝尔经济学奖。另外，还阅读了国内于光远、袁宝华、蒋一苇、马洪、吴敬琏、厉以宁、周叔莲、魏杰、刘伟、盛洪、肖炼、黄速健等先生的著述。因此，当时我对传统文化仅仅是浅尝辄止，也没能好好地感受其中的滋味与乐趣。直到 90 年代末，我才逐渐地认识到，在中华这一神圣而广袤的沃土上，要学好管理、教好管理、用好管理，不仅要学习西方的经济思想与管理理论，研读获得诺贝尔经济学奖的经典名著，还必须继承和弘扬中华传统文化，用心领会古代先圣先贤的精神，这才是我们中华民族的思想根脉与管理精神。于是我开始大量涉猎传统国学书籍，先后研读了司马迁的《史记》和司马光的《资治通鉴》等经典名著的节本，后来又投入大量精力和时间阅读了全本。千古两司马的爱国情怀、忠诚大度的人格至今影响着我。另外，我还反复研读了《道德经》《论语》《大学》《中庸》《孟子》《周易》《诗经》，以及唐诗宋词等。我深深地感到，中华传统文化博大精深，五味俱全，处处闪烁着道德的光芒，时时飘洒着智慧的馨香。这正是取之不尽用之不竭的思想源泉，也是学习经济与管理的基础，还是做人做事的灵犀，更是踏上成功大道的根基。在长期授课中，我也学习并吸纳了古今中外有关伦理道德的思想与智慧。再后来，我还拜读了钱穆、胡适、冯友兰、南怀瑾等诸位先生的书，并反复研读了西南联合大学北京校友会编写的《国立西南联合大学校史》一书，中华优秀传统伦理与文化的种子在我的心田里发了芽，扎下了根，逐渐长出了一株有生命力的幼苗。

自 2003 年 3 月担任石家庄经济学院商学院院长以来，我与领导班子率先提出了"培养适应全球化与社会主义市场经济发展的新时代儒商"这一人才培养目标，曾经多次与商学院总支书记李世隆先生，副院长申彩芬、刘洪伟，副书记赵宝贵等人进行商讨，由我牵头提出了"诚信、博学、敬业、创新"的办学理念。

当时，我提出的办学理念是"诚信、博学、务实、创新"，李世隆书记认为"务实"不如"敬业"好，我一听他的想法及其阐释，感到非常有道理，发自内心佩服老先生的敬业精神和文化底蕴，心想"姜还是老的辣"，立马就把"务实"改成了"敬业"。李世隆先生长我十六七岁，德高望重，虽然已退休多年，却依然关心着学校和商学院的建设与发展。当时，商学院领导班子中也有人认为，办学应该突出"学"，应把"博学"放在第一位。但我和班子其他成员经过反复研讨与思考后，认为在办学及商科人才培养中，"德"永远是第一位的，应该把"诚信"放在第一位。为了让"八字"理念深入师生们的心坎上，赵宝贵副书记发起了"八字"理念征文和相关的知识竞赛活动，起到了重要的播种作用。赵书记为学生工作动了不少脑筋，花费了诸多心血。可惜赵书记 59 岁就过早离世了，着实令人痛心！我也因此悲伤了好一阵子。2012 年 11 月 8 日，中共十八大明确提出了"三个倡导"，即"倡导富强、民主、文明、和谐，倡导自由、平等、公正、法治，倡导爱国、敬业、诚信、友善，积极培育社会主义核心价值观"。近年来，凝练为 24 个字的社会主义核心价值观在全国推广与普及。石家庄市的大街小巷，只要是显眼的地方，大都有这 24 个字的核心价值观。当我看到我们商学院长期倡导的八字理念有四个字"诚信"和"敬业"都在核心价值观里，就别提内心有多兴奋了！

经过八年的研究，我于 2011 年 11 月在经济科学出版社出版了专著《新儒商理论与实践研究》，在学术界产生了较大的影响。我给自己确定的人生使命是"弘扬儒学，培育新儒商！"为此，发愿终生致力于新儒商理论研究，并投身于新儒商人才培养的探索与实践之中。长期以来，笔者得到了学校党委和商学院领导班子，以及广大师生的关心与支持。李世隆书记、赵宝贵书记、李建新书记、冯凌云副书记、董莉副书记、申彩芬副院长、刘洪伟副院长、郭爱英副院长、王汉新副院长等先后在一起共事的班子成员和广大师生皆全力支持"为中华民族培养新儒商"这一理念，积极为新儒商人才培养出谋划策。

2015 年 12 月 5 日下午，商学院举办了"第十三届新儒商知识竞赛决赛"，内容丰富多彩，形式生动活泼。王凤鸣校长、毛磊副校长，商学院董莉副书记、王汉新副院长，管理科学与工程学院黄学萍书记，市场营销教研室主任张雁白教授、葛永红教授和商学院辅导员苗苗、孙永义、康晶晶等人参加了盛会。

会上还举办了商学院 2006 级市场营销专业本科毕业生朱绥宾奖学金颁奖仪式。大约在会后的晚上九点半，本人给朱绥宾同学发了一个短信，对她的慈善之举，表达了老师和同学们的感动心情，并对她的善行表示衷心的感谢。朱绥宾同学在短信回复中真诚地说："工作快十年了，才找到一点门径，只是一直想着如何回报母校的栽培，懂得感恩才能继续前进！"她还说："苗院长，您的新儒商对我影响很大。真的，自己开公司打拼时就靠诚信经营，也希望您能影响更多的人！"工商管理专业毕业生十周年回母校聚会，还专门定做了篆书商学院八字理念"诚信、博学、敬业、创新"的休闲大背心，着实令人感动。近年来，回母校参加同学聚会的商学院毕业生见到我，除了必要的寒暄和礼仪，我也经常询问孩子们，商学院的"八字"理念是否有用？新儒商人才培养措施是否有效？是否见效？不少同学跟我说，商学院的"八字"理念很重要，做人经商都必须讲诚信，并对新儒商思想及人才培养模式、措施等给予了充分肯定，同时也有毕业生提出了一些合理化的建议。在课堂上，看到莘莘学子对诸子百家的新鲜感，对传统伦理与文化的渴求，对新儒商的敬慕，以及对美好梦想的憧憬，都令我感动，也难于言表。所有这一切都坚定了我编著这本善书的爱心、诚心、决心、信心与恒心。近几个月来，我废寝忘食，乐此不疲，奋笔疾书，目的就是为了弘扬传统伦理，实施新儒商工程，为中华民族培养更多的新时代儒商。

2003 年以来，笔者围绕新儒商开展研究与实践探索，主持了石家庄经济学院重点教学研究项目"新儒商工程——商学院人才培养模式"（编号：2003J014）；2006 年主持了河北省教育科学规划项目"新儒商工程的理论与实践研究"（编号：06020321）；2007 年初主持了中国高等教育学会"十一五"教育科学研究规划课题"基于诚信品格的新儒商人才培养模式及其评价体系研究"（编号：06AIJ0240040）；2008 年主持了石家庄经济学院重点教研项目"工商管理特色专业建设的理论与实践研究"（编号：2008J07）；2012 年，我还非常荣幸地入选河北省高校第二批百名优秀创新人才支持计划（项目编号：BR2－126），获得了五万元的研究经费。对我校及上级教育部门的鼎力支持，我十分感恩。这也促使我坚持不懈地研究，矢志不移地笃行。之所以乐此不疲，其初衷就是为了弘扬我国优秀传统伦理与文化，推广新儒商理念，为培养中华新儒商寻找新的理论与途径。可以说，本书的主题及主线是培养中华新儒商，而本书的精神命脉与动力源泉则是中华优秀传统伦理与文化这一珍贵的沃土。缘于此，笔者依照唐诗五绝的体例与风格，作了一首藏头诗：

中华新儒商，华夏源流长；
儒道天地人，商业好风尚。
光辉沐众生，明心悟伦常；
正气浩浩然，大爱若无疆！

这首诗每句开头第一个字连起来读，就是"中华儒商光明正大！"我深深地感到，中华儒商就像华夏文明一样拥有悠久的历史，自古至今源远流长。儒家、道家等诸子百家皆是中华优秀传统文化的重要组成部分。笔者认为，儒家和道家研究的范畴皆是天地人。儒家似乎偏重于人与家庭，以及人与社会之道，"天人合一，以人为本"恐怕是儒家的核心思想；而道家却似乎更偏重于包括人在内的天地自然之道，"天人合一，以道为根"恐怕是道家的思想基础。儒家与道家皆蕴藏着无穷无尽的智慧，相互映照，日月生辉。人离不开道，道也需要人来弘扬。不论是儒家，还是道家都需要人来继承，来发扬光大。为中华民族培养新儒商，必须继承弘扬中华优秀传统文化，这是新儒商的根脉与精神源泉。懂得了天地人之道，遵循天地人之道，依道经营，弘扬道德，笃行伦理，加强管理，就能涌现出众多优秀商人的好品格与好风格，就能涌现璀璨的商业新品牌与新风尚。中华优秀传统文化就像明媚的阳光，普照天地，光辉照耀人间，温暖着人心，沐浴着众生，给众生以生机、温馨与快乐。心中有了太阳，人就活得阳光，活得洒脱，活得高尚！道德的阳光照亮了人心，人的内心就充满了光明，就能通达道德，从而体悟自然之道、社会之道、市场之道、商业之道、家庭之道和做人之道；就能心怀羞恶，辨别是非，扬善止恶，笃行伦常。商业风气扭转了，商业风尚自然也就会好起来，官与商也就不会再勾勾搭搭，充满阳光的商业伦理以及官商皆能坚守的规矩也就树立起来了，人间自然而然地涌现出浩浩荡荡的正气！到那时，一个商人的仁爱之心就会不断地超越自我，超越小家庭，超越大家族，从而超越民族、超越国家，超越社会与自然。这种大爱就像阳光一样，无边无际，洒满人间，充满人寰，普照乾坤！这真是"正气浩浩然，大爱若无疆！"

正是基于此，笔者才特将本书命名为《中华新儒商与传统伦理》。本书主要内容包括三大部分："上篇　中华圣贤语录摘编及其领悟"，该篇重点摘编了儒家创始人孔子语录和儒家诸子语录，以及道家老子及其他先贤的语录，并对语录进行了翻译、注解与领悟。对圣贤语录的领悟，是笔者多年研读圣贤经典的心得体会，也闪烁着一些智慧火花，愿她能够点燃您的心灯，照亮您的人生之路。"中篇　传统五伦与中华新儒商"，该篇重点在于大力推行传统五伦，为中华民族探索新儒商人才培养模式与途径。笔者不仅对传统五伦进行了研究，而且还始终坚持笃行。在师生中竭力宣扬传统五伦，以笃行五伦为做人正道，精心呵护学生的本善初心，逐渐培养学生的善根。"下篇　《中华新儒商三字经》与《弟子规》"，该篇主要依托笔者经过长期研究与思考，悉心撰写的336个字的新儒商做人做事的三字经。为了便于大家学习、思考与笃行，笔者还对其进行了简明扼要的解析，也有自己多年的心血与智慧火花。该篇还翻译、注解了《弟子规》，试图把伦理与规矩挺在前头，立在心中，规范人们的行为，为中华民族培养新儒商，促使举国上下人人皆能学习、弘扬中华优秀传统文化，促进我国乃至海内外的中华商人勇做新时代的中华儒商！

今天是2016年元旦，又是一年新开元！上午都快十二点了，我还耐心而又净心地坐在学校综合楼817办公室的电脑前，悉心推敲与雕琢着这部书稿，每改一个字，每动一句话，改到绝妙之处，心里真是快乐无比，乐以忘忧啊！

弘扬中华优秀传统伦理与文化，实施新儒商工程，为中华民族培养新时代的儒商是一个复杂而又艰巨的社会系统工程，也是中华民族真正崛起之光明大道，需要全社会的普遍关注与鼎力支持。培养中华新儒商，不仅仅是一个学习过程，更为重要而又漫长艰辛的道路，还在于人生实践、创业实践与社会实践。中华儿女皆须学习、继承、弘扬中华优秀传统文化，更要在终生感恩之中奋勇前进。在人生不同的阶段，每个人都要有自己的老师和朋友。但我们始终要永葆一颗真诚感恩的心，让我们共同生活在真诚与感恩的世界里，在共生中实现共赢、共享与共荣！

我深深地感到：

懂得感恩才是人，

忘记感恩不像人，

想着感恩是成人，

能够感恩终生是真人！

感恩是健康的基石，
感恩是成功的阶梯，
感恩是快乐的天使，
感恩是幸福与吉祥的源泉！
感恩是人生的觉悟，
感恩是齐家的根本，
感恩是创业的动力，
感恩更是人生永远的修炼！
感恩能感悟得人人修身，
感恩能感动得家家和顺，
感恩能感化得社会和谐与共生！
让我们一起来感恩，
感恩父母，
感恩天地，
感恩伟大祖国，
感恩中国共产党，
在感恩中发育培养壮大中华文明的根！
也只有在感恩中，
我们才能深切地感触到，
感恩就是中华儿女的命脉，
感恩更是中华民族生生不息的精神！

苗泽华

二零一六年元旦上午十二点醉心于学校综合楼817办公室

目录

上篇

中华圣贤语录摘编及领悟

伏羲女娲启先天，开辟文明八千年①；

炎黄尧舜行圣道②，禹汤文武帝王贤。

孔孟儒家集大成③，老庄道德师自然；

圣贤语录传真谛，小康大同社会建！

【注解及领悟】

《说文》曰："领，项也。"项是指颈的后部，也泛指脖子。衣领就是用来保护后颈的。抓住脖子，就是抓住了事物的关键。"领"也有领会、领先、带领、率领、统领等意思，还有理解、懂得、接受、取得等意思。

---

① 教科书上说"中华文明上下五千年"。这仅仅是传统说法。大概是从黄帝使仓颉造字开始算起的，距今大约4700年左右。一般学者认为，人类有了文字才意味着出现了文明。事实上，中国是先有"文"（纹路）这一类的符号以及用来表达的语言，后来才造出了象形字和会意字等等。事实上，中华文明不止五千年。从伏羲开启创立先天八卦之时算起大约是八千年。也有一些学者持类似观点。原石家庄市副市长张发旺先生应我校省人大代表方慈教授的盛情邀请，来我校春秋讲堂讲座，大会由我主持。他作为亦官亦学的学者，也引经据典，谈到了中华文明已有八千年的历史。伏羲的先天八卦就是先天之文，也可称为天文。他是受天地自然万物的纹路与轨迹的启发，在领悟自然大道中创建的八卦，当然也属于"文"。后来产生的中华文字、诗词、戏剧、中医、中药等，诸如此类，皆以伏羲先天八卦思想与精神为根源。笔者认为中华文明应该从伏羲开始算起，而不是从黄帝或大禹算起。先人用文字或符号记录下来的属于文明，难道祖先们口口相传、生生相依、弥足珍贵的精神却不算文明吗？因此，本人在此诗中才大胆提出了"开辟中华文明八千年"。

② 圣，从耳从呈。其意思是耳聪口敏、通达事理。"圣"字繁体为"聖"。《说文》曰："圣，通也。"亦即："耳顺之谓圣。"其意思是说：耳是通的，能够听得进各种不同意见。"才德全尽，谓之圣人。""圣人"是指知行完备、至善之人，是有限世界中的无限存在。本人这句诗中的所谓圣道则是指天道、地道和人道之三道合一，也就是"天地人合一"。圣人在领悟天道和地道的基础之上遵循天地之道来实行人道则为圣道。炎黄尧舜行的是公天下，以天下为公，的确称得上圣帝，其行的道则称为圣道。而大禹、商汤、周文王和周武王是家天下，以天下为家，可以称为贤王。

③ 孟轲称孔丘为古圣贤中的"集大成"者。孟子曰："集大成也者，金声而玉振之也。金声也者，始条理也；玉振之也者，终条理也。始条理者，智之事也；终条理者，圣之事也。"（详见《孟子·万章下》）笔者认为，孟子在儒家大成中贡献非常突出。因此，此句才写为"孔孟儒家集大成"。

《说文》曰："悟，觉也。"所谓"悟"就是理解、明白、觉醒、醒悟的意思。人生难得的是顿悟、醒悟和觉悟。自己有了觉悟，独享其乐，而不去影响别人，让别人也顿悟，也醒悟，从而觉悟，就是自己没有真正地觉悟。领悟就是自己在心领神会中不断地悟，从而与大家一起领会，一起觉悟。

上古时期的三皇五帝，哪个不是大觉大悟，从而率领民众觉悟。先圣先贤又哪个不是自己先觉悟，再将觉悟影响别人呢？近一百年，所涌现出的"三民主义"的倡导者"民国之父"孙中山、新中国的缔造者毛泽东主席、改革开放的总设计师邓小平等领袖，也是自己领先觉悟了，才带领人民群众一起在革命实践和社会建设实践中共同觉悟，真乃人师，真乃楷模，不愧是我们伟大的领袖。

我不敢和先圣先贤比，更不敢和伟大的领袖比。但在教书育人和教学相长的过程中，也难免有些小的领悟。有了点悟性，虽然悟得还未必透彻，但也不敢自专自享，姑且与师生们一起学习、共同领悟。

伏羲创立先天八卦，女娲炼石补天。这正是中华文明的开端。"文，从玄从爻"，文也是天地万物产生的纹路与轨迹。伏羲所创立的先天八卦，就囊括了天地万物的纹路与轨迹，是人类对天地万物之道的朴素认识。古代，文有天文和人文两大类。《说文》曰："明，照也。"古人认为，日月皆能发光，"明"字泛指日月之光照。"文明"一词最早出现在《易经》中，孔夫子在解释乾卦第二爻"见龙在田，利见大人"时说道："见龙在田、天下文明。"笔者认为，"见"就是"出现"的意思。而老夫子在这里所说的"龙"恐怕并不是什么真龙，因为真龙有没有都是个问题，谁也没有见过，当然孔夫子也没有见过。他老人家说的"龙"恐怕就是天地万物所表现出的阴阴阳阳、刚刚柔柔、动动静静、弯弯曲曲的纹路与轨迹，可以引申为天地之道，人间之德。人类认识了天地之道，能够"内得于己外施于人"就是德。将其德施于天下，就像日月一样普照大地，普照人间，普照众生，普照万世万物，这恐怕就是孔夫子所谓的"文明"吧？

从伏羲女娲开启文明至今大约8500年了（也有人考证为7800年）。古代有三皇五帝的传说。俗话说："自从盘古开天地，三皇五帝到如今。"三皇一般是指天皇、人皇、地皇。天皇之配皇为伏羲，对应龙。伏羲氏族号曰龙师。因此，我们中华民族才称为龙的传人。人皇之配皇为女娲，自古就有女娲抟土造人的神话传说。传说，女娲是人首蛇身，女娲作为人皇对应蛇。蛇是中华十二属相之一，排在龙的后面，蛇也最具灵性和神秘感，甚至不可思议。自古就有"美女蛇"的说法，连神话《白蛇传》都描写了白蛇娘子的美貌、温柔与善良，以及对爱情始终不渝的追求。也恐怕正是缘于此，国人才有"毒蛇""蛇精"之类的骂人语。地皇之配皇为神农，对应牛。牛是用来耕地的，神农创建农耕社会，神农氏炎帝踏遍万水千山，遍尝百草，发明了草药与中医。因此，中华民族的勤奋劳动精神，经常被称之为"老黄牛精神"。为什么说"老黄牛"，而不说"老黑牛""老花牛"呢？笔者体悟到，这个"黄"字不仅是黄颜色，恐怕把"黄帝"之"黄"、"黄河"之"黄"、"黄土地"之"黄"和"黄种人"之"黄"全部隐含进去了，寓意的确很深。

《五帝》篇中记载："……天有五行，水火金木土，分时化育，以成万物。其神谓之五帝。"《孔子家语》（卷六：五帝第二十四）记载了孔子与季康子就五帝的对话。季康子请教孔子曰："旧闻五帝之名，而不知其实，请问何谓五帝？"孔子曰："昔丘也闻诸老聃曰：'天有五行，水火金木土，分时化育，以成万物，其神谓之五帝。'古之王者，易代而改号，取法五行。五行更王，终始相生，亦象其义。故其为明王者，而死配五行。是以太皞配木，炎帝配火，黄帝配土，少皞配金，颛顼配水。"

五行之"木"对应五帝之"青帝"，青帝也称为苍帝或木帝，配帝为伏羲，也称庖牺。传说伏羲有圣德，明若日月，故称为太昊或太皞。《帝王世纪》将伏羲列为三皇之首，《吕氏春秋》又将伏羲列为五帝之首，故伏羲为三皇五帝之首。传说伏羲生于天水，其母华胥氏曾到雷泽游玩，踩雷公之足迹（一个巨大的脚印）而受孕，生下来的伏羲却是人首龙身或人首蛇身。伏羲为中华民族之人文始祖，他教民结绳为网，建古代历法，改婚姻制度，主张非同族之间通婚，创立了先天八卦，开辟了中华文明。传说太皞伏羲是"五方上帝"的青帝下凡人间，主掌天下之东方。青帝主木，主掌万物之生发，木属东方，代表春天。其精神为"仁"，即"上天有好生之德""生生不息为仁"。在春天，万物复苏，生机盎然。不仅是帝王，就是普通人也应怀仁慈之德，戒杀戒砍伐，以便体现上天好生之德，从而保障万物生生不息。

五行之"火"对应五帝之"赤帝"，也称为火帝，配帝为神农氏炎帝，也是古代五帝之一。炎帝属于神农氏（也称神龙氏），为伏羲氏的后裔。传说，炎帝和黄帝都是太皞之子少典的两个儿子。照此说法，炎帝与黄帝还是亲兄弟呢。这种说法，足以证明炎黄二帝有血缘关系，但是否亲兄弟，又是伏羲氏哪一辈的子孙还需要进一步考证。炎帝的别名五谷帝仙，是传说中的农业和医药的发明者，也是继伏羲以后又一个对中华民族颇有重大贡献的传奇人物。他发明了农耕和医药技术而号神农氏，因以火德王，又称炎帝。传说赤帝是日神之子，主掌天下之南方，司火司礼。故曰赤帝主火，火属南方，代表夏天。在夏天，烈日炎炎，人受天气燥热之影响，再加上心火上升，火上有火，形成炎症，也就是所谓生病了。在夏天，天灾人祸易出，炎帝为了解除人民生病之痛苦，遍尝百草，发明了中医药。《神农本草经》说："上药一百二十种为君，主养命；中药一百二十种为臣，主养性；下药一百二十种为佐使，主治病；用药须合君臣佐使。""药"字的繁体字"藥"，上面一个"草"字头，下面一个快乐的"乐"（或音乐的"乐"）。事实上，心性清净，与天地和谐相处，从大自然中体悟和悦，感悟快乐，领悟音乐，能够增强抵抗力，产生正能量，从而少生病甚至不生病，达到延年益寿之目的。可以说，药之上上品就是源于人与自然和谐共生的内在之乐。俗话说"笑一笑，十年少"是很有道理的。快乐幸福的笑，哪怕是一个小小的微笑，也能传递爱心，还能涌出正能量，利人利己。

　　五行之"土"对应五帝之"黄帝"，配帝则是轩辕氏黄帝，也是古代五帝之一。黄帝（前2717～前2599），为中华民族始祖，人文初祖，中国远古时期部落联盟首领。据说，黄帝是少典与附宝之子，本姓公孙，因长居姬水，后改姓姬，居轩辕之丘，故号轩辕氏。黄帝在有熊（今河南新郑）出生、创业，并建都，故亦称有熊氏。史载黄帝因有土德之瑞，故号黄帝。黄帝统一了华夏民族，教民播种百谷草木，大力发展生产，始制衣冠，建舟车，发明指南车，兴文字，定算数，制音律，创医学。据说，黄帝还创建了甲子、天干、地支、历法、阴阳和五行等。黄帝有嫘祖、嫫母等四位夫人。黄帝主土，土属中央，为中央之帝，代表长夏（三伏）。黄帝以信而立，在司马迁《史记》的五帝本纪中，黄帝九战蚩尤，而与炎帝三战而全胜。但黄帝没有杀掉炎帝，而与炎帝达成合约，以信义之德厚土之实而得天下。黄帝部落主要生活在黄河流域，而炎帝部落主要生活在长江流域，传说蚩尤的残部逃离中原奔向大西南，其后代主要生活在四川、云南、贵州一带，恐怕缅甸、越南、柬埔寨等国家都有蚩尤的后裔。这实现了华夏民族最早的融合与共生。

　　传说，黄帝在位期间，感觉结绳记事挺麻烦，也很难传的久远。于是委命大臣仓颉创造文字。仓颉（读音 cāng jié），仓颉原姓侯冈，名颉，号史皇氏，他是轩辕氏黄帝时期的史官。传说仓颉受龟背纹路及动物足迹的启发，按照事物的特征，造出了象形文字。《淮南子·本经训》载"昔者仓颉作书而天雨粟，鬼夜哭"。《说文解字》序说："黄帝之史仓颉，见鸟兽蹄爪之迹，知分理之可相别异也，初造书契"。张彦远在《历代名画记·叙画之源流》中解释说："颉有四目，仰观天象。因俪鸟龟之迹，遂定书字之形。造化不能藏其秘，故天雨粟；灵怪不能遁其形，故鬼夜哭。是时也，书画同体而未分，象制肇创而犹略。无以传其意故有书，无以见其形故有画，天地圣人之意也。"不论中国，还是外国，自古皆是先有人，后有字。有人说仓颉造的第一个字恐怕是"仓"，因为仓颉姓仓呀！这就孤陋寡闻了，事实上仓颉的"倉"是黄帝赐姓，意思是"君上一人，人下一君"，也是对侯刚氏造字功德的最高嘉奖。也有人说，仓颉造的第一个字恐怕是"一"字，因为"一"字最简单呀！也有人说，仓颉造的第一个字恐怕是"人"字。因为仓颉也是人呀！仓颉首先造的哪个字，恐怕也很难弄清楚。对"人"字是否是仓颉造的第一个字？也不好考证，但"人"字恐怕应是仓颉最早造的几个字之一吧？因为侯冈颉创造文字功在千秋，仓颉被后人称为中华民族的文字圣人。

五行之"金"对应五帝之"白帝"，白帝也称朱帝。白帝之配帝为少皞，也是古代五帝之一。少皞（前2598～前2525），又名少昊、少皓或少颢。相传少皞乃黄帝长子玄嚣，其母嫘祖，己姓，名挚（亦作鸷），是远古时代羲和部落的后裔，华夏部落联盟的首领，同时也是东夷族的首领，中华民族的共祖之一，擅长治水，推广农耕，发展了手工业。因他继承了太皞伏羲氏的德行，故称为少皞。少皞有金德，为西方之帝，金属西方，代表秋天。少皞部落的图腾是凤，凤乃百鸟之王。少昊及其部落传承并弘扬了凤文化。李白的脍炙人口的诗句"朝辞白帝彩云间，千里江陵一日还"就把白帝之名传播得老少皆知、家喻户晓，古今闻名。

五行之"水"对应五帝之"黑帝"，黑帝也称玄帝，其配帝为颛顼，也是古代五帝之一。颛顼（读音 zhuān xū，前2514～前2437），姓姬，黄帝次子昌意之子，生于若水而居帝丘（今河南濮阳），号高阳氏。十岁佐帝少皞，十二而冠，二十岁登帝位，在位78年。颛顼帝改革历法，劝导农耕，战胜水灾，打败共工，统一华夏。帝颛顼所居玄宫为北方之宫，北方色黑，五行属水，故颛顼以水德为帝，又称玄帝或黑帝。水属北方，代表冬天。

《史记·五帝本纪》中所写的五帝为：黄帝、颛顼、帝喾（kù）、尧、舜；《战国策》记载的五帝为：庖牺、神农、黄帝、尧、舜；《资治通鉴外纪》记载的五帝为：黄帝、少昊、颛顼、帝喾、尧。也有人认为，五帝为炎帝、黄帝和尧舜禹。当然，谁是五帝，谁列入了五帝序列中，这还需要大量的研究与考证。

大禹之子启通过武力征伐伯益，将其击败后继位，成为中国历史上由"禅让制"变为"世袭制"的第一人，建立了夏朝家天下，开创中国近四千年世袭王位之先河。夏朝共传十四代，十七后，存续约471年，为商朝所灭。商汤建立了商朝，因契被封于商，所以他的后世子孙商汤将自己在亳（今河南商丘）建立的王朝称为"商"。盘庚将国都迁往殷，所以商朝又称为殷商。商朝经历17代31王后被周朝所灭。据夏商周断代工程认为商朝存续时间大约510年。古代不少学者认为商朝存续了六百多年。在周文王基业的基础上，周武王通过伐纣胜利而建立了周朝。周朝（前1046~前249）是中国历史上继商朝之后的朝代。周亦为"华夏"一词的创造者。周朝共传30代37王，共计约798年。民间还有周朝历经八百零八年的传说。

孔子创立儒家。孟子称赞孔子是集大成者。儒家文化是对春秋之前中华民族数千年文明的系统总结与高度概括，是大道德，也是大智慧，还是中华民族弥足珍贵的精神财富。老子的《道德经》是中国哲学乃至世界哲学宝塔之顶上最光彩夺目的宝珠，其智慧深邃，润人心田，师法自然的思想具有深远的意义。春秋诸子百家语出惊人，先贤圣哲语录熠熠生辉，蕴藏着诸多的人生真谛。如果我们能在商战中，在激烈的竞争中，在繁忙的工作中，挤出点时间来，能够浮生偷得半日闲，那就让我们多背诵几句圣贤语录，悉心品味先圣先贤的精神，欢呼先圣先贤的文采，把握中华文明的脉络与文化要领，我们的心地也就自然而然地变得纯朴清净了，从而生发出我们作为人的本善初心与做人做事的道德情操豪情来，又岂不妙哉？

当今，我们处在世界激荡不安，竞争日益加剧，信仰相互撞击，政治趋于多极，文化走势多元，经济呈现一体，市场也越来越国际化，知识大爆炸，信息满世界流传，几乎人人微信、人人微博、人人自以为是的全球化新时代。中国要走向世界，立足全球，面向未来，就要共骧中华民族伟大复兴的中国梦！我们每个人皆要修炼得身心和气，修养得家庭和睦、社会和谐，从而推动世界和平。这需要我们不断学习、继承、弘扬中华优秀传统文化，领悟中华圣贤智慧，笃行中华伦理道德，树立中华民族精神，培养千千万万的中华新儒商。党的十八大以及国家"十三五"制定的宏伟目标是到2020年全面建成小康社会。这更需要我们坚定不移地继承弘扬中华优秀传统文化，挖掘、凝炼、弘扬、笃行中华民族精神，在自强不息厚德载物中，为实现中华民族伟大复兴的中国梦而努力奋斗！

第一章

孔子语录摘编及领悟

孔子（前 551 年 9 月 28 日～前 479 年 4 月 11 日），子姓，孔氏，名丘，字仲尼，汉族，鲁国陬邑（读音 zōu yì，今中国山东省曲阜市南辛镇鲁源村）人，先人是宋国贵族，少年时曾从事"委吏"（管理仓库）、"乘田"（放牧牲畜）工作。56 岁时曾在鲁国以大司寇①摄行相事，但因不能实现自己的政治抱

---

① 司寇，古代官职。西周始置，位次三公，与六卿相当，与司马、司空、司士、司徒并称五官，掌管刑狱、纠察等事。各诸侯国亦置此官，职掌同同。后世也用作刑部尚书的别称。笔者在清净之余经常在想，孔子好不容易才做上鲁国的司寇这么大的官，又摄行相事，可他为了推行自己的政治主张而毅然决然地辞去了官职，还不辞辛苦地周游列国。他半生四处漂泊，无处安身，还能以人为本，以教为业，以学为乐，的确是令人敬佩，令人感动。试想，若不是圣人，心中没有神圣的使命，谁又能做得到呢？正是先师孔子在周游列国中，播撒了以仁义为核心的儒学种子，才有了后世愈加璀璨的中华文明。我在高士涛先生处，看到一幅先师孔子行教像，圣像两旁悬挂着高先生书写的一副对联。上联为"祖述尧舜宪章文武"，下联为"德参天地道冠古今"，横批是"斯文在兹"。站在圣像前，我不由自主，也自然而然地生出了肃敬与仰慕之心！

负而辞官。他"好学不倦",熟悉各种典籍,学识渊博,30 岁左右开始收徒讲学,被誉为我国历史上第一个创办"私学"的教育家。他率领门徒周游列国,前后十四年,到过卫、曹、宋、郑、蔡、楚等国,于公元前 484 年返回鲁国。据说门徒弟子有 3000 人之众,身通礼、乐、射、御、书、数等六艺者有 72 人。公元前 479 年,孔子病逝。他主要是一个学者,不是政治舞台上的官僚。他是中国古代影响最大的思想家,也是声名昭著的世界文化名人之一。孔子集华夏上古文化之大成,是儒家的创始人。孔子在世时已被誉为"天纵之圣""天之木铎",是当时社会上最博学的人,并且被后世统治者尊为孔圣人、至圣、至圣先师、万世师表等。孔子及其儒家思想对中国和朝鲜半岛、日本、越南、新加坡等东南亚地区有着深远的影响,这些地区又被称为儒家文化圈。

樊迟问仁。子曰:"爱人。"

【译文】

樊迟问什么是仁,孔子说:"爱人。"

【注解】

出自《论语·颜渊》。仁者是指有仁德之人。"仁"是孔子儒学的核心思想。樊迟,孔门弟子,小孔子 46 岁,属于思维深沉而反应缓慢的学生,勇武过人,善于谋略,他对许多深层次的道德问题有较深的研究与探讨,乐于请教老师与同学。

【领悟】

"仁者爱人"是孔子所开创的儒家思想的核心,也是孟子继承弘扬的儒学思想。这简简单单的四个字作为中华民族伦理的核心,传承了数千年,对数十代人、数不清的个人与家庭产生了重要而深远的影响。仁者是指内心仁善,有德行而成熟之人。内心仁善则爱己,不糟蹋自己,推己及人,则爱人。如爱父母、妻子、兄弟姐妹。拓宽之,则爱亲戚、朋友、同学、同族同乡之人。再拓宽之,则爱祖国、爱人民、爱人类、爱众生、爱世界。可以说,仁是基于道德的、高境界的、理智的、发自内心的爱。由人到动物、植物、矿物,以及整个宇宙自然,爱就像一个大磁场,无时不有,无处不在。正是有了仁爱,人生才更有价值与意义,社会才富有人情味,世界才愈加丰富多彩。

"仁"字左边是个立人。有爱心,讲信用,德才兼备之人才可能真正立起来。"仁"字右边是"二"。上边这一横道代表天,代表乾,代表阳,也代表刚;下边这一横道代表地、代表坤、代表阴,也代表柔。人立于天地之间,就要学习上天自强不息之道，领悟大地厚德载物之理，有仁爱才是人，有道德才成人。"二"字两道，还代表着不同的层次，其实"天""地"与"人"皆在不同的层次上。天是一层，一层，高一层。地也是一层，一层，低一层。人的境界还是一层，一层，更上一层。所谓"欲穷千里目，更上一层楼。"也正是人的认识参差不齐，其境界不同，觉悟不同，对"仁"的理解与感悟也不同，其行为往往是有较大差异的，也是多样化的。"仁"还代表了"忠恕"思想，是一种一分为二，合二为一的辩证思维方式。学会了"仁"，笃行了"仁"，就是成人，就是君子，就是好人。

仁义是儒家思想的核心，也是《论语》中孔夫子所倡导的重要思想。"仁"的核心是"孝"，"义"的核心是"悌"。子曰："仁者人也，亲亲为大。"其意思是说"仁就是人，将爱父母双亲放在第一位。"儒家的仁是有层次和等差的爱，首先要爱父母双亲。如果连父母以及自己的兄弟姐妹都不爱也不关心，而去爱他人关心他人，那就是悖德。因此，儒家的仁义最关键，也最难得的就是践行"孝悌"。"孝悌"不能仅仅挂在嘴上，必须把"父母妻子兄弟姐妹"的恩情时时刻刻铭记在心头，把"孝悌"二字真真正正、踏踏实实地落实在行动上。"仁"是众生平等的基础，"义"则是社会责任的灵魂。

孟子曰："仁，人心也；义，人路也。舍其路而弗有，放其心而不知求，哀哉！"心中没有人，怎么能有爱？缺了好心眼，丧失了良心，必然误入歧途，又怎能踏上人间正道？内存仁心就开了慧眼，外行义理就是人间正道！

自2003年以来，笔者积极倡导新儒商，始终坚持研究人与人性。本人深深感到：没有天就没有地，没有地也就没有人。追根溯源，凡人皆是父母所生。没有祖先，哪有父母，没有父母哪有我们这些子女？因此，孝顺父母、敬爱妻子、尊敬兄长、友爱姐妹、关爱朋友、忠于国家、爱护众生、感恩天地自然是做人的根本，也是培养中华新儒商的精神命脉与源泉。

2011年8月3日上午十点左右，我突然有所顿悟，感觉自己对"人"有了一个更加深刻的认识。于是，忍不住开始作这首关于"人"的长诗，连中午饭都没顾上吃，沉浸在顿悟与领悟所带来的心旷神怡，精神升华所带来的至乐中。历经四个多小时才初步作出了共196个字的长诗。后来，经过多次的斟酌与修改，并将该诗收录在拙著《新儒商理论与实践研究》一书中。在为师生及企业界人士讲授《五伦大道》《三纲五常》《五行之道与管理智慧》《传统伦理与社会责任》等讲座时，也数次引用并传播该诗，多有共鸣。2014年（农历甲午年）正月初二上午又埋头进行了反复的推敲与修饰。在此，特与老师同学们以及诸位仁人志士共勉：

> 天地阴阳化育人，男女和合生人身；
> 精骨血肉连着筋，心有灵犀通慧神。
> 勤劳善良是本分，喜怒哀乐情亦真；
> 贪嗔痴慢欲缠身，穷通寿夭随时运。
> 做人要感天地恩，孝悌忠恕铭于心；
> 仁义礼智贵诚信，众善奉行是贤人。
> 凶狠残暴众人恨，是非不分枉为人；
> 巧取豪夺昧良心，奸商害己又害民。
> 赚钱养家乃根本，能舍能得智慧真；
> 经世济民达天下，报效国家献忠心。
> 夫妻志趣在乐群，关爱鳏寡孤残人；
> 上行下效父传子，正己才能教化人。
> 今生莫管贵与贱，难得一颗良善心；
> 人生自古谁无死，黄泉路上无富贫！

子曰："夫仁者，己欲立而立人，己欲达而达人。"

【译文】

孔子说："有仁德的人，自己想立足也要让别人立足，自己想通达也要让别人通达。"

【注解】

出自《论语·雍也》。在该篇中，子贡请教老师："如有博施于民而能济众，何如？可谓仁乎？"孔子回答说："何事于仁，必也圣乎！尧舜其犹病诸！夫仁者，己欲立而立人，己欲达而达人。能近取譬，可谓仁之方也已。"孔子不仅肯定了子贡的认识，还将"仁"上升到人生智慧的高度，引出了恕道这一重要命题。"立"在这里指立足，也可引申为立德、立言和立功等；"达"在这里指通达或发达，心里透彻才能通，通了就意味着没有障碍，才可以达。没有顿悟，也就不可能从觉悟至彻悟，也就不可能从根本上通达。

【领悟】

这句名言体现了孔子"恕"的重要思想。用现代话来说，就是能"换位思考"，能充分考虑他人的感受，能真心理解别人。忠恕是仁的重要内容，也是"仁"作为哲学智慧所表现为"一分为二"的辩证观和"合二为一"的系统观。从己心出发谓之忠，属于阴；从他心换位思考则谓之恕，属于阳。"忠"字就是"心"上一个中国的"中"字。本人感到，"中"就在每个人的脸上。人脸上的嘴，也称为口，而人的鼻子到嘴上"人中"这一竖和"口"合起来，不就是"中"字吗？俗话说："病从口入，祸从口出"，在口上竖着贴一道封条，就是让人在"吃"和"说"方面皆要谨慎，要适度，不要什么都吃，什么都说，要少说多做，多动脑筋，抓住顿悟，生出大德大智来。人说话做事都要符合中道，只有如此，才能安身立命。顺着"人中"这一竖往下慢慢延伸，就是心脏，"中"字和"心"字上下合起来不就是"忠"吗？"忠"就是心口如一啊！"人中"这一竖若长得歪了，就会口歪眼斜。人生气的时候，"人中"这一竖就会左右摆动，鼻子也歪，眼也就斜了。当然，生气的时候，"人中"这一竖也就偏离了中，自然也偏离了心，从而偏离了正念，到邪恶顿生之时，也就谈不上"忠"了。自古忠臣，不被上司杀头，就被奸臣谋害，甚至活活地气死。为什么忠臣大都落得这般凄惨的下场呢？就是因为忠臣只知一味地尽忠，而不通达"恕"道啊！古代不少忠臣只知一味尽忠而不知变通，即便不被皇帝砍头，也必然陷入阴沉之中而不能自拔，这恐怕是表面阳刚而内心阴气抑郁而过重。这往往伤害自己的身心健康。从字面来看，"恕"字正是"如心"，即在"心"字之上加一"如"字，也就是"如自己的心"。数学上，经常有这类的定理"如果……，则……"。"如果"就是条件，就是假设，就是前提。英语中也有很多虚拟语气，也相当于"如果"。当然，有什么样的假设，自然就有什么样的结果。"恕"就是将心比心，就是换位思考啊！毛泽东主席所倡导"批评与自我批评"就充分体现"恕"的思想。俗话说："找好处开了天堂路，认不是闭上地狱门。"也是老百姓对"恕"的认识。不论是对待自己，还是家人，不论是同学，还是朋友，也不论是家庭，还是组织，也不论是社会，还是自然，懂得了恕道，唤醒了"恕"之灵魂，时时刻刻笃行恕，人的内心就充满阳光，就会自内而外产生阳气与正能量，从而产生和气、和睦、和顺、和谐、和平。

做到忠就非常不容易，若要做到恕就更困难了。阴阳是一个统一体，忠恕也不例外。一心尽忠，仅仅做到忠，而不晓得恕道，内心就会阴沉，容易生气，从而伤害五脏。古代很多忠臣，多数死得很壮烈、很悲惨！虽然也备受后人敬仰和歌颂，但也常常令人悲伤、赞叹和惋惜！将心比心，换位思考，就接近了恕道。笔者认为，忠处于阴位，而恕处于阳位，一旦学会了恕道，内心就阳光，就能不生气，五脏自然和谐了，身心也就健康了。不懂恕道，也就不可能真正地尽忠。表面上似乎尽了忠，也是愚忠，甚至是把人和己都置于尴尬之地的傻忠！可见，忠恕是可以合而为一的，也是一体的，就像事物的阴面和阳面一样可以合二为一。仁道还是从医的根本之道，不仅能救赎自己，还能宽恕别人。本人针对行医制药曾经花了两个多月对出一副对联"敬天地，存仁心，笃忠恕，矢志不移，仁而厚德，治病救人，行医遵循仁道；辨阴阳，守义理，行慈悲，问心无愧，义以生利，活人济世，制药崇尚义德!"其中，就反映了笔者对天地、阴阳、仁义、忠恕、慈悲的认识。悟透了忠恕之道，自然通晓阴阳之理，就能了生死，当然也能够治病救人了！

当今，不少人只考虑自己，而很少考虑他人，不能将心比心，推己及人，内不忠于心，外不敏于事，离忠恕之道也就越来越远了。这是做人最大的缺陷，也是成功最大的障碍。一个人要从事商业，做好管理，成为中华新儒商，最为重要的就是学会站在他人立场上考虑问题，多为他人着想，时时为他人着想，处处为他人着想。我们心中有他人，他人心中才可能有我们。

子曰："己所不欲，勿施于人。"

【译文】

孔子说："自己不愿意做的事，不要强加给别人。"

【注解】

出自《论语·卫灵公》。子贡问曰："有一言而可以终生行之者乎?"子曰："其恕乎。己所不欲，勿施于人。"

【领悟】

孔子所强调的是，人应该宽恕待人，应提倡"恕"道，唯有如此才是仁的表现。古代，为国尽忠者大有人在，而通晓恕道，处处考虑到他人感受的人相对较少。当今，不少人，既不通忠道，更不晓得恕道。因此，父母虐待孩子者有之，子女不孝父母者甚多。夫妻不和而离异者与日俱增，朋友反目而成仇者也只增不减！这皆是不通晓忠恕之德，不笃行忠恕之道所造成的。在全球化的新时代，国家与国家、地区与地区、民族与民族纷争不断，甚至升格为战争，也与不谙忠恕之道相关。因此，不同国家与民族，信仰不同，制度不同，个性多有差异，更应该从忠恕之道，尤其是从恕道入手，求同存异，共同发展，世界才能永久和平。

子曰："人而不仁，如礼何? 人而不仁，如乐何?"

【译文】

孔子说："一个人没有仁爱之心，怎么能实行礼呢？一个人没有仁爱之心，又怎能实现乐呢？"

【注解】

出自《论语·八佾》。佾，读音 yì，是指古代乐舞的行列，一般是八行八列，共64人。

【领悟】

仁爱之德是一种内心修为，礼和乐是"仁"的一种外在表现形式。古人认为："礼，序上下，正人道也。"礼是一种秩序，也是一种礼制和规章，还是社会文明的象征。有内在的仁，才有真诚而不虚伪的礼仪。古人认为："乐，通伦理者也。"美妙的音乐好似心灵鸡汤，时时滋润人的心田。当今，不少年轻人喜欢听摇滚，听交响乐。而年纪大了，听一听《高山流水》的曲子，听一听传统的戏剧国粹，像京剧、豫剧、越剧、评剧、黄梅戏、河北梆子等，也能感到心平气和，乐趣丛生，优哉游哉，从而增强自身的生命力，生出悠悠的家国情怀。当然，年轻人若能静下心来听一听我国传统音乐与经典戏曲，也能提高对传统文化的认识，增强伦理意识与责任感。内心有仁爱，才有良善的音乐。古代六经包括《乐经》①，传说《乐经》被秦始皇焚书坑儒时，一把火给烧掉了，由此也就失传。人不仅要重视外在的礼乐，更要重视内在的仁德修为，做到"仁与礼""仁与乐"表里如一才好。

子曰："克己复礼为仁。一日克己复礼，天下归仁焉！为仁由己，而由人乎哉？"

【译文】

孔子说："克制自己，一切按照礼的要求去做，这就是仁。一旦做到了克制自己遵照礼制，天下就归于仁了！实行仁德，完全在于自己，难道还在于别人吗？"

【注解】

出自《论语·颜渊》。在这里"克"是指克制的意思，也就是人要克制自

---

① 据说，孔子的再传弟子公孙尼子为《乐经》作有《乐记》，然而《乐记》在"焚书坑儒"中也没能幸免于难。韩非子将儒家分为八派，其中有仲良氏之儒。陶潜在《圣贤群辅录》说："仲良氏传乐，为移风易俗之儒。"《孝敬·广要道章》记孔子曰："移风易俗，莫善于乐。"可见"移风易俗"是儒家论乐的核心观点。如今的善乐好曲也在"通达伦理，移风易俗"中发挥着潜移默化的重要作用。

己不能放纵自己的欲望。这是颜渊请教老师什么是"仁"时孔子的回答。在这一段对话中，孔子还回答了礼的一些具体要求，即"非礼勿视，非礼勿听，非礼勿言，非礼勿动。"仁是一个人内在的、本质的善，是儒家重要的道德范畴。

【领悟】

克己是修身最重要的功夫，也是心存本善，不放纵非道德欲望的修身途径。仁是一个人内在的本质的良善，是爱人爱物的生命本源，礼则是仁的外在表现形式，仁与礼是一个人内外的统一，是不可能截然分开的。失去了内在之仁，而过于强调礼则是伪善。只重视内在之仁，而不重视礼这一恰当的表现形式，即便有仁心，也可能会伤害别人，从而伤害到自己。有人说"爱，有错吗？""我愿意爱谁就爱谁！""我想怎么爱就怎么爱！""爱是我的权利！""爱是人权！"但人们可能并不知道：爱有阳光之爱，也有阴暗之爱；爱有理智之爱，也有感性之爱；爱有真诚之爱，也有虚伪之爱；爱有大公无私之爱，也有自私自利之爱啊！如果爱的不恰当、不理智，甚至失去仁心的、非礼的、自私之爱恐怕也是一种杀伤力非常强的利器啊！害人害己是在所难免的了。

子曰："志士仁人，无求生以害仁，有杀身以成仁。"

【译文】

孔子说："志士仁人，没有贪生怕死而损害仁的，只有宁可牺牲自己性命来成全仁的。"

【注解】

出自《论语·卫灵公》。这一句话形成了"仁人志士"和"杀身成仁"两个对中华民族影响深远的成语。

【领悟】

几千年来，中华民族形成了不畏强暴，抵抗外侮，不屈不挠，不怕牺牲的伟大精神，这都是因为先人传承了孔子"仁人志士""杀身成仁"的内在本质。有些人认为"杀身成仁"是为愚昧的封建礼教殉身的，并把"杀身成仁"看成了贬义词。其实不然，"仁"之深意是天地人合一，代表了人的生机、生存、生活与生命。渴望生机，求得生存，热爱生活，珍惜生命，是人的本能，谁不愿意好好活着，谁又无缘无故去求死呢？但为了仁道，为了正义，为了民族，为了国家，为了人类，为了世界和平，甚至为了众生平等，牺牲自己乃至生命，的确是高境界和大觉悟，最值得可歌可泣！毛泽东主席说过："人固有一死，或重于泰山，或轻于鸿毛。为人民利益而死，就比泰山还重。"中华民族伟大的抗日精神就继承弘扬了中华民族"杀身成仁"的伟大精神。2015 年 9 月 3 日，抗战胜利 70 周年的纪念活动场面恢弘，令人感动，大大激发了中华民族伟大的爱国情怀。

子曰："知者不惑，仁者不忧，勇者不惧。"

【译文】

孔子说："有智慧之人不会迷惑，有仁德之人不会忧虑，勇敢的人不会畏惧。"

【注解】

出自《论语·子罕》。"知"通"智"，是指"智慧"。在儒家道德中，"知、仁、勇"称为"三达德"，是修身重要的三个范畴。《礼记·中庸》说："知、仁、勇，三者天下之达德也。"

【领悟】

做人，一定要领悟并笃行"三达德"，做中华民族的新儒商更要笃行"三达德"。"知"要求学知识、增智慧，才能够谋划企业发展，从而选择合适的战略。人生最大的智慧往往从仁道而来，不通仁道，不行仁德，最多要耍小聪明，不可能有真正的大智慧！当今是战略管理的新时代，战术管理已向战略管理转移，战略上失误往往是最致命的失误。"仁"要求要爱人爱己，从而利人利己。存心仁厚，是做人做事成功的保证。做新儒商，就要宅心仁厚，长存仁心，挖掘仁心，感悟仁心，焕发仁心。"勇"是指敢于面对困难，敢于面对挑战，敢于面对风险，甚至敢于面对牺牲！敢于奉献，敢于担当，敢于一马当先，勇于履行社会责任！在"三达德"中，仁是核心，仁也是智与勇的根本。

子曰："居处恭，执事敬，与人忠。虽之夷狄，不可弃也。"

【译文】

孔子说："平常在家规规矩矩，办事严肃认真，待人忠心诚意。即使到了夷狄之地，也不可背弃这些做人的原则。"

【注解】

出自《论语·子路》。这是学生樊迟问仁时孔子回答的话。在这里，孔子强调了仁的三个德目，即"恭、敬、忠"。

【领悟】

《尔雅》曰："恭，敬也。"《说文》曰："敬，肃也。"《礼记·曲礼上》有

"在貌为恭，在心为敬"之语。也就是说，恭体现在外貌上，敬则出于内心。因此，恭敬经常组合在一起，既反映内心之敬，又体现外貌之恭。可以说，恭敬是一个人对待人与事所表现的态度，也反映了人与人之间的文明与礼貌。做人一定要谦逊有礼，对待别人要恭敬有礼。一个人即便是在家里，也要对家里人恭恭敬敬的。尤其是年轻夫妻，若不重视恭敬，往往因小礼节而酿成大祸患。出门在外，也要有礼有节，要虚心谦逊，绝不能盛气凌人。在做事创业中更要勤奋敬业，踏踏实实做事。对待人和事，都要心存仁厚，待人忠厚，于己于人皆要忠厚，人生道路自然宽厚，人生收获也自然丰厚。

子曰："刚、毅、木、讷近仁。"

【译文】

孔子说："刚强、坚毅、朴实、谨慎，具有了这四种品德也就接近仁德了。"

【注解】

出自《论语·子路》。这是司马牛问仁时孔子的回答。"刚"是刚强的意思。"毅"是坚毅、果敢的意思，坚持不懈、持之以恒才能称得上有毅力。"木"是指朴实、质朴的意思。"讷"是语言迟钝的意思，可引申为谨慎。

【领悟】

自然界由阴阳构成，阳对应刚，属于乾道，阴对应柔，属于坤道。人要学天的刚健有为、自强不息。做人做事要坚毅果敢，尤其在决策中更要当机立断，不能优柔寡断。木是五行之一，属东方，对应人体之肝脏，对应五常之仁，五戒之戒杀。木也代表春天和万物生机。人要学习木的朴实，自己有生机，也给别人生机。笨人笨语，似乎让人瞧不起。佞人谗语，倒是招人喜爱。然而，笨人笨语往往倒是可信之语，而佞人谗语却可能是欺诳妄语。老子曰"大智若愚"，郑板桥则说"难得糊涂"。试看而古今中外招来杀身大祸之人，往往不是笨嘴笨舌之人，而多是能言善辩之人。少说话，多干事，谨慎地做人做事，才能平平安安，才能趋利避害，从而趋吉避凶。

子曰："知者乐水，仁者乐山；知者动，仁者静；知者乐，仁者寿。"

【译文】

孔子说："智者喜欢水，仁者喜欢山。智者好动，仁者好静。智者快乐，仁者长寿。"

【注解】

出自《论语·雍也》。"知"在这里通"智",智者指有智慧之人。仁者指有仁德之人。前两个"乐",古代读音 yào,是指喜爱、喜好的意思。"知者乐"中的"乐"字读音 lè,指快乐、高兴、开心的意思。

【领悟】

这里的"智者"和"仁者"不是指一般的人,而是指有较高修养与道德情操的君子。一提到君子,好像是古代很遥远之人。其实,任何时代都有小人和君子之别。试想在哪个时代,没有道德高尚之人和道德低下之人呢?"智者"更偏重于智慧,开了大智大慧之人,必有仁德。"仁者"更偏重仁德,真的有了仁德,领悟了仁德,笃行了仁德,那就是大智慧!做中华新儒商,既要行仁道,又要通智慧;既要做仁者,也要做智者;中华新儒商就是仁者与智者的合二为一,而偏废任何一方面,都难以在纷杂多变的世界上立足,又何谈成功呢?更别提功在当代,利在千秋了。

子曰:"有教无类。"

【译文】

孔子说:"人人都可以接受教育,不分种群族类。"

【注解】

出自《论语·卫灵公》。"教"是指教化、教育。"类"是指种类、族类等。

【领悟】

"有教无类"是孔子重要的教育思想,奠定了我国传统教育的基本思想。当今,这一教育思想仍对我国乃至全世界的教育与文化有着重要而深远的影响。

什么是"教",从教字的字形上来看:"教 = 孝 + 文"。左部"孝"处于乾位,属阳,需要行动,也寓意吉祥;右部"文"处于坤位,属阴,需要安静,寓意凶险。以孝为先,再学文,文来助孝,则阴阳相和,动静适度,人生就能趋吉避凶。而仅仅学文,而不尽孝,即便是很有文采,也有技能,恐怕也多有凶祸。我深深感到,人的一生就要"先尽孝,有余力,再学文。""孝"要靠"文"来教化、来传播。古人云"上所施,下所效","身教胜于言教"。"育"就是"教子为善,使人作善。"本人从教三十余年,深深感到"教育≠分数≠

高考成绩≠挣大钱≠权贵和富豪"。人生的真正起跑线是内心之仁，是百善孝为先！在家尽孝，将孝道落实在行动上，于国才能尽忠，也才能将忠化为实际的行动。

北京大学校长周其凤院士大力倡导孝道，真是抓住了教育的根本。周其凤校长在母亲九十岁大寿时，情不自禁地跪下给母亲贺寿，令世人称道。不管财富多与少，地位高与低，权力大与小，也不论男与女，老与少，尽孝是做人的根本，也是教育的根本。

近现代，中国教育最大的失败恐怕是输在了"孝"这个起跑线上。名义上，我们教育的一切似乎都是为了孩子，老师们过于追求升学率，孩子们过于追求高分数，家长们过于追求名牌大学。尤其一些家长为了孩子考上名牌大学，选上比较中意的专业，什么事情都大包大揽，甚至连洗脚都帮着孩子洗。我国教育部门的爷爷奶奶们，为了给孩子们高考减压，在中学就过早地把文理科分开了，文科和理科的学生大多数偏废了另一半，德与才也不能兼备并举。我们的家庭、学校和社会把孩子们培养得越来越狼性，越来越排他，越来越啃老，甚至越来越自私自利，老师们还沾沾自喜，学生们还引以为傲，有的教育部门的领导还引以为荣。

子曰："学而时习之，不亦说乎？有朋自远方来，不亦乐乎？人不知而不愠，不亦君子乎？"

【译文】

孔子说："学到的东西能够时常练习，付诸实践，这难道不是一件令人愉悦的事情吗？有志同道合的朋友从远方来，这难道不是一件值得高兴的事情吗？别人不理解自己也不生气，这难道不也是君子应该具备的气度吗？"

【注解】

出自《论语·学而》。这是《论语》开篇的第一段。第一个问句中的"时"表示"时常"或"经常"，"习"表示"复习""练习""演习"等，有付诸实践的意思。这里的"说"（读音 yuè），通"悦"，是指内心的愉悦。第二个问句中"乐"是指"快乐""高兴"。第三句中的"愠"（读音 yùn）是"恼怒"或"怨恨"的意思。

【领悟】

学习贵在笃行，贵在实践。能把学到的东西付诸实践，并取得成效是内在的愉悦。朋友贵在志同道合，贵在知己知人知心。朋友来了，也是一个相互学习、相互提高的机会和缘分，我们要高高兴兴才对，你欢迎朋友来，朋友则迎接你去，有来有往才能不断增加友谊。人与人之间的关系是相互的，友谊天长地久，才是共生之道。阴暗是一种心境，阳光也是一种心境；恼怒怨恨烦也是一种心境，不恼不怒不怨不恨不烦还是一种心境。前一种心境有大害，后一种心境有大福。君子就要有大气度，做到大肚能容，容人才能容己啊！俗话说："事在人为，休言万般皆是命；境由心造，退后一步自然宽。"做人不能与人斗气，经商更要和气。笑迎天下客，利从天下来！善待天下人，福从心底来。

子曰："知之为知之，不知为不知，是知也。"

【译文】

孔子说："知道就是知道，不知道就是不知道，这是智慧啊。"

【注解】

出自《论语·为政》。此句中共有五个"知"字，前四个"知"都是"知道"的意思，最后一个"知"同"智"，亦即：聪明有智慧。

【领悟】

孔老夫子，在二千五百多年前，就教育学生对待知识、学问、真理与自然的态度。当今，我们生活在知识迅速爆炸与信息极速传播的年代，更要持之以恒地提高道德素质，虚心学习知识，一生追求真理，始终坚持服务人群与社会。毛主席谆谆教导我们"虚心使人进步，骄傲使人落后，我们应当永远记住这个真理。"面对复杂的世界，定要虚心学习，态度还要谦恭。所谓谦虚，就是要立足谦啊！谦的本意是虚心，不自满，不自高自大。谦是指谦让、谦虚、谦和等诸多美德。《说文》曰："谦，敬也。"《玉篇》曰："谦，逊让也。"孔子曰："谦也者，致恭以存其位者也。又，谦者，德之柄也。"（《易·系辞》）谦卦是周易六十四卦中唯一一个上上吉的卦，立足谦就能走好人生路，而且一生吉祥。谦卦居于《易经》六十四卦中的第十五卦。谦卦中主卦为艮，客卦为坤，亦即上卦为坤为地，下卦为艮为山。谦卦艮下坤上，为地下有山之象。也就是说，山本来很高大，却甘于处在地平面之下。做人道行真高了却往往很谦虚，从不在人前显扬自己的高大，也从不对别人造成威胁。这样做人又岂能不吉祥呢？东晋道学家葛洪说："劳谦虚己，则附之者众；骄慢倨傲，则去之者多。"经商干事业要赢得人心就必须学会谦虚，一生都要做到谦虚好学，切忌不懂装懂，更不能骄傲自满。

子曰："温故而知新，可以为师矣。"

【译文】

孔子说："在温习旧知识时，能有新的体会、新的认知、新的发现，就可以做老师了。"

【注解】

出自《论语·为政》。"故"在这里是指已经过去的或者学过的知识，"新"是指新的知识或对事物新的认知。

【领悟】

学习是一个反反复复的过程，学习新知识，还要温习旧知识。在温习中，要不断琢磨、认真体悟，才能有新的认识与新的发现。这是非常重要的学习方法。遇到好书，就要反复读，反复体味，反复玩味，在体味和玩味中体验乐趣。一旦遇到难理解的知识，就要坚持不懈反复琢磨，真正弄懂。一个人，只有虚心学习，才能掌握知识，从而驾驭知识，更好地把知识应用到实践中去。一个人也只有刻苦钻研知识，矢志不移地追求真理，才能不断地创造新的知识。学习不能一知半解，更不能喜新厌旧。

子曰："学而不思则罔，思而不学则殆。"

【译文】

孔子说："只读书学习，而不思考问题，就会感到迷茫而无所收获，只空想而不读书学习，就会疑惑而危险。"

【注解】

出自《论语·为政》。"罔"是指迷惑或糊涂；"殆"是指疑惑或危险。

【领悟】

孔子强调了学习与思考的辩证关系，学与思不能偏废，要将学与思有效地结合起来。学与思还是一种人生态度，不论是求学阶段，还是工作后，都要重视学与思，在学中思，在思中学。学与思，思与学，相得益彰，与时俱进！

子曰："君子食无求饱，居无求安，敏于事而慎于言，就有道而正焉，可谓好学也已。"

【译文】

孔子说："君子，饮食不要求饱足，居住不要求舒适，对工作勤劳敏捷，说话却小心谨慎，到道德高尚的人那里去匡正自己，这样，可以说是好学之人了。"

【注解】

出自《论语·学而》。孔子在这里提出了对君子的道德要求，强调了君子对待学习的态度。君子不能过多地追求物欲享受，而应该不断地提升自己的道德，坚守并持续地塑造自己的君子品格。

【领悟】

当今，物欲横流，君子人格弥足珍贵。即便是在商业中获取了大量的财富，也应该立足君子之道，勤敏好学，以节欲为贵，以节俭为荣。多向坚持正道的君子学习，必然能不断地提升自己，可持续发展就有了重要的精神支柱与物质基础。

子曰："知之者不如好之者，好之者不如乐之者。"

【译文】

孔子说："懂得学习的人比不上喜爱学习的人；喜爱学习的人比不上以学习为乐趣的人。"

【注解】

出自《论语·雍也》。"好"指喜爱。"乐"指乐意，以学习为乐，以追求真理为乐。

【领悟】

学习知识最重要的是激发、培养学习兴趣，俗话说"兴趣是最好的老师"。有兴趣，就能学下去；有乐趣，才能乐此不疲。从教学模式来看，"满堂灌"最要不得，照本宣科更是过于生硬，也真使不得。对待学生，就要因材施教，不断改革教学模式，坚持革新教学方法，更新教学手段，从而转变角色，促使师生变被动学习为主动学习，让学生真正动起来，也让老师焕发青春动起来，就能变枯燥学习为乐趣学习，其乐才能无穷。

子曰："性相近也，习相远也。"

【译文】

孔子说："人的本性是相近的，由于习染不同而有了差别。"

【注解】

出自《论语·阳货》。"性"是指人的本来之性或者天生之性。"习"是指后天的习性、习染或习惯。

【领悟】

孔子在这里仅仅道出了人之本性相近的道理，却并没有阐释人性的善与恶。这恐怕正是孔子对待学问的高境界与大智慧。后来，孟子提出了人性本善的思想，荀子创建了人性恶的学说，告子提出了人性可善可恶的学说。两千年以后，西方管理学，创建了 X 理论（人性恶的假设）、Y 理论（人性善的假设）和超 Y 理论（也称 Z 理论，人性可善可恶的假设）。数千年来，世人对于人性善与恶争论不休。人之本性到底是善还是恶呢？这恐怕是一个到目前为止还很难实证的命题。王凤仪，名树桐，字凤仪，人称王善人。他认为，人的天性（本性）乃善，人的禀性乃恶，人的习性可善可恶。笔者感到王凤仪的说法是比较有道理的。但对人的本性，尽管我有过一些思考，但还有诸多百思不得其解的疑问。古人认为，本性就是上天赋予人的性。上天本是自然而然的客观存在，上天有善有恶吗？恐怕是人心中有了善恶，才赋予了天地自然之善恶吧？我是学数学的，在数学上几乎所有的命题都是建立在某种假设的基础上，并由假设推导出某种结论。不论是东方，还是西方，人性理论作为若干假设，的确还有研究的必要。伦理管理其实是一种高境界、高层次的管理，也是建立在人性某种假设基础之上的管理。伦理管理之所以高，是因为基于人性之假设，基于人性善恶假设之管理。对人的伦理管理恐怕也正是死心化性从而产生新的生命力的过程。去除不好的心，让贪心、嗔心、痴心等不好的心死掉，才能转化禀性，改变不良习性，从而回归那种假设的天良之本性。所谓化性必须正心，正负能量皆在一念之间，正负能量也都是由心头生出来的。化掉自己的不良之性，才能感化人，化人之性，从而产生正能量。这就是正己化人，人性恐怕就是高境界伦理管理的根脉与源泉。

　　　　子曰："人无远虑，必有近忧。"

【译文】

孔子说："人若没有长远的考虑，一定会出现眼前的忧患。"

【注解】

出自《论语·卫灵公》。表示看事做事应该有远大的眼光，周密而长远的考虑。

【领悟】

不论是修身，还是齐家，在当今竞争日趋激烈的时代，必须树立长远观念和大局观念，立足现在，谋划未来，做好战略管理。俗话说："不谋万世者，不足谋一时；不谋全局者，不足谋一域。"远谋方有深韬略，一个人没有远谋，人生很难活得精彩；一个家庭没有远谋，不可能真正齐家；一个企业没有远谋，也不可能求得生存促进发展；一个国家没有远谋，也就不可能实现社会和谐与可持续发展。从战术管理向战略管理转移是全球发展的大趋势，深谋远虑才能做好企业定位，从而谋划出大思路和大战略。做人合乎道、合乎德、合乎理、合乎情，干事业才能制定出合乎道德情理的长远战略来。

子曰："不患人之不己知，患不知人也。"

【译文】

出自《论语·学而》。孔子说："不担心别人不了解自己，只担心自己不了解别人。"

【注解】

这里的"患"是指"忧虑""担心"；这里的"人"是指"别人"，也有学者理解为有教养有知识的人，而不是普通的民众。

【领悟】

在当今社会，一些人过于显摆，恐怕人家不知道自己，这是一种浅薄。路面上的石头很显眼，却可能制造车祸，遭人谩骂与怨恨。深山里的珠玉深藏不露，挖出来却会光彩夺目，更令人赞赏。君子应该多了解别人，而不是过多地表现自己。人与人，要加强沟通，相互理解，真心赞赏对方。

子贡曰："贫而无谄，富而无骄。何如？"子曰："可也。未若贫而乐，富而好礼者也。"

【译文】

子贡说："贫穷而能不谄媚，富有而能不骄傲，这样的人，怎么样？"孔子回答说："这也可以了，但是还不如虽贫穷仍能乐于道，虽富贵而又好礼之人啊！"

【注解】

出自《论语·学而》。其中，"谄"是指巴结、献媚、奉承的意思。"好"是指喜好。

【领悟】

"贫而乐道，富而好礼"是人生的一种高尚境界。人活在世，不论贫富，都要守住道，都要保持良好的君子人格。当今，人们追求财富之心空前高涨，为了达到目的，奴颜婢膝者有之，盛气凌人者有之，不择手段者也有之。失去了珍贵的君子人格，也未必换来高官厚禄，也未必富可敌国，得不偿失啊！

子曰："贫而无怨难，富而无骄易。"

【译文】

孔子说："贫穷而无怨恨是很难做到的，富裕而不骄傲相对容易做到。"

【注解】

出自《论语·宪问》。

【领悟】

贫穷无怨难，而安贫乐道就更难。脱贫致富，人人之愿也，要脱贫，必须找到贫困之原因，要致富，必须抓住致富之机会。勤是摇钱树，俭为聚宝盆，德才兼备才是致富的根本。贫穷不是命里带，由贫由富在自身。贫穷时，难免有怨言，但怨言伤己伤人，无济于事。一旦富裕了，要时常想到贫穷时，不但不能骄傲自满、骄横跋扈，还要铭记并领悟"饱汉子不知饿汉子饥"，更加惜苦怜贫，多做慈善事业。邵逸夫先生慈善人生，捐资助教三十多年，所捐的资金多达数十亿，令人称道。2014年1月7日，邵逸夫先生离开了人世，享年107岁。2010年和2013年，笔者曾两次去香港，尤其2013年7月在香港理工大学学习期间，给我们授课的几位老师都非常钦佩邵逸夫先生的人品，十分赞赏他的慈善人生。尽管邵逸夫先生离开了人世，但他"穷则独善其身，达则兼善天下"的德行与情操，启迪着我们的忠恕心、清净心和慈悲心。笔者也钦佩邵逸夫先生的为人与慈善，为此还曾赋诗一首："天上逸夫星，地上逸夫奖；日月相映照，天地功德长。"并以此来纪念邵逸夫先生，颂扬邵逸夫先生的慈善人生与无量功德！

有人可能说了"我没有邵逸夫先生这么多钱啊？"，也可能有人说了"我自己还是穷人啊！"还可能有人说"我是普通老百姓做哪门子慈善呀？"其实，做慈善并不在贫与富，也不在贵与贱，更不在于权力大与小、地位高与低、知识多与少。贫者可以出力，富者可以出钱。国务院前总理朱镕基先生，虽然算不上大富翁，其浩然正气沁人心扉，其慈善之举不知超越了多少顶级富豪。2014年10月，胡润研究院发布了《2014胡润慈善榜》，在100名上榜的中国慈善家中，只有3人不是企业家，其中朱镕基"自2013年以来，共捐赠善款2398万元"，在榜单上排名第六十位。胡润研究院称，这些钱是朱镕基退休后出书所得的版税，悉数捐给了实事助学基金会。几年来，朱镕基先生累计捐资超过了四千多万元。这种高风亮节与那些贪污受贿多少个亿的高官真是形成了非常鲜明的对照。人与人之间的差距，不在于钱财的多少，而在于境界与觉悟的高低。恻隐之心人皆有之，慈善之心也是人人皆有的。做慈善贵在发心，难在付诸于行动。我们这些平常人，可能没有朱镕基先生和邵逸夫先生这么令人敬佩的慈善大情怀。但我们也可以将慈善之心付诸于生活与工作的方方面面。即便是会开车的开车之时能够小心点少出点事故，骑电动车的少点任性，少点横冲直撞，过马路小心点，看见红绿灯留点神，也会避免一些事故，一年得少死多少人？少一次车祸，少死一个人，就等于救人一命，胜造七级浮屠啊！讲课时，多看看学生的眼神，多了解点学生的心理，授课多尽点心，多下点功夫，以激发学生的求学初心和良善本心。多培养一个好学生，也是功德无量啊！做买卖时，卖主能不缺斤短两，买主能不斤斤计较。在大街上，看见哪些穿着破衣烂衫讨饭的老人，看见失学的儿童，看见残疾者，能心生怜悯，看见一些好人好事能给个点赞。我们节约一滴水，少用一张纸。盖房子的把房子盖结实点，房子寿命多延长个十年八年的，买房子的爱惜房屋，少买两套房，少点投机和功利。爱惜花草，怜悯动物，不糟蹋粮食，保护环境，不糟蹋山川、河流和大地。诸如此类，皆是慈善。只要人能长存慈善之心，就是行慈善做好人之因缘。

大概在 2011 年底，河北保定阜平县有个 17 岁的小男孩，在北京打工做保安，常年住在地下室，不知何因得了一种怪病，工友把他从北京护送到家，他还不忘给父亲买盒香烟，给母亲买件保暖内衣。后在石家庄市住院，我从《燕赵都市报》得知此信息后，被孩子的孝行所打动。于是我倡导商学院老师为他捐款，好像总共捐了 6100 元，其中我个人捐了两千元。这个孩子为替又病又残的父母分担忧愁，从 15 岁就外出打工，病入膏肓之时，还不忘送父母礼物，着实令人感动。为此，我还写了两首诗，以作为募捐的倡议书。第一首诗："阜平一少年，家境真贫寒；双亲病又残，孝子承亲欢；辍学打工艰，为亲做保安；生活多苦难，病重夺命间；宁可自身苦，为父买衣衫；身瘦如麻秆，急着出医院；不忘解亲忧，大孝满人间！"第二首诗："儒商在行善，师生爱心献；滴水汇江河，慈悲化美莲。不论捐多少，助孝天地间；孝子身康健，和谐社会建！"

在《企业伦理学》《企业伦理与文化》《企业伦理与社会责任》等本科生、研究生课程教学研究之余，我经常琢磨如何让企业皆能笃行伦理，如何促进企业尽到社会责任等社会问题。在学习与思悟中，我深深地感到：慈善是社会责任的最高层次，也是人生境界的提升！内存慈善心，外行菩提道，则人生吉祥，家庭幸福，慈善惠及人民，阴德恐怕也可及于子孙。

子曰："吾十有五而志于学，三十而立，四十而不惑，五十而知天命，六十而耳顺，七十而从心所欲，不逾矩。"

【译文】

孔子说："我十五岁立志学习，三十岁立足于社会，四十掌握了知识而不致迷惑，五十岁知晓并顺应了自然规律，六十岁听到别人说话就能明辨是非真假，七十岁可以随心所欲，又不越过规矩。"

【注解】

出自《论语·为政》。"有"通"又"。"立"是指站得住，人无信不立。要立起来，就得取信于人。"惑"是迷惑，"不惑"是指不被外界所迷惑或诱惑。"天命"是指非人力所支配的事情，强调了自然规律不可违，人要敬畏自然，尊重天命，顺势而为。"耳顺"强调了大度能容各种形形色色的人和物，能虚心接受各种不同的意见和批评，甚至谩骂。能够不断地反省自己，做到慎初、慎微、慎独和慎终。能够做到"耳顺"，就离圣贤就不远了！矩是指规矩或法则。孟子曰："不以规矩，不能成方圆。"（《孟子·离娄上》）如果一个人能够做到"从心所欲，不逾矩"，这不就是圣贤吗？

【领悟】

人生修为是一个有理想、有志向、不断进取、持续提升的过程。人的一生需要在实践中不断地完善自我。常言道："书山有路勤为径，学海无涯苦作舟。"俗话也常说："活到老，学到老。"本人悟道：学到老，恐怕才能活得到老！一个人，学到老，活到老，才可能像孔夫子那样体会自己人生不同阶段的境界。有一本书叫《学习型社会》，也倡导终身学习。终身学习不仅包括课本知识，更重要的是人生历练，社会实践。在学习与实践中，坚定自己的信仰，不断增长学识与见识，慢慢地领悟人生真谛。

"吾十有五而志于学"是孔夫子自述自己从十五岁始志于学。《毛诗传》说："诗者，志之所之，在心为志，发言为诗。""志"就是心之所之，也就是一心趣向之意。"志于学"就是专心求学。孔子在童年，即知求学。《白虎通·辟雍篇》解释，十五是成童之岁，心志坚明，故自十五。刘氏《正义》据《白虎通》说，十五岁是入大学之年，所学的是经术。当今，十七八岁才升入大学，大学生一定要立志于学习，不仅要学知识，更要学做人，坚持不懈地修养自己的身心，逐渐培养自己的君子人格及其良好品德。

"三十而立"具有丰富的内涵：一是要把家立起来，如今，"80后"这一代独生子女，不少人都到了甚至已经过了而立之年，可是还未成家，过着独来独往的生活，做父母的能不着急吗？二是把业逐渐立起来。立业不是说我们的事业要做的多么大，而是心存敬业之心。二者合起来就是所谓的成家立业了。三是把信德立起来，做一个诚实可靠的人。有了信德，家才能和顺，事业才能兴旺。四是把思想觉悟立起来。人云亦云比较容易，而有独立的思想比较难，这需要学习，需要兼容并蓄，还需要在不断领悟中升华。有独立的思想，才有主见，才有自己特有的人格与品格。

"四十而不惑"不仅强调对道理没有什么疑惑，更重要的是不被迷惑，不被诱惑。"立，守经也。不惑，达权也。""不惑"强调了遇事可以行权，无可，无不可。如今，一些四十来岁的所谓成功人士，往往家有糟糠之妻，外面还养着小三儿和小四儿，甚至花天酒地，皆是不修德，经不住诱惑而已。

"五十而知天命"不仅强调要通达天地自然规律，更重要的是把握自己的命运，坚定自己的信仰和理想，行使自己的人生使命。刘氏《正义》说："知天命者，知己为天所命，非虚生也。"知天命，关键在于知己，知己才能知彼，才能通达天地万物。据说，孔子五十岁才学习《周易》，从而知晓了天命，坚定了自己的人生使命，为创立儒学奠定了思想基础。如今，我们这些在 20 世纪 80 年代初就上大学的"60 后"也大都到了知天命之年。做老师的却没有认识到自己的使命是"教书育人"，经商的却没有认识到自己的使命是"经世济民"，做官的却没有认识到自己的使命是"执政为民"。如今，不少五十多岁的人还没有一点点使命感，当一天和尚撞一天钟。如此浑浑噩噩，真是害人害己、误人误己。

"六十而耳顺"就是"声入心通，无所违逆，知之之至，不思而得也。"这不仅强调了做人通达圣明，能够听进不同的意见，能够虚心接受各种批评，还要时时换位思考，常常将心比心，处处严于律己，事事宽以待人。爱尔兰作家萧伯纳说："六十岁才是真正的人生。"六十岁是一甲子，亦称为花甲之年，也是一个轮回。活到六十岁了，就要活得明白一点，想得明白一点，做得明白一点。人活着不能仅仅为自己，也不能只为儿孙，更不能只为事业。要多想着人民群众的疾苦，多想点天下苍生。六十岁是人生新的开始，是自由之花的绽放，也是人生战胜自我顽敌，挖掘内心良善宝藏，在延年益寿中留下思想瑰宝于后人的新开端。

"七十而从心所欲，不逾矩"不仅强调了七十岁的大度与包容，而且强调了敬畏天地，顺应自然，就连发自内心的欲望皆能符合天地之道，顺应自然之理，合乎家庭与社会道德，而不逾越天地法则与人间规矩。七十岁，通常称为古稀之年，也称为悬车之年。因为在古代七十岁时就要退休回家，把平时当官时坐的车收（悬）起来的时候，故称悬车之年。唐代诗圣杜甫在《曲江》诗中有："朝回日日典春衣，每日江头尽醉归。酒债寻常行处有，人生七十古来稀。"当今生活条件好了，人的寿命也延长了。七十岁的满大街跑，八十岁的宝刀不老，九十岁了还活得好好！年老了，心要如灰，点火也点不着，内心就不易上火了，不上火，心就平和，自然能延年益寿。老年人更要不争不贪，还要多想一想，能给后人留下点什么？千万不能为所欲为，蔑视天理，逾越规矩，践踏法律，犯些令人不齿的低级错误。

我校地质经济管理专业的创建者，地矿行业著名地质经济管理专家刘路教授就是非常值得后人敬重与学习的楷模。刘路先生，原名刘景丰，1917年出生，1939年入西南联合大学读经济学专业。大学期间，曾选修过地质类的课程。后被地质部委派到我校任教，筹建地质经济管理类专业。老先生曾担任我校地质经济管理系主任、经济研究所所长等职务，享受国务院政府特殊津贴。他是促进我校形成"地经渗透，工管结合"特色的领航者，还是创建我国地质经济管理理论与技术评价方法的开拓者与耕耘者。2016年，老先生已经99岁了，还健健康康地活着。刘老师真是退而不休，2003年老先生都八十六岁了，还在撰写《先秦经济和中国经济思想史》。我记得，他用的还是河北地质学院时期的稿纸（一个格，一个格的，每张纸大概220个格）一个格一个字，写了厚厚一大摞。当时，他老伴邵老师瘫痪卧病在床已达六年之久。老先生一边照顾老伴，还一边写着书，非常令人感动。他还是一位慈祥的，能够指导、鼓励、支持年轻教师做学问的领路人。我后来做学问稍有些成就，也与老先生的关爱、指导、鼓励与支持分不开的。大约从2003年9月份开始，我曾花了近一年的时间帮老先生整理这部书稿并联系出版社，2005年该书在新华出版社出版了。我校范声华教授早年毕业于北京辅仁大学，长期担任我校《地质技术经济管理》杂志的主编，是一位学识渊博的好老师。老先生在七十多岁的时候，还在潜心研究我国的矿产资源产权问题，并出版了学术专著。刘建勋教授、郑名在副教授等老教师，在退休后继续支持学校办学，一直担任学校的教学督导，悉心指导青年教师，关爱学生，至死方休。陶炳君先生是我的人生导师，心胸宽广，知识渊博，关心爱护中青年教师。退休后还负责我校在石家庄北方大学园的教学管理工作。2011年清明节前一天离世，我非常悲痛，吊唁老先生时，我为他写了一副挽联："本性真如，存慈悲，神归极乐佛国；宅心仁厚，行忠恕，形留悲欢人间。"才金城教授，早年毕业于清华大学，在地勘部门工作多年，后来调入我校任教。他是一位德高望重，多才多艺的好老师。在2007年老人家去世后，荆荟良、万小红等我校已毕业多年的学生还帮着老先生整理出版了《梅花香自苦寒来——书斋小记》（陕西出版集团、陕西人民教育出版社2012年版），我校张秀琴教授和韩劲博士也帮着整理并出版了《中国古代管理思想与智慧》（清华大学出版社2014年版）。回想起哪些笔耕不辍、诲人不倦、老而有为的老教师，的确令人感慨与感动，激励着我们这些后进奋起直追勇往直前。

作为平凡之人，我们大都没有孔夫子那样的道行与品德，也没有老夫子那样乐天知命，更难有老夫子那样的伟大成就。但我们也一定要潜心学习孔老夫子的思想，领悟圣贤语录之真谛，生活得更加有品格、有品位、有品质、有品行。我们要走好自己的人生之路，就要自强自立，成家立业，立足社会。我们要把握好自己的命运，就必须先把德立起来，把仁义立起来，把诚信立起来，把我们爱家爱国的爱心立起来。我们只有通晓了道德，笃行了道德，才能乐天知命，才能更好地服务大众，怜悯苍生，珍爱和平，报效我们的祖国！

子曰："今之孝者，是谓能养。至于犬马，皆能有养；不敬，何以别乎？"

【译文】

孔子说："现在所谓的孝，是指能够赡养父母。就连犬与马，都能饲养；如果缺少了尊敬，那么赡养父母与饲养犬马又有什么区别呢？"

【注解】

出自《论语·为政》。这是子游请教什么是孝时，孔子的回答。子游：孔子的学生，姓言，名偃，字子游，吴人，比孔子小45岁。此句中前一个"养"指赡养或奉养，后一个"养"指饲养或喂养。

【领悟】

《论语·为政》记载，子夏曾请教孔夫子什么是孝。子曰："色难。有事，弟子服其劳；有酒食，先生馔，曾是以为孝乎？"孔夫子的意思是说：对父母尽孝难在子女的容色上。对父母和颜悦色才是真孝。子女对父母如何才能做到和颜悦色呢？这就要子女对父母长辈发自内心的尊敬与感恩。

孝是孔子一贯倡导的仁德之一，孝也成为中华民族之美德。孝敬父母不仅包括物质上的奉养，还包括精神上的尊敬与感恩。感父母恩，才能心存尊敬；尊敬父母也是感恩。孝敬，就要以孝为根本，将真诚和尊敬存于内心。对父母敬重，才能真正尊敬别人，从而尊重自己。试想连父母都不够尊敬，何谈尊敬他人。做新儒商，就要从做孝子开始奠基，真心感激父母养育之恩，才能学会感激顾客"衣食父母"之恩。

我记得小时候，村里有个读书明理之人，其年纪大概比我父亲大个二十来岁吧，当时也得有七十多岁了，他的老伴已经去世多年，两个儿子和两个女儿也都成家立业了。几个孩子对父亲都不太孝顺，儿子们收了粮食还知道给父亲按照约定送些粮食，儿女们与父亲平时来往不多，更甭提经常嘘寒问暖了，父亲晚年感到孤苦伶仃的。有一年过年，家家都贴上了对联，这位老人也在大门口贴了一副对联。我们几个小孩子还专门跑过去看对联，我至今还记得上联写的是"生儿育女教时乐"，下联则是"儿大女大堂前空"，横批是"得过且过"。两个儿子大年初一来给父亲拜年，一看对联，特别生气，与父亲大吵一场，当即就把对联撕下来了。这个情景一直印在我的脑海里，我时常在想，做子女的怎能不孝顺父母呢？2009 年，我母亲脑出血住院，我们兄弟姐妹几人都挺孝敬老人的，尤其是大哥、大姐带了个好头，孝心感动了老天爷，老母亲经过两个多月的抢救与护理，终于好起来了。虽然落了一个半身不遂，行动不能自理，但回到老家叫一声娘，还有人答应，真的感到幸福无比啊！四年多来，姐姐和妹妹常年侍奉母亲，令我非常感动，也特别感激。我母亲于农历二零一四年二月初二仙逝，由此我更加深刻体会到"树欲静而风不止，子欲养而亲不待"的人生道理。我提倡新儒商，首要推崇的就是孝道。试想连父母都不孝之人，能真正关心员工，真心感恩顾客吗？能真心结交朋友，对人守住诚信吗？能真心爱家爱国，奉献社会吗？一个人可交不可交，其对父母的态度就是试金石啊！远离不孝之人，孤立不孝之人，惩罚不孝之人，教化不孝之人，让不孝之人皆转化为孝子，乃当务之急。

　　　　子曰："人能弘道，非道弘人。"

【译文】

孔子说："人能够把道弘扬光大，而不能用道来扩大人。"

【注解】

出自《论语·卫灵公》。"弘"指弘扬光大的意思。此语表明了孔子弘扬文化道德的使命感，也是孔子对学生弘扬道德的期望。

【领悟】

在现实生活中，人需要不断地修养自身，探索规律，弘扬道德，服务社会，做弘扬道德的楷模。为中华民族研究新儒商、培养新儒商不仅是老师和学者的责任，也是家庭、学校乃至全社会的责任。在社会中，人人恨奸商，但却很少有人大张旗鼓地弘扬新儒商。试想，如果世界上多了一个儒商，不就可能少一个奸商吗？世界上多一个君子，不就可能少一个小人吗？世界上多一个好人，不就可能少一个坏人吗？人人学儒，人人存仁，人人尽孝，人人守诚信，人人笃行道德，人人皆是好人，经商之人皆能做新儒商，又何奸之有呢？

追求物欲之人，不如追求名利之人；追求名利之人，不如追求道德之人。孔子说："朝闻道，夕死可矣。"一旦闻了道，死都不足惜，都感觉值了。这种至死都要追求道德与真理的人生态度的确值得后人敬佩啊！当然，我们一旦闻了道，也不能贸然去求死，我们要捍卫道，笃行德。道德，贵在领悟，贵在自己终生笃行。打着道德的幌子，披着学者的外衣，钩名钓誉，甚至假公肥私，漠视学术道德。既不能正己，又不能化人，岂不惭愧？

子曰："君子不器。"

【译文】

孔子说："君子不能像器具那样。"

【注解】

出自《论语·为政》。"君子"一词广见于先秦典籍。《易经》《诗经》《尚书》和《论语》等典籍广泛使用了"君子"一词。《周易·乾》："九三，君子终日乾乾，夕惕若，厉无咎。"《诗经·周南·关雎》："窈窕淑女，君子好逑。"《尚书·虞书·大禹谟》："君子在野，小人在位。"而对"君子"一词的具体说明，却始于孔子。在孔子之前，君子一词主要是从政治角度立论的，君子的主要意思是"君"，亦即"君王之子"。"君"，从尹，从口。"尹"，表示治事；"口"，表示发布命令。合起来的意思是：发号施令，治理国家。《诗经·谷风之什·大东》："君子所履，小人所视。"孔颖达《诗经正义》曰："此言君子、小人，在位与民庶相对。君子则引其道，小人则供其役。"《春秋左传·襄公九年》："君子劳心，小人劳力，先王之制也。"此处君子、小人，仍着眼于地位而非道德品质。在儒家学说中，孔子、孟子等人赋予了"君子"一词特定的人格及其道德内涵。从此，君子一词开始具有道德品质的属性。君子一般是指德才兼备之人，在人格上比较完美。"博闻强识而让，敦善行而不怠，谓之君子。"而常与"君子"对应的词则是"小人"。"君子"与"小人"也成为历代文人挂在嘴边的词语，"君子"成为广大老百姓一个褒扬某人的人格与人品的褒义词词，"小人"则成为广大老百姓贬斥某人的人品与人格的贬义词。"器"是器具。孔子强调，君子不能像器具那样只有某一方面的作用。在孔子心目中，君子是具有理想人格与品格之人，应该具有多方面的道德修养、知识、才能与综合素质。

【领悟】

君子这个词在《论语》中多次出现，君子是孔夫子一贯倡导的一种人格及其道德修养的价值观取向。梁启超先生在《论君子》一文中指出："证之古史，君子每与小人对待，学善则为君子，学不善则为小人。君子小人之分，似无定衡。顾习尚沿传类以君子为人格之标准。"笔者认为圣人、贤人、君子、小人是四种不同境界、不同德行、不同修养、不同智慧人群。其实质是人格的差异，其中圣贤是一种理想而近乎完美（或者绝对完美）的人格，似乎高不可攀，而君子人格低于圣贤而高于小人，是一种相对完美的人格，也是人们比较倾向、羡慕而可及的现实人格。正所谓"物以类聚，人以群分。"圣人、贤人、君子的境界较高，修养较好，往往是少数人，而夹杂过多私欲未开大智慧带有小人特质的凡人是大多数。小人也是人，就是还没有长大长成熟的人，其心智还未开，禀性还未化；见贤未必能思齐，见恶也未必能制止。正像古人所言："从善如流，从恶如崩。"大地震之时，也常伴有山崩地裂的现象，非常震撼，也特别催悲。在常年积雪的昆仑山、喜马拉雅山等地，雪崩是一种常见的现象，也十分吓人，瞬间就将万物埋于雪下。一般而言，小人大都是有些小聪明而又往往耍小心眼之人，因为不学习、不领悟，不能"日日生知"和"反扫自心"，因此难有大智慧，缺乏好德行。俗话说："物以类聚，人以群分。"小人与小人长久相伴相谋相合，往往就会从恶如崩，挡都挡不住啊！君子则不然，君子不仅能够堂堂正正做人，踏踏实实做事，而且君子乐于学习，能够领悟道德，在笃行道德中不断提高修养，以道德为基础，使智慧洞开，从善如流，遇恶而止，从而形成自己的人格魅力！君子也正像君子兰一样幽幽馨香沁人肺腑，漫漫人生，折射出暖人心腹的德慧阳光。

任何人处在不同的时期，不同的环境，心理和欲望都是不同的。君子和小人也很难截然分开。即便是大家公认的正人君子，有时恐怕也像个小孩子一样，时不时透露出小人的一些习性来。在河北省保定市望都县等一些农村，一说"小人儿"就专指"小孩子"。试想，哪个君子不是从"小人"通过长期修养而成为"君子"的呢？从前曾经是君子，不代表将来还是君子；在人前像个君子，在人后未必是真君子；在外面像个君子，在家里也未必是君子。从前是小人，也未必永远是小人；在外面做谦卑的小人，在家里却未必是长不大的小人。俗话说："近朱者赤，近墨者黑。"一个人若是长久与小人相交相伴，也嫣然似个小人；而与君子长久相交相知，恐怕也会慢慢地修成君子。俗话说："君子之交淡如水，小人之交甘若醴。""淡如水"真的好啊！从生到死，谁又能离开水呢？真是上善若水，清淡似水啊！醴，读音lǐ，其本意五谷通过腐败发酵而酿制的甘甜美酒。"甜如蜜"往往形容生活幸福。若天天吃甜的，非得吃出糖尿病不可；若天天喝甘甜的美酒，也恐怕会喝出肝硬化来！尽管君子之交淡如水，却可终生相交。尽管小人之交一时甜如蜜，但甜蜜过后却往往有苦难言，也多是人生权宜之计，岂能长久相交相伴相知呢？人世间，人与人交往是必不可少的，尤其在生意往来中，皆要遵循"先小人后君子"的古训。先做小人，后做君子，就能先苦后甜，共享甘甜。人与人来往，不宜标榜自己是君子，自我标榜为君子者恐怕正是伪君子；更不宜指责他人是小人，常常指责他人为小人者恐怕正是真小人。君子处于乾位，属于阳；小人处于坤位，属于阴；世道就是阴阴阳阳，阳阳阴阴，颠来覆去，君子变小人，小人成君子。天地阴阳本一体，阴离不开阳，阳也离不开阴；小人离不开君子，君子也往往躲不开小人。

在家庭，在企业，在商场，在战场，在国家，在社会，只要是有人聚散的地方，君子与小人永远都是少不了的。士农工商四民中皆有君子也有小人。君子当位，可教化小人学做君子；小人当位，君子若隐若现，或权做小人，或抑郁寡欢，或远离小人，或归隐山林。当然，没有小人，也往往显不出谁是君子来。如果你的身边有一个真小人，倒还不太可怕，存心防着点也就行了，大不了敬而远之。而伪君子却是最为可怕的，伪君子往往表面上能够做到伪善，而内心却十分阴毒。伪君子就像个定时炸弹一样，恐怕才是人们身边最危险的小人。一提小人，我们也不能唯恐避之不及，小人就像小孩子一样还没有长大，也没什么可怕的。小人也正是需要成长与教化的人，如果见了还没有堕落成坏人的小人，我们当头就来一顿训斥，也大可不必，恐怕还会自讨其辱。我们要像对待自己的孩子那样，以自己的言行进行恰当或适当的教育，甚至潜移默化他们，恐怕倒会收到好的效果。能驾驭小人，能教化小人，能统领小人，恐怕才是真君子。能驾驭小人，就能促进发展；能教化小人，就能培育善根，从而产生更多的正能量；能统领小人，就能在求同存异中达成和谐，从而推动经济与社会进步！我们要知道，小人也不是一无是处，也不是不可教化，也不是不可驾驭之人。小人也往往会有点德行或长处或技能，要多表扬，多鼓励，适当批评，要喻之以利，动之以情，晓之以义。时间长了，小人也就会慢慢地成长为君子。在世界上，人非圣贤，谁不是从小逐渐长大的，谁又从来没有当过小人呢？就是偶尔权作一回小人，也不要羞愧难当，也不一定不可救赎。当回小人，当就当了，也不算什么。但是，一个人，关键是不能永远小，永远长不大，永远是小人，应该从小逐渐长大，多亲近君子，并由小人成长为君子。

君子与小人的人格与角色，也永远处于阴阳变化之中。每个人心中皆有君子的天良之性，也有小人的禀性与习气。随着自己对良知的唤醒，以及自己长期不懈的修身，觉悟与境界自然而然地提升，君子的人格与品质就会逐渐显现出来。其关键是在长期修养中汲取中华优秀传统文化，坚持止恶扬善。善恶皆在心中，也在一念之间。王阳明曰："治山中贼易，治心中贼难。"学做君子就要以持之以恒地治理心中之恶贼。当今，习近平主席所倡导的"三严三实"正是修养君子人格形成君子风尚的根本，也是治理心中恶贼的法宝。"严于修身，严于用权，严于律己"是培养君子人格的基础，"谋事要实，创业要实，做人要实"则是形成君子风尚的航标。在做人做事中，多亲近圣贤和君子，逐渐远离小人，克制并逐渐去除自己的小人习性，成为谦谦君子也就自然而然的了。

在我国社会主义市场经济又好又快的发展，全面建成小康社会的新常态下，培育大学生的君子人格是非常重要，也特别必要。做中华新儒商，就是要学习并养成君子人格，逐渐去除小人之心性，摒弃小人之陋习，坚决不做奸商。做中华新儒商就要做有君子心胸之人，而不是做个摆设，做个器具，甚至做个伪君子。在商海中，人要学会驾驭自己的诚信之舟，从茫茫人海中驶向光明的彼岸；在人世间，一定要学着做君子，在德能勤绩廉诸方面都能不断地提升自己，做德才兼备之人，作为公为民之事。

子曰："君子周而不比，小人比而不周。"

【译文】

孔子说："君子以公正之心对待天下众人，不徇私护短，没有预定的成见及私心；小人则结党营私。"

【注解】

出自《论语·为政》。"周"在这里指周到或合群，"比"在这里指勾结或结党营私。

【领悟】

有公正心则是君子，心怀鬼胎则是小人。君子亲民，奉行集体主义；内存公心，就能团结民众，服务人群；小人私心较重，就容易结党营私，搞些团团伙伙，以排除异己为能。当今，不论是经商，还是为官，任人唯亲，任人唯财，弄个小圈子，甚至拉帮结派，搞团团伙伙之小人也不太少见。这未必能真正利己，恐怕还会损人，多为君子所不齿。我们更要警惕，也要引以为戒啊！

子曰："君子喻于义，小人喻于利。"

【译文】

孔子说："在处理义利的关系时，对待君子只要晓以大义就行，而对待小人则需要动之以利。"

【注解】

出自《论语·里仁》。喻者，通晓，了解，明白也。"君子"指道德及文化素养较高的人，"小人"则相反，指道德与文化素养较低的人。钱穆先生的《论语新解》说这两句的大意，是"君子所了解的在义，小人所了解的在利。"

【领悟】

"义以生利"是孔子的重要经济思想，"义"是获利的正当性，"利"则是笃行"义"、尽到义务、履行了责任的物质酬报与精神回馈。在当今社会，不为利、不谈利、不谋利、远离利益也是不太现实的。趋利避害是人的正常思维，在利益面前动心也是人之常情，君子恐怕也比例外。但君子获利能够"先义后利"，坚守正义和公义，能够尽到义务，勇于担当，履行责任。君子获利是对其所坚守义的报偿，即便没有什么报偿，君子往往也能守住义。而小人往往受到利益驱动而趋之若鹜，这也算是正常的。当然，世上也有见利忘义，甚至唯利是图、损人利己、徇公肥私的小人。这类堕落到极端自私自利的小人也非常容易沦落为坏人或恶人。这类人对市场，对经济，对社会道德与秩序，其危害是比较大的。在市场经济土壤中，遍地是黄金，作为具有君子人格的企业家要坚守义，符合义的利益才去获取，不符合义的利益就要学会放弃。有时，放弃是最能体现大觉悟与大智慧的策略。在商人群体中，也有君子，也有小人。为中华民族培养新儒商就是要培养君子人格。即便自己有君子人格，也绝不能把别人都看成小人。

西方管理学中有个"责权利相称原则"，就把"责"放在了第一位。这个原则中"责权利"能相互颠倒吗？回答是否定的。我反复琢磨这条原则，后来终于想通了。"责"就是我们老祖先倡导的"义"。你有责任心，才能赋予你权力，而利则是对你尽责执权的报偿。如果你没有责任心，只一味地追求权力与利益，表面上也可能追得到，但终归要失去。追到权利之时，喜气洋洋；而一旦被剥夺了权利，就连哭都恐怕找不到坟头啊！只要有了大义、正义、公义，我们的责任心就会增强，托付给你权力，你才可能用好权力，从而获取千秋之利。大义、正义、公义又从何而来呢？从天下为公的正义之心而来啊！

我们必须正视的是，在现实社会中，义和利也是不能截然分开的。任谁也要生存，还要生活，恐怕谁也离不开一定的物质基础。因此，追求富贵和名利是上天赋予天下每一个人的权利。当然，君子也有这个权利，小人也有这个权利。但君子能够把握好"自心"和"他心"之间这个度，并从公心出发，义以生利，至少先义后利，或者义利并举。显然，义以生利的境界更高些，获利也更长远，可以用"功在当代利在千秋"来形容；先义后利的境界次之，的确也是一种能够凝聚人心的获利方式；义利并举的境界更次之，但还说得过去，也能够被众人认可和接受。不论是利先义后，还是见利忘义；不论是背义取利，还是唯利是图，皆是不同境界的小人之所为。人生岂能不慎？又岂可不防呢？

子曰："君子耻其言而过其行。"

【译文】

孔子说："君子认为说得多而做得少是可耻的。"

【注解】

出自《论语·宪问》。"耻"是指羞耻，"过"是指超过。

【领悟】

人贵在有羞耻之心。一旦丧失了羞耻心，甚至以耻为荣，就无异于禽兽，哪里还像个人啊！有些人，夸夸其谈，不干正事，必然给自己带来羞耻或耻辱。子曰"知耻近乎勇"。知道羞耻，才能改正自己，不断修养自己，才能慎言而笃行。说得好，不如做得好；说得到，不如做得到。培养新儒商就要培养慎言笃行的人品，存好心，做好人，多干实事，多做利民利国的好事。

子曰："君子求诸己，小人求诸人。"

【译文】

孔子说："君子求之于自己，小人求之于他人。"

【注解】

出自《论语·卫灵公》。"求"是指请求、求助的意思。

【领悟】

人生在世，难免有挫折，或遇到困难，甚至犯下错误，但君子从自身内心深处找原因，而小人往往找客观原因，甚至归咎于他人。孟子对此有一句名言"行有不得反求诸己"，这是对孔子思想的进一步引申与发展。若能把这句话捉摸透了，也学会用了，于人于己，齐家创业都能行之有效。做人干事业，有了功，是大家的；有了过，千万要反思自己的过失，要勇于承认过错，勇于担当道义。在当今社会，一个人单干是成不了大事的，就要见贤思齐，求贤若渴，争取志同道合者共同拼搏，努力奋斗。在做人做事以及为人处世之中，一定要多反省自己，常常克制自己心中的贪欲，时时能多考虑他人的方便与利益。做人成功了，做事自然也就顺利了。

子曰："君子坦荡荡，小人长戚戚。"

【译文】

孔子说："君子的心地平坦宽大，而小人却常常忧愁不安"。

【注解】

出自《论语·述而》。"戚"指忧虑、惧怕、忧愁。

【领悟】

做新儒商更为重要的是利人，而不是利己。因此，新儒商要学习君子坦坦荡荡的胸怀。堂堂正正做人，踏踏实实做事，心里才能坦坦荡荡踏踏实实。平时多储存德能量，关键之时才能释放出正能量。而做些损公肥私、损人利己、歪门邪道之事，就会心怀鬼胎，时刻担心、害怕东窗事发。这些人自然会搞些小圈子，搞些团团伙伙，甚至制定一些所谓的攻守同盟。一个人，要堂堂正正做人，就要坚持不断地端正自己的心，正心要从止恶开始。人都有七情六欲，止恶包括止己之恶，也包括止人之恶；止人之恶是一时，止己之恶是一生。一个人要踏踏实实做事，也要坚持不断地修身，正心修身就要有一颗良心，从而生发出良知与良能来。

子曰："君子和而不同，小人同而不和。"

【译文】

孔子说："君子讲求和谐而不同流合污，小人只求与己一致而不求和谐。"

【注解】

出自《论语·子路》。"和"是指和谐，"同"是指一致。"和而不同"是讲求大局和谐，而个体应有差异或特色。三国时期魏国玄学家何晏在《论语集解》中解释为：君子心和然其所见各异，故曰不同；小人所嗜好者同，然各争利，故曰不和。

【领悟】

新儒商必须有志同道合者，当然在创业、立业中，君子也会有不同意见，但求同存异是一个重要的思维方式。什么事，都要听自己的，排除异己，无异于小人，不可能出现真正的和谐。当然，若不是什么大原则的事，适当妥协一下，也不是不可以，做人做事千万不能太较真。要求得和谐，首先就得修养自己，把自己的身心修得和谐了，自己才能有正确的价值观判断。在生活和工作中，皆要能容人，容下不同的意见，这样家庭和谐了，组织也就和谐了，社会自然也就和谐了。

子曰："君子成人之美，不成人之恶。小人反是。"

【译文】

孔子说："君子成全别人的好事，而不助长别人的恶处。小人则正好与此相反。"

【注解】

出自《论语·颜渊》。"成"是指成全的意思。这个思想是孔子一贯的思想，仍属于"恕"的范畴。

【领悟】

要成人之美，必须明确什么是美。能体现本善的行为就是最美的，与善的对立面就是恶。善恶是一对矛盾，存心善，才能积德；存心不善，就会积恶。《易经》上说"积善之家必有余庆，积不善之家必有余殃。"蜀国先主刘备在临终前，曾告诫自己的儿子刘禅："勿以善小而不为，勿以恶小而为之。"积善要从小善开始一点一点培育，一点一点积攒。去除恶也必须防微杜渐，从克制或去除小恶、小错、小毛病，一点一点地开始。别人有了善举，我们一定要多赞美，多学习，多支持。尤其在适当的时机，真心赞赏别人的善举，不仅别人快乐，自己也快乐，在快乐中不知不觉就会见贤思齐了。别人有了恶行，我们也要采取适当的方式予以抵制或反对。当然，反对也要讲求策略。如果是朋友做错了事，就要找机会私下沟通，而尽量避免在众目睽睽之下当面讥讽或挖苦。据说袁世凯欲称帝，其次子袁克文却站在反对的立场上，写了一首著名的《感遇》之诗："乍著吴棉强自胜，古台荒槛一凭陵。波飞太液心无住，云起魔崖梦欲腾。偶向远林闻怨笛，独临灵室转明灯。绝怜高处多风雨，莫到琼楼最上层。"他以含蓄的诗词试图劝诫父亲不要称帝，还遭到了父兄的不满与排挤。劝人要明机缘，还要灵活运用心智与手段，更要小心谨慎，尤其是劝诫有小人心性的上司更要倍加小心。

孔子曰："君子有三戒：少之时，血气未定，戒之在色；及其壮也，血气方刚，戒之在斗；及其老也，血气既衰，戒之在得。"

【译文】

孔子说："君子有三种事情应引以为戒：年少的时候，血气还不成熟，要戒除对女色的迷恋；等到身体成熟了，血气方刚，要戒除与人争斗；等到老年，血气已经衰弱了，要戒除贪得无厌。"

【注解】

出自《论语·季氏》。"得"在这里有获取或占有利益之意，也有得意、自得之意，甚至扬扬得意之意，"得"还可以引申为"贪得"或"贪婪"之意。

【领悟】

孔子所提出的人生三戒，既是自己对人生的领悟，也是老师对学生的人生忠告，还是圣人对中华儿女的谆谆教导。人生三戒：一是年少戒色；二是壮年戒斗；三是老年戒得。这"三戒"是孔子针对人生三大阶段的不同欲望而引发的贪婪之病，按照对症下药的原则而开出的药方。"色、斗、得"皆是欲，愈贪恋之，陷之愈深，这三个方面的贪欲皆有因也必有果，这也往往是人生难以戒除的。要做到"三戒"，非得从小到老终生修养自己的君子人格不可。年少之人都喜欢美的事物，尤其是异性之间，爱慕之情往往油然而生。当今，你贪我爱，在大学校园内已经屡见不鲜了。但一个人不能过分贪恋美色，不论是美女，还是帅哥，过于贪恋，必然伤肾。肾亏，身体就要遭殃了。我们要牢记"万恶淫为首"，远离色情，远离邪淫。壮年人，往往已经成家立业，多有争强好胜之心，也难免有些烦恼。若遇事不冷静，冲动起来就会产生争斗，争斗往往会两败俱伤。"戒斗"的"斗"不能简单地理解为打架斗殴。壮年人"戒斗"的关键，是通过加强修养来平复自己争强好胜的心念与火气，时常多反思争强好胜的负面影响，多给自己留点余地，得饶人处且饶人。壮年人要立足社会，就必须谦虚，立足谦，虚心学，要战胜自我，而不是战胜他人，也就是

"胜人者自胜"。要学得深沉一些，稳健一些，多点君子风范。一定要笑面人生，笑到最后才是最美的。哪怕是一个微笑，世上谁还打笑脸之人呢？如果一个人在青少年时不戒色，壮年时不戒斗，到了老年人极容易贪得无厌。老年人之贪得大概有四：一是贪生怕死；二是贪图权贵；三是贪婪财富；四是贪恋美色。贪欲是人的一种心念，也是生命历程中第一个毒素，由小可长成大毒瘤，去除贪念，克制贪欲也是人生最难的。一个人年老了，就要克制乃至除却贪念，就要长存仁慈之心，常有慈善之念，长克己欲，常济人难；长思己短，常看人长；少宣扬自己，多褒扬别人；少批评人落后，多鼓励人上进。在金木水火土五行中，老年人属土，也离土越来越近。老年人要性如灰，"性如灰"就是要死掉贪心，化除禀性，像柴火灰一样，什么火也点不着，不会死灰复燃。这样做，老年人就不会轻易上火了，也就自然而然地不上脾气，不发雷霆之火了。土对应信实，常念信实，脾胃就好，吃嘛嘛香，看谁都好，看嘛都美，看什么都看得惯，也就慢慢地体悟到人生真谛了，自然也就不会贪婪了。试想，一个都快入土的人了，还贪得无厌，那不是自招人厌，自招人烦，自招人怨，自招人恨吗？又有哪个老人在黄泉路上还能带走一毫一厘呢？贪得之人恐怕连死后还会给后人留下个话柄，留下点耻辱。

子曰："过而不改，是谓过矣。"

【译文】

孔子说："有了过错而不改正，这才真的是错了。"

【注解】

出自《论语·卫灵公》。"过"是指有过、过错或错误的意思。第一个"过"是指"有了过错"，第二个"过"是"过错"。

【领悟】

人们常说："人非圣贤，孰能无过？"在人的一生中犯下过错恐怕也是在所难免的。重要的是一个人必须有面对错误的勇气，有一个正确认识错误的价值观、人生观与世界观。孔子曾赞叹颜回"无二过"。"无二过"是指一个人在某个方面犯了一回过错，就不会再犯第二回。不知错而错了，是无心之错，也是人生难免的。但却要反思自己，找到错的根源，下定决心彻底改正错误，并以此为戒永不再犯。我们一定要克服内心的贪欲，坚持修养仁德，争取少犯过错或不犯过错。有了过错，不要过于强调客观原因，也不能把过错全推给别人。知错改过，重新做人，都需要莫大的勇气。《了凡四训》又名《命自我立》，作者是明朝的袁了凡①。该书是袁了凡先生所作的家训，以其亲身经历来教戒其子袁天启，认识命运的真相，明辨善恶的标准，改过迁善的故事。该书中就有诸多立命的道理与改过的方法，若有机会读一读，也会受益匪浅的。

子曰："人而无信，不知其可也。"

【译文】

孔子说："一个人不讲信用，是根本不可以的。"

【注解】

出自《论语·为政》。信在这里指信用或信任。信，是儒家重要的伦理准则。孔子认为，信是立身处世之根基。信也是人生修炼的重要德目。

【领悟】

在当今，取信于人非常重要。信是心连心的桥梁，信是做人做事的根基，信是通向成功走向世界的通行证。一个人要把"信"立起来，响当当的，就不能光说不做。说了，就要做到，就要兑现诺言。一个人堂堂正正说的话才可能是人话；坐在酒桌上喝多了往往说些醉话；睡着了，说些梦话，恐怕也不算数。"一言既出，驷马难追"，做不到的事情，我们千万不要轻易答应人家。诚信是社会主义核心价值观之一，也是我校商学院"八字"（诚信、博学、敬业、创新）理念中最为重要的理念。"诚"是指说了就一定去做，百分之百地完成，把人做好，把事做成功。培养新儒商就要培养诚信的品质，以诚信为做人做事的根本，以诚信交往人，以诚信打动人，以诚信立足社会，获得长远发展。

子贡问政。子曰："足食，足兵，民信之矣。"子贡曰："必不得已而去，于斯三者何先？"曰"去兵。"子贡曰："必不得已而去。于斯二者何先？"曰："去食。自古皆有死，民无信不立。"

【译文】

子贡问怎样治理政事。孔子说："备足粮食，充实军备，老百姓对政府就信任了。"子贡说："如果迫不得已要去掉一项，在这三项之中去掉哪一项呢？"

---

① 袁黄（1533～1606），初名表，后改名黄，字庆远，又字坤仪、仪甫，初号学海，后改了凡，后人常以其号了凡称之。袁了凡是明朝重要的思想家，也是我国知名的善书作者。他的《了凡四训》融会禅学与理学，劝人积善改过，强调从治心入手的自我修养，提倡记功过格，曾在社会上流行。

孔子说："去掉军备。"子贡又问："如果迫不得已还要去掉一项，在这两项之中又去掉哪一项呢？"孔子回答说："去掉粮食。因为，自古以来谁也免不了一死，没有粮食不过是饿死罢了，但一个国家不能得到老百姓的信任就要垮掉。"

【注解】

出自《论语·颜渊》。"足"是指足够的意思。

【领悟】

孔子在这里，强调了取信于民是至关重要的。就个人修身而言，的确是"人而无信不立"；就企业而言，没有信誉也不可能立起来，也不能取得成功；就国家而言，没有信任必然失去民心，失去友邦，国家也不可能真正富强与和平。越是高信任度的国家，往往是小政府大市场，而低信任度的国家，却往往是大政府小市场；越是高信任度的地区，生产力越发达，经济繁荣，社会稳定，而低信任度的地区，却往往生产力落后，经济萧条，社会动荡。就是一个家庭的兴衰也与信任度信息相关啊！当今，为中华民族培养新儒商，就是为了培养"信"，提升信任度。一个人，也要靠诚信来立德、立身、立言、立足、立业和立功，用自己的信来影响他人，影响组织，乃至影响国家。如果一个人不重视信誉，没有以诚为基把信立起来，其他所有的一切都立不起来！又何谈立业？何谈报国呢？

子曰："其身正，不令而行；其身不正，虽令不从。"

【译文】

孔子说："自身正，即便不发布命令，老百姓也会去做，自身不正，即便发布命令，老百姓也不会服从。"

【注解】

出自《论语·子路》。"令"是指命令，"行"是指行动。

【领悟】

正人必先正己。上梁不正下梁歪。管理的核心是人。现代企业管理的核心理念则是以人为本。"管"字很形象，当官的头上顶着个小竹板。天津某大学的一个学者曾在一次讲座中指出："管"就是当官的拿着竹板打人。当时我在场，听了似乎感到很有道理。后来我反复琢磨，为什么当官的把竹子顶在头上呢？一开始，我百思不得其解。后来突然就顿悟了。"竹"代表气节、柔性、韧性；有虚怀若谷、坚忍不拔、高风亮节等品格。"官"是有权力者。管理者应该严以修身，以养成高尚的品格；严以用权，做好目标定位，在权力执行中，学习竹子的柔韧，实施柔性管理。我深刻地体会到：管理之上品就是正己化人，通过端正自己，感化别人。也就是说，通过良善之心端正自己行为来感化他人，他人对你心悦诚服，管理就很容易了。管理之中品就是管住自己，克制私欲，教化别人。也就是说，要坚持严于律己，先律己，然后再律人，先用规矩来约束自己，再来约束别人，这才有说服力和约束力。管理之下品则是管住别人，同化自己。对自己宽，对别人严，也能有一时之效，但终究要失去人心。管理就要遵循规律，不断地端正自己，持续地感化别人；只有先管住了自己，才能感化别人。赫伯特·西蒙说："管理就是决策。"决策离不开伦理，也离不开仁德。我们要在人生事业重大决策上要坚持仁德，挺起规矩，把住方向。

子曰："三人行，必有我师焉，择其善者而从之，其不善者而改之。"

【译文】

孔子说："三个人同行，其中必定有我可学习、借鉴的对象。我选择他善的方面向他学习，看到他不善的方面就对照自己改正自己的缺点。"

【注解】

出自《论语·述而》。这句话，表现出孔子的自觉修养与虚心好学的精神。这也是一种辩证的看待问题、思考问题的思维方式。

【领悟】

所谓师，一般包括两个方面：或善师，或戒师。一方面，我们要择其善者而从之，见人之善，就要虚心地学，就要效法之，要树立见贤思齐的精神；另一方面，我们见其不善者而改之，见人之不善就引以为戒，反省自己有无类似过错，要建立自觉止恶扬善的修养与精神。在自己的一生中，一定要多与道德高尚的人接触，虚心学习他们的德行与能力。要立足谦，谦虚是美德，也是使人不断进步的动力。要多看人的长处，多赞美别人的优点。谁没有缺点呢？可谓，人无完人，金无足赤。看到别人的缺点或过错，不一定非要当众指责，给人难堪，而要对照自己，有没有这方面的缺点或过错。如果有，就坚决予以改正。如果家人、朋友、学生、下属或上司有了缺点或过错，也要找适当的机会给予提示或劝诫。可以说，改过是人生完美不可或缺的，也是修身的重要环节。

子曰："天何言哉？四时兴焉，万物生焉，天何言哉？"

【译文】

孔子说："天说什么话了吗？四季照常运行，万物照样生长，天说什么话了吗？"

【注解】

出自《论语·阳货》。这是孔子与子贡的一段对话。

【领悟】

天地有其自然规律，自然而然地运行。上天赋予万物生机，而从不骄傲自满，也从不自夸。凡人皆要敬畏天地，尊道崇德，并按照天地规律默默无言地做人做事。人不能自我表现欲太强，处处显摆自己。尤其要做大事业，更要虚心些，深沉些，谨慎些，不要夸夸其谈，更不要自我吹嘘标榜。有些学者认为，儒家是以人为中心的。事实上，儒家和道家都是以天地自然为中心的，人仅仅是天地自然的重要组成部分。人必须尊重自然，顺应自然，并从天地自然中领悟做人做事的道理。儒家的先圣先贤也是从天地自然的运行中悟出了很多的道理，并将其应用在人伦与社会层面，以便更好地处理人与自然，社会与自然的关系。

子曰："大道之行也，天下为公，选贤与能，讲信修睦。故人不独亲其亲，不独子其子，使老有所终，壮有所用，幼有所长，矜、寡、孤、独、废疾者皆有所养，男有分，女有归。货恶其弃于地也，不必藏于己；力恶其不出于身也，不必为己。是故谋闭而不兴，盗窃乱贼而不作，故外户而不闭，是谓大同。"

【译文】

孔子说："在大道施行的时候，天下是人们所共有的，把有贤德、有才能的人选出来，讲求诚信，崇尚和睦。因此，人们不单单奉养自己的父母，不单单抚育自己的子女，要使所有老年人能终其天年，中年人能为社会效力，幼童能顺利地成长，使老而无妻的人、老而无夫的人、幼年丧父的孩子、老而无子的人、残疾人都能得到供养。男子要有职业，女子要及时婚配。人们憎恶财货被抛弃在地上的现象，收贮财货却不是为了独自享用；憎恶那种在共同劳动中不肯尽力的行为，人要不仅仅为私利而劳动。这样一来，就不会有人搞阴谋，不会有人盗窃财物和兴兵作乱。如此，则家家户户都不用关大门了，这就是所谓的'大同'社会。"

【注解】

出自《礼记·礼运》。与，读音 jǔ，通举，意思是推举、举荐。矜，读音 guān，通鳏，泛指无妻之人。孔子一生倡导公天下，推崇尧舜的禅让制。

【领悟】

"天下为公"是中华民族重要的思想。古人认为"家天下"是小康社会，而"公天下"才是大同社会。当然，当今所提倡的小康与古代的小康是不同的。可以说，小康社会是我国社会主义发展里程中的初级阶段，而共产主义这个大同社会则是人类社会共同的理想。当今，共产主义理想似乎比以前提得少了，人们也似乎更加现实，开开心心活着，甚至到处寻欢作乐成了人们的某种现实需要。老师们即便在课堂上讲一讲，回家该做什么还做什么。什么信仰，什么主义，都抛之脑后。人们变得越来越庸俗，越来越功利，也越来越势利。2004 年 5 月初，我有幸去英国考察学习，在伦敦参观大英博物馆，看到了一张很古朴的桌子。听人说，这张桌子是马克思读书的时候用过的桌子，在桌子底下，好像是坚硬的大理石地面上，留有一道和脚宽窄差不多的浅沟。据说是马克思读书、思考和研究时，腿和脚不由得来回蹭地面，日积月累，时间久了磨出来的一道沟。当时，我就深深地被马克思勤奋好学的精神所折服，所震撼了！回想起这一幕，我不由得想到习近平总书记提出的"抓铁有痕，踏石留印"的共产党人作风。马克思是人类社会伟大的导师，他所倡导的共产主义社会不正是我国先圣先贤所向往的而更加清晰的"大同社会"吗？一个人活着，必须有自己的信仰。一个企业要生存发展，也必须有自己的信仰。一个政党更要有自己的信仰，中国共产党人必须坚定属于自己的马克思主义信仰！一个人，甚至一个党员，整天疑神疑鬼的，信神信鬼的，也是愚人一个。可怜这些人，信神没有成神，信佛也没有成佛，信鬼倒是整天心怀鬼胎的。孔夫子所描绘的大同社会是原始社会末期的禅让制时期的社会状态。历代圣贤君子不断地学习领悟孔夫子的"天下为公"，并大力倡导、推崇、践行"天下为公"。马克思所描绘的共产主义社会不就是天下为公吗？国父孙中山先生一生倡导、笃行的信念不也是天下为公吗？他老人家题写的"天下为公"四字，又激励了多少革命斗士为"天下为公"的理想而抛头颅洒热血啊！新中国的缔造者毛泽东主席和周恩来、朱德、刘少奇、邓小平等伟人，哪个不是以"天下为公"为己任而奋斗终生呢？没有这些领袖们，中国人民又怎么能走上天下为公的社会主义小康大道呢？"天下为公"这四个字，需要我们这些后人不断地学习，不断地领悟，更要坚持不懈地笃行。

第二章

老子语录摘编及领悟

　　老子（约前571～前471?）①，字伯阳，谥号聃，又称李耳（古时"老"和"李"同音；"聃"和"耳"同义），属于春秋时期人，应该与孔子同一时期，比孔子年长。他曾做过周朝"守藏室之官"（管理藏书的官员），是中国古代伟大的哲学家和思想家之一，道家学派创始人。后被道教尊为教祖，也是世界文化名人。据传说道教供奉的太上老君从天上下凡化身为老子，并作《道德经》，以开化众生。而历史上的老子是一个静思好学、知识渊博之人。他彻

---

　　① 《史记·老子韩非列传》记载："老子者，楚苦县厉乡曲仁里人也。姓李氏，名耳，字伯阳，谥曰聃。周守藏室之史也。"按照一些书上的记载，老子大概活了百余岁。但老子卒年在历史上的确是个谜，人们也没弄清老子到底活了多大岁数。有人说老子活了160多岁，也有人说活了200余岁。总之，老子没有白白悟道，也没有白白修道，他把自己的心修得清净而睿智，人生无为而无不为，顺其自然而又自然而然。他不仅成为一个令后人羡慕的长寿者，还留下了吸引着一代又一代的人去探索而求真的《道德经》。

悟了天地人及自然大道。在长期领悟的基础上，他创作了《老子》（也称《道德经》）一书。《道德经》分上下两篇，原文为：上篇《德经》和下篇《道经》，不分章；后被人改为《道经》在前，《德经》在后，并分为 81 章。《道德经》是中国历史上首部最为完整的哲学著作，蕴含着大量的朴素唯物主义和辩证思想。老子研究的最高哲学范畴是"道"，《道德经》把"道"看作宇宙的本源，道是不断运动着的，宇宙间的万事万物，都是由道不停运动而产生出来的。

道可道，非常道；名可名，非常名。无名，天地之始；有名，万物之母。

【译文】

"道"如果能用语言来表述，那么它就不是恒常之道了；"名"如果能够用文辞来命名，那么它也就不再是恒常之名了。"无名"为天地之开始，"有名"则是万物之本源。

【注解】

出自老子《道德经》第一章的开篇。在这一章，老子重点介绍了他的哲学范畴——"道"，老子所谓的"道"是指自然界的规律（也包括人生及社会规律），老子所研究的"道"是内在的、本质的东西，也往往是形而上的。还有很多"道"未被人们认知，有的可以心领神会却很难言传，这有点近乎佛教的"不可思议"。而这一句中的"名"则是对"道"的反映，是"道"外在的形式。这种反映自然界规律的"道"，并不都能用言语来表述，能用言语表述的未必是自然之道了。

【领悟】

自然规律可以说是化生万物的本源，"名字"可以命名万物的本质，没有名字的时候是天地的开始，有了名字，就知道了万物的本源。有个成语"无中生有"。原意是指，天下万物生于有，有则生于无，无是生生不息的根源。后引申为，把没有的说成有，往往比喻毫无事实，凭空捏造。探索自然规律，不仅要有"有"的概念，还必须有"无"的概念，学会"无"与"有"的辩证法。

先有道，后有名。道是客观存在的，不以人的意志为转移。名则反映了人们对道的认知。人对某种事物的道理有所认知，为了辨别，就给予某个事物一个称谓或者名称。大到宇宙，中到国家、山川河流，小到飞禽、昆虫等。诸如此类，都是人们在认知基础上赋予其称谓或名字的。比如曾支配全球陆地生态系统超过 1 亿 6 千万年之久的恐龙（Dinosaur）就是一种中生代多样化优势陆栖脊椎动物。恐怕连恐龙自己也不知道自己是谁，当时也没有类别与名称。随着人类对恐龙化石的发掘，人们才通过科学研究，给恐龙命名，于是有了霸王龙、鱼龙、沧龙、蛇颈龙、翼龙、盘龙和三角龙，等等。我校庞其清教授和地质科学院程政武研究员在山西省天镇发现巨型古生物恐龙化石，并带领河北地质学院部分师生经过十几年艰苦卓绝的挖掘与修复，现珍藏在我校地球科学博物馆。该龙身长约 20 余米，头高约 7.5 米，背高约 4.2 米，非常珍贵，世界罕见，填补了我国最晚期没有完整蜥脚类恐龙化石的空白。发掘者庞其清教授和程政武研究员皆是国内知名的地质学家。他们于 2000 年将所发掘的恐龙命名为"不寻常华北龙"（Huabeisaurus allocotus）。大人和孩子都乐意看的电影《侏罗纪公园》，就充满了惊恐与神奇，恐龙也与人类有了交集。当今，数学、经济学和管理学中的很多定理或理论也皆有名称；互联网上还有似乎无穷无尽的新名称。《说文》曰："名，自命也。"《礼记·祭法》上也记载着"黄帝正名百物"。"名"最基本的释义是指人或事物的称谓，或做某事时用来作依据的称号。万事万物的名称从某个视角或在某种程度上反映了事物的某种属性。当今，哪怕给孩子起个名，给世间万物命个名，也皆需慎重。名字或名称皆有命名者的某种祈盼以及某些心理暗示，恐怕还隐含着生命中的某种指向，这就是人们常说的命运吧。俗话所说的"名至实归，实至名归"也是有道理的。连兴兵打仗也要出帅有名。

本人悟道：大千世界，自然之道是奥妙无穷的，人生之道也是其乐无穷的。不论是生活，还是学习与工作，处处皆有道，事事皆寓道，做人做事也有道行高低之分。也不论是说书的，还是唱戏的，也不论是高官，还是平民，也不论是平凡的教书匠，还是顶尖的科学家，皆在不同层次的道上。一个人，哪怕领悟了一丁点的道，就能上一丁点的层次；一个人，如果悟了大道，就能上大层次，上高境界，看得更真，想得更远。试看，哪一门的科学家最终不都是在悟自己的道，悟各门科学的道，从顿悟到彻悟，从而上升为哲学，上升为智慧吗？学习管理知识，做一个称职的管理者，不仅要悟道，更要领好道走正道。当今，重名利似乎也无可厚非，但追求名利也要符合道，合乎德，不背离情理。利己者，不一定有好名声；利他者才可能名至实归；淡泊名利者，才能在情境中得人生大自在。这正是好利者不如好名者，好名者不如尚德者，尚德者不如乐道者。弘道尚德才是人生真谛，也是快乐之本，幸福之源。

　　合抱之木，生于毫末；九层之台，起于累土；千里之行，始于足下。

【译文】

　　合抱的大树，生于细小的萌芽；九层的高台，筑起于每一堆泥土；千里的远行，是从脚下第一步开始的。

【注解】

　　出自老子《道德经》第六十四章。文中"累"同"垒"。

【领悟】

　　天地阴阳、万事万物总是由无到有，由小到大，由弱变强的。一棵小草也是由小长大，一个人也是由小到大。不论是人，还是万物，起始点固然重要，机缘也不可缺失，而持之以恒的态度，坚持不懈的过程也愈加重要。做人做事就要坚持善始善终，贵在有一个良好的开端，并以勇猛精进的态度做下去。实施新儒商工程，为中华民族培养新儒商乃是一场人才培养的革命，也是一场精进的理论探索与恢弘的社会实践过程。这需要我们一心一意，扎实工作，开拓进取，更需要一个良好的开端和难得的机缘。

　　天长，地久。天地所以能长且久者，以其不自生，故能长生。

【译文】

　　天地是永久存在的。天地之所以能永久存在，乃是因为其一切生存与运行都不是为了自己，因而能够长久运行存续。

【注解】

　　出自老子《道德经》第七章。天地及其万事万物运动变化有其自身的规律，这个规律是其长久生存的基础。

【领悟】

　　在自然界中，循环是普遍的规律，如天地日月循环运行，社会经济的循环，人生家庭的循环等。学习、探索并掌握循环之道，树立以生态为中心的理念，走可持续发展之路是新儒商所必需的。发展循环经济走可持续发展之路，我们必须以我们的良心、良知、良能营造共生共荣共赢的生态环境，尊重自然，顺应自然，主动适应环境、保护环境，不要认为人是万物的主宰，而去盲目地改造自然，甚至破坏自然环境。人不仅仅是世界上的一名过客，也是自然界众多成员中的一个成员。在人世间，熙熙攘攘很热闹，纷纷扰扰却无奈。人生岁月顶多也就百八十年，与无限的时空相比，真的很短暂。人啊，破坏自然生态非常容易，修复生态环境却异常艰难，创造与毁灭近在咫尺，也皆在一念之间。

　　道生之，德畜之，物形之，势成之。是以万物莫不尊道而贵德。道之尊，德之贵，夫莫之命而常自然。

【译文】

道生成万事万物，德养育万事万物。万事万物呈现出各种各样的形态，环境使万物成长起来。故此，万事万物莫不尊崇道而珍贵德。道之所以被尊崇，德之所以被珍贵，就是由于道生长万物而不加以干涉，德蓄养万物而不加以主宰，顺其自然。

【注解】

出自老子《道德经》第五十一章。在这一章，老子强调了道德是天地万物之根本，人要尊道贵德。

【领悟】

德者，得也。在探索自然规律中有所发现，有所认识，有所领悟，并把自己所认知的道理影响他人，形成共同的准则与规范就是德。"德"字形象地寓意着深邃的内涵："德"字左边的双立人，细琢磨就是不同层面、不同觉悟、不同境界之人。人多了，境界自然不同。即便只有两个人，其境界与觉悟也有差异。上面的人觉悟和境界自然高些，才能领导下面那些脚踏实地之人。中国有句老话"天外有天，人外有人。"不少人一生都在追求做人上人。事实上，人上人，不是权力大、地位高，也不是财富多，而是觉悟高、道行高。"德"字右部上面的"十"是上下加上八个方位。"十"下面的"四"是四象，也代表一年四季。四下面是"一心"，而不是"三心二意"。两个人或者众人都认可，境界差不多，才能一心，否则必然三心二意。在家庭，要齐家，需要夫妇同心，这也要靠一心一意之德，也必须同心同德。在家庭，在企业，"立德"皆是首要的。在家庭，夫妻皆要见贤思齐，举案齐眉，要在相互尊敬、相互关爱、相互学习、相互谅解中逐渐把德立起来。在企业也要万众一心，把德立起来。天地十方中人与人，尤其是男人与女人在一年四季都能一心一意，同心同德，家庭就和睦了。推广到社会，人与人能够一心一意而不是三心二意，社会就和谐了。再推广到整个世界以及自然界，世界也就和平了，众生也就能够共生了。同心才能同德，从而共同获得，共同进步，从而实现共生共赢共荣。

人法地，地法天，天法道，道法自然。

【译文】

人取法地，地取法天，天取法道，道任其自然。

【注解】

出自老子《道德经》第二十六章。"法"是指依循、遵循、取法的意思。

【领悟】

老子认为道是天地万物的根源，道先天地而存在，道在天地人万物之中。人要遵循大地的变化规律，从中选取做人的道理，选取与环境相适应的生存生活方式。地球属于宇宙的一部分，遵循宇宙的运行规律。宇宙也有自身的运行规律，而所有规律都是自然而然地存在着，自然而然地发生着作用。

道生一，一生二，二生三，三生万物。万物负阴而抱阳，冲气以为和。

【译文】

道生出自然一体，自然界生出阴阳二气，阴阳相交生出三，在阴阳运动中生发万物。万物背阴而向阳，并在阴阳二气相互激荡中形成新的和谐体。

【注解】

出自老子《道德经》第四十二章。古人认为在天地生出来之前，天地混沌一体，清气属阳，上升生成天，浊气为阴，下沉为地。著名学者冯友兰先生认为，阴气与阳气相互冲撞是一种冲气，正好是第三。"冲"是一种运动，也是道的表现形式。

【领悟】

这一段话反映老子"一元论"的宇宙观，道出了天地万物乃至宇宙形成的规律，从无到有，从一到二，从二到三，从三到万物乃至整个宇宙。老子的这句话，读起来似乎很简单，但其中却蕴含着深邃的道理。道似有若无，其中奥妙，甚至不可思议。道所产生的阴阳二气，似乎空空如也，却自然而然地存在着，天地万物皆离不开它。就拿人来说，不论是什么人，男人也好，女人也罢，任何一个人自身都有阴阳二气，阴阳皆合二为一，也能一分为二。也不管什么人种，白种人、黄种人，还是黑种人，只要是一男一女相结合，就可能生育儿女，这不正是三吗？人类生生不息，万物生生不息，在生生不息中无穷无尽。不论是人，还是动物，还是植物大都喜欢背阴而向阳。向日葵就是典型的向阳植物，连"脑袋"都不停地转动，永远面向太阳。恐怕正是它向阳，才结出了人们爱嗑的葵花籽。

　　　　金玉满堂，莫之能守；富贵而骄，自遗其咎。
【译文】
　　金子和美玉堆满了屋子，也未必能守得住；富裕高贵了而骄横跋扈，就会给自己乃至子孙留下了祸根。
【注解】
　　出自老子《道德经》第九章。
【领悟】
　　爱金子银子，爱美玉古玩，人之所欲也。自然界的万物都有其生命及其归宿，谁又能生生世世永久霸占这些财富呢？所谓"生不带来，死不带去。"富贵要靠自己的仁爱、智慧和勤劳来创造，但这也是上天的眷顾，世道的机缘。一旦富贵了就骄傲自满，甚至骄横跋扈，无法无天，大祸很快就会临头。到了生死不保之时，金玉富贵能够赎罪吗？能够救自己和家人的命吗？因此，对待财富需要正确的价值观，即便是自己勤劳所得的财富，多了也不能长期霸占，要使用、分配出去，通过慈善之举，实现经世济民。范蠡的"三聚三散"就充分体现了他对待财富的大智大慧。新儒商就要学习范蠡聚散财富的大智慧，自古江浙一带的商人经营有道，致富有方，恐怕就是得益于此。

　　　　知足者富。
【译文】
　　知道满足之人才是富有之人。
【注解】
　　出自老子《道德经》第三十四章。
【领悟】
　　俗话说：人心不足蛇吞象。人的欲望无穷无尽，所谓欲壑难填。有个故事，主人公是明朝的胡九韶，金溪人。其家境非常贫困，他一面教书，一面努力耕作，才勉强衣食温饱而已。可是，每天到了黄昏之时，胡九韶都要到门口焚香，向天拜九拜，感谢上天赐给他一天的清福。妻子笑他说："我们一天三餐都是菜粥，怎么谈得上是清福？"胡九韶说："我首先很庆幸生在太平盛世，没有战争兵祸。又庆幸我们全家人都能有饭吃，有衣穿，不至于挨饿受冻。第三庆幸的是家里床上没有病人，监狱中没有囚犯，这不是清福是什么呢？"当今，我们正处于全面建成小康的新时代，物质虽然还没有极大丰富，但大多数人皆能丰衣足食。还有什么不满足的呢？人生贵在知足，知足就是最大的精神财富。做人要知足，做事才能通达。不贪恋财富，才是真财富。

> 上德不德，是以有德；下德不失德，是以无德。

【译文】

具备上德之人不表现为外在的有德，是以真正有德；下德之人处处表现不失德，是以的确无德。

【注解】

出自老子《道德经》第三十八章。"上德"是指内在、恒常之德。老子认为，这是"无为""无不为"之德，亦即把道充分体现出来的德。"下德"一般是指"有为"之德。这是按照特定礼仪所表现出来的德。下德一般是不会长久的，也往往因时因地或因诸多原因而失效。

【领悟】

天地人间先有道，后有德。道是自然而然地存在着，不以人的意志而转移或变更。德则是人们对道的正确认识而有所得，对内能作用自己，对外能影响他人，形成共同的规范与准则，则视之为德。不认识道，往往会缺德。对道认识有误，德也就会偏离本然而正确的方向。做人有做人之道，也有做人之德；做事有做事之道，也有做事之德；经商有经商之道，也有经商之德。新儒商就是要适应全球化之规律，适应中国特色社会主义市场经济发展规律，做一个能够认识规律、遵循规律、经世济民、忠于祖国、弘扬中华传统美德的好商人。

> 天道无亲，常与善人。

【译文】

自然规律不偏爱亲疏，但永远垂青有德的善人。

【注解】

出自老子《道德经》第七十九章。"天道"是指整个宇宙的自然规律。"亲"是亲疏，"无亲"是没有亲疏，对谁都公正。"善人"指有德之人。

【领悟】

俗话说："人在做，天在看。"谁说苍天无眼，举头三尺有神明。苍天从来都是至公无私的，从来也不偏向谁。如果谁能敬畏天地，顺应天道，遵循规律，弘扬道德，做良善之人，以善传善，善心常安，心安是福，上天也往往会在善善循环中赐幸福于他；如果谁成年累月地蔑视天地，无视规律，背道而驰，践踏法律，做罪恶之人，以恶传恶，恶念长生，恶来酿祸，上天也往往会在恶恶相报中降凶祸于他。俗话说："心底无私天地宽。"人生在世，创业、立业、守业，都要循道崇德，人之良心与天地相通，做一个良善之人，必然从良善之中体会到快乐与幸福，内心良善恐怕也是吉祥与长寿的基因。

　　见素抱朴，少私寡欲。

【译文】

现本真，守纯朴，少私念，减欲望。

【注解】

出自老子《道德经》第十九章。见，读音 xiàn，其含义为：现，呈现，推出。素是指没有染色的生丝，在这里指品质本真、纯洁、高尚。朴是指没有加工的原木，在这里有纯朴或淳朴的意思。私是私念或私心。寡有减少或降低的意思。欲是指欲望。

【领悟】

人之本真就是自然而然的，也就是当今所谓的"原生态"。本真就是自然，保持本真，也是一个人最为重要的。保持住了本真，自然就纯朴，才能减少私念，降低欲望。欲望是人之本真与外界交互作用的指向及心念，是心中有物，物又迷心的一种状态。在物欲横流的当今社会，保持本真与纯朴显得愈加重要。庄子也认为"其嗜欲深者，其天机浅也。"因此，"见素抱朴"是"少私寡欲"的基础，"少私寡欲"也是"见素抱朴"的必然结果。二者是辩证关系。见素抱朴就是保持初心，坚守本心，做到清心，从而明心见性。清心才能少私寡欲。若能逐渐地少私寡欲，人之本真也就自然而然地呈现出来了。老子曰："甘其食，美其服，安其居，乐其俗。"不仅强调了人之本真，强调了顺其自然，但也客观地道出了人之欲望。故老子不说"无私无欲"而说"少私寡欲"。事实上，人在没有达到至高境界之时，总会有些私心和欲望的，人也很难做到像上天那样无私无欲。但人的欲望应服从人的本真，应该顺其自然。自然而然就是素，顺其自然就是朴，故生活以朴素为贵。朴素正是中华优秀传统思想，艰苦朴素就是中国共产党继承了优秀传统文化并在艰苦岁月所形成的共产党人的本色。如今，经商赚钱了，事业做大了，官升的高了，生活条件也好起来了，但还要以朴素为贵，朴素是生活的一个基本道理。离开了朴素，不仅不能返璞归真，还可能私念霾心，欲望缠身，私欲膨胀，则欲炽而心死身亡。

"见素抱朴，少私寡欲"是重要的人生哲学，是智慧的灯塔，照亮人心，照亮人生之路。

　　信言不美，美言不信。

【译文】

真实可信的话语不漂亮，漂亮的语言不真实可信。

【注解】

出自老子《道德经》第八十一章。"信言"是指真实可信的话语。"美言"是指漂亮话，恭维语，花言巧语，诌媚之语，美丽的谎言，诸如此类。

【领悟】

最好的语言是真实可信的语言，而真实可信的语言却不一定美丽。人要立足于世，必须以信取人。只靠花言巧语，阿谀奉承，靠美丽的谎言，虽能赢得别人的一时赏识或者暂时的信任，但必然断送自己的真诚，提升了信任成本，枉费别人的信任。做人经商，更要讲诚信，守诚信，笃行诚信。有了信，才有信任、信用和信誉，"三信"俱在，何愁事业不兴？何患人生不成功呢？

　　上士闻道，勤而行之；中士闻道，若存若亡；下士闻道，大笑之。不笑不足以为道。

【译文】

上士听了道之真理，努力去实行；中士听了道之真理，将信将疑；下士听了道之真理，哈哈大笑。不被嘲笑，那就不足以成其为道了。

【注解】

出自老子《道德经》第四十一章。这里所谓的士是指有一定知识素养和地位之人。上中下则是指知识素养的三个层次。春秋时期，还处于奴隶社会。上士是指高明的奴隶主贵族，中士是指相对比较平庸的贵族，下士是指知识涵养比较浅薄的贵族。

【领悟】

当今，科技发展日新月异，管理创新突飞猛进。但人们对市场之道，商业之道，经营管理之道的认识，也是仁者见仁，智者见智，不可一概而言。认识道，笃行道，传承德，弘扬德，真的很难啊！但人生谁又能离开道，偏离道呢？开车不小心，偏离了道，恐怕还会车毁人亡。何况人生及自然大道，充满着智慧，像太阳一样，谁又能长期离开呢？可有人却偏偏要蔑视道，偏离道，这不是自取灭亡吗？老子明道救人的本心，我们要用心体会。笔者自 2003 年以来在我校商学院率先倡导新儒商，提出了"诚信、博学、敬业、创新"的八字理念，支持者有之，不理解者有之，嘲讽者也有之。有些人就说了，学校才可以树办学理念，一个学院提什么理念？什么新儒商，儒和商能结合吗？当今社会，奸商太多了，做新儒商那不是自讨苦吃吗？诸如此类，但我初心不改，我行我素，一如既往，奋力而为，也坚持走了近十三年。我给自己定的人生使命为："弘扬儒学，培育新儒商！"也特别期望大家的理解与支持，尤其祈盼全社会的理解与支持。让我们共同为中华民族培育新儒商，坚决抵制奸商，去除商业陋习，扭转商业风气，共建又好又新的商业风尚。

圣人常无心，以百姓之心为心。

【译文】

圣人常常是没有私心的，把为百姓的心当作自己的心。

【注解】

出自老子《道德经》第四十九章。这句话中的第一个心，是指自己的私心，最后那个心是指为百姓的公心。

【领悟】

公与私是对立统一的整体，也是一对矛盾，公与私是可以互相转化的。公心小了，私心就大了；公心大了，私心就小了。笔者从概率统计的思想出发，提出了一个假设：如果一个人公心若能接近百分之百了，这就离圣人越来越近了，如果人人都有公心了，大同社会也就来临了；如果公心能达到百分之七十以上了，离贤人就越来越近了，如果大多数人有公心了，小康社会也就建成了；如果公心若能超过了百分之五十以上，也就接近君子人格了，如果百分之五十以上的人有公心，也就离小康社会不远了；如果公心小于百分之五十，以私为主，则离小人越来越近，如果百分之五十的人都私心挺重，小康大同就很遥远。当然，如果一个人百分之百地为自己，那是非常极端自私自利之小人，恐怕也很容易沦为恶人或坏人。人生贵在公私分明，不可不慎。为中华民族培养新儒商，不仅要倡导君子之风，也要志在天下为公。即便人们达不到大公无私的境界，至少也要先公后私、公私分明、廉洁奉公。

修之于身，其德乃真；修之于家，其德乃余；修之于乡，其
德乃长；修之于邦，其德乃丰；修之于天下，其德乃普。

【译文】

把道德付诸于自身，其德性纯真；把道德付诸于家庭，其德性丰盈有余；
把道德付诸于家乡，其德性受到尊崇；把道德付诸于邦国，其德性丰盛硕大。
把道德付诸于天下，其德性将无限普及。

【注解】

出自老子《道德经》第五十四章。上句为"善建者不拔，善抱者不脱，子
孙以祭祀不辍。"

【领悟】

道德的力量是无穷的，用到什么地方，什么地方就光明。一个人必须提高
对道德的认识，从而遵循道德，以修养自己的身心。自己身心和谐了，才能齐
家。全家都遵循道德了，就是模范家庭，在家乡就能起到表率或楷模之作用。
总之，道德可以用在修身、齐家、创业、安邦、治国、平天下等诸层面。毛主
席一生一心一意为全国人民谋幸福，全国人民都时刻想念他老人家；邓小平一
心一意富民强国，积极倡导并身体力行率领全国人民推进改革开放的富民强国
政策，全国人民都非常怀念他老人家；当今中国，习近平主席一心一意为人民
为国家，他所倡导推行的"一带一路"战略惠及世界诸国，不仅全国人民拥护
他，受惠诸国人民也感恩戴德。我们不是伟人，一辈子恐怕也成不了伟人，但
我们要坚定不移地培养继承我国优秀传统文化的新儒商，培养更多的顶级的现
代商业家！中国顶级的商业家不仅要认识规律，遵循规律，顺应规律，还必须
认识道德，弘扬道德，笃行道德。

上善若水。水善利万物而不争，处众人之所恶，故几于道。

【译文】

最具善德的人就好像水一样。水滋润万物而不与万物相争，处在众人都厌
恶的地方，因而最接近道。

【注解】

出自老子《道德经》第八章。老子在这里强调了做人的思维方式与方法，
亦即：做人应该像水一样滋润万物，但从不与万物争高低上下，这样的品格才
最接近道。

【领悟】

在士农工商中，"商"对用五行之"水"，经商就要学"上善若水"。俗话说：人向高处走，水向低处流。钱财就像水，因此才有"花钱如流水"的通俗语言。水也有阴有阳。而水必须经常流动，才是活水，也是阳水，才可能是好水，滋润万物；若水不流动了，就是一潭死水，也是阴水，就会因腐败而变为坏水，不仅不能滋润万物，还可能毒害生物。财富作为水，也有阴阳，也永远自然而然地向下流动，向下滋润啊！当今，拿钱财锦上添花者有之，用钱财买卖官职者有之，不惜钱财养小三儿小四儿者也有之，挥霍钱财吸毒赌博者更有之。而惜苦怜贫、雪中送炭为富亦仁、乐于慈善者却不太多见。还有不少人千方百计地积攒财富，长期将财富占为己有。这些巨大的财富长期积攒着不用，也必然化为腐败之财。也有不少人怜悯妻小，愿意给儿孙留下一大笔财富，也不知子孙能否守得住。尤其留下了不义之财，恐怕还会贻害子孙。铁拐李得道成仙之时留下了一句千古名言："儿孙自有儿孙福，莫为儿孙做马牛！"我们还要从"上善若水"中不断地领悟和笃行。

第三章

孟子语录摘编及领悟

孟子（前372～前289），名轲，字子舆（待考，一说字子车或子居）。战国时期鲁国人，鲁国庆父后裔。中国古代著名思想家、教育家，战国时期儒家代表人物。著有《孟子》一书。孟子继承并发扬了孔子的思想，成为仅次于孔子的一代儒家宗师，有"亚圣"之称，与孔子合称为"孔孟"。

注：舆，读音 yú，古代读音 jú，本意为车厢。

恻隐之心，仁之端也；羞恶之心，义之端也；辞让之心，礼之端也；是非之心，智之端也。人之有是四端也，犹其有四体也。

【译文】

同情心就是施行仁的开始；羞耻心就是施行义的开始；辞让心就是施行礼的开始；是非心就是智慧的开始。仁、义、礼、智是四个初始，就像我本来就所具有的，人有这四种开端，就像人有四肢一样啊。

【注解】

出自《孟子·公孙丑上》。孟子四端说，是四德说（仁义礼智）之基础，是其性善论的重要依据，也是孟子所有学说的基础所在。如果一个人看见一个孩子将要掉到井里了，任何人都会产生恻隐之心，并给予救助，这是人之常情。因此，人人心中皆有仁的端倪；同理而言，人人也都有礼、义、智的端倪。

【领悟】

正因为人性都是善的，人人都有"仁义礼智"这四个端倪，才可以尊教化之道，行教化之功。如果，人的天性就是恶的，没有良善可言，教化也就作用不大了。也正因为人性本善，所以修养的功夫就是要寻求内在本心的善，挖掘出内心深处之仁，仁德就会到来。一个人的天性若被蒙蔽了，就好像电灯泡一样沾满了厚厚一层油污，光亮很弱，只要人们好好擦一擦，还能够光彩夺目。

富贵不能淫，贫贱不能移，威武不能屈，此之为大丈夫。

【译文】

富贵不能迷乱他的思想，贫贱不能改变他的操守，威武不能压服他的意志，若能做到以上三点，便是真正的男子汉大丈夫。

【注解】

出自《孟子·滕文公下》。"淫"在这里是指迷惑、迷乱、放纵的意思。

【领悟】

人生在世必须讲原则，守规矩。当富贵时，人的思想绝不能被外界所迷惑，一旦迷惑了，就很容易背弃原则而放纵自己。如果沉迷在酒色之中，往往就不可救药了。在贫穷时，守住操守和贞心非常重要，不论男女，都有操守和贞节。在威武面前，要敢于担当，为了真理不能屈服。大丈夫就要有浩然正气，但不可骄横，也不可助长傲气。正所谓"人可以有傲骨，但不可有傲气。"

尧舜之道，不以仁政，不能平治天下。

【译文】

尧舜推行的道，如果不施行仁政，就不可能平定治理天下百姓。

【注解】

出自《孟子·离娄上》。这里的"道"是指治理国家的道理、道德与思想。

孟子不仅继承了孔子仁爱的重要思想，还一生坚持把"仁"从个人层面推广到国家治理层面，积极倡导推行仁政。为此，他不辞辛苦，不屈不挠，矢志不移，周游列国35年，播下了仁政的种子，为我国历朝历代推行仁政奠定了思想基础。

【领悟】

尧舜推行仁道，实施仁政，是从推行五伦，践行孝悌开始的。孝悌是齐家的基础，也是国家推行仁政的基础。做人要从孝悌开始，才有仁厚之爱。一个国家，要提倡孝道，倡导尊老爱幼，积极推行仁政，才能促进人人和气、家家和睦、社会和谐、世界和平。

　　得道者多助，失道者寡助。寡助之至，亲戚畔之；多助之至，天下顺之。

【译文】

获得道义者帮助他的人就多，失去道义者帮助他的人就少。帮助的人少到极点，连亲戚都背叛他；帮助的人多到极点，全天下都归顺他。

【注解】

出自《孟子·公孙丑下》。"寡"是指少。畔，读音 pàn，其本义为田地的界限。也当"边"讲，如：河畔、湖畔、桥畔、耳畔、枕畔等。在古汉语中，"畔"同"叛"，其意思是指背叛、叛离、背离。

【领悟】

获得道义就是先天之机。真正的道义就是为人为民，一切为了人民。毛泽东主席一生倡导全心全意为人民服务，邓小平提倡"三个有利于"全力推进改革开放，当今习近平总书记大力推进并践行"群众路线教育实践活动"都是站在了人民群众的立场上，当然也就站在了道义这一方。不论是战争年代，还是改革开放年代，群众路线就是道义，为人民服务就是正义，富民强国世界和平就是公义。守住道义，人民才能幸福，党才有生机，国家才有前途。做人经商都要守住道义，失去道义，也必然失去财富，可谓人财两空。

　　吾善养吾浩然之气也。

【译文】

我善于修养我的浩然之气啊。

【注解】

出自《孟子·公孙丑上》。浩字本义是形容水势浩大，引申为大和多。《说文》曰："浩，浇也。从水，告声。"虞书曰："洪水浩浩。"《字林》曰："浩，遶也，水大也。"《书·尧典》曰："浩浩，滔天。"常用词语有：浩大、浩荡、浩瀚、浩劫、浩渺、浩气、浩然等。浩气是指盛大刚直之气。浩然之气也就是天地之正气，亦即正大刚直之气。

【领悟】

南宋的文天祥在抗元失败后被俘，大义凛然地拒绝了元朝统治者的威逼利诱。他在狱中以孟子的"我善养吾浩然之气"为激励，写下了慷慨激昂、流传千古的《正气歌》。前几句"天地有正气，杂然赋流形。下则为河岳，上则为日星。于人曰浩然，沛乎塞苍冥。"就书写了满腔热血与伟大的爱国情怀，真乃壮烈啊！做人要有浩然正气，经商也要有浩然正气，治理国家更要有浩然正气！有浩然正气，人就活得壮烈，活得洒脱，活得有意义。"浩然正气"也是本人最愿意书写的书法作品。我们要以浩然正气和爱国情怀培养新儒商，培养学生们的浩然正气和爱国情怀。

　　鱼，亦我所欲也，熊掌，亦我所欲也。二者不可得兼，舍鱼而取熊掌者也。生，亦我所欲也，义，亦我所欲也。二者不可得兼，舍生而取义者也。

【译文】

鱼是我想要的东西；熊掌也是我想要的东西。（如果）这两样东西不能够同时得到，（只好）舍弃鱼而选取熊掌。生命也是我想要的东西，正义也是我想要的东西，（如果）这两样东西不能够得到，（只好）舍弃生命而选择正义。

【注解】

出自《孟子·告子上》。欲，是指欲望，也是指自己所想要的。兼在这里是指同时的意思。

【领悟】

这一段话道出了孟子为弘扬儒学，推行仁政的本心、信心与决心。能舍弃生命而还要坚持弘扬的就是道义，就是正义啊！人生有很多的选择，也有很多的无奈，还有很多的不得已。人也不能见什么都贪婪，见什么都想得到。人生就像一条船不能超重，要学会放弃才能轻舟前进。2015年7月13日，河北省委党校的首席专家陈春生教授来我校为中层干部讲授《培养领导素质，提升领导能力》。陈先生讲课很好，深入浅出，富有哲理。在讲座中，他讲了个故事。故事是说，有三个人一起乘坐一个氢气球，在天上飞行，因为气流或故障，还是什么原因，必须把一个人从氢气球上扔下来。氢气球上，有一个是搞核武器的顶尖专家，还有一个是顶尖的环保专家，还有一个是顶尖的粮食专家。老师问，应该先把谁扔下来呢？学生的回答真是五花八门。正在人们争论不休的时候，有个小男孩告诉老师一个人们皆认可的答案，将那个最胖最重的扔下来。人的一生就是在不断地抉择中，管理就是决策，决策就需要抉择。没有学会抉择，也就永远不会决策。抉择可能是快乐的选择，更可能是痛苦的选择。一个人，没有真正学会舍弃，也就很难有真正意义的所得。两害相权取其轻，两利相遇取其重。生命是人生最重要的，但能舍生取义，这得需要多么大的勇气啊？正是这种舍生取义的精神，形成了中华民族不屈不挠的意志与宁死不屈的斗志。

　　故天将降大任于斯人也，必先苦其心志，劳其筋骨，饿其体肤，空乏其身，行拂乱其所为，所以动心忍性，曾益其所不能。

【译文】

所以上天将要降重大责任在这样的人身上，一定要先苦他的心志，劳累他的筋骨，使他饱受饥饿以致肌肤消瘦，让他受贫困之苦，使他做的事颠倒错乱总不如意，通过这些触动他的内心，令他的性格更加坚定，从而增加他所不具备的才能。

【注解】

出自《孟子·告子下》。"降"是托付、委以的意思。"曾"通"增"，是增加的意思。

【领悟】

孟子的这段话，不知激励了多少仁人志士为了理想，为了正义，为了民族，为了国家，不怕困难，不怕险阻，不怕挫折，不怕牺牲，而奋斗终生，甚至献出自己宝贵的生命也在所不惜！司马迁在《报任安书》中写道："盖文王拘而演周易，仲尼厄而作春秋；屈原放逐，乃赋离骚；左丘失明，厥有国语；孙子膑脚，兵法修列；不韦迁蜀，世传吕览；韩非囚秦，说难、孤愤；诗三百篇，大抵贤圣发愤之所为作也。"修身也可能是一个快乐幸福的过程，也可能是一个历经磨难的过程。在顺境中要修身，在逆境中还要修身。不管顺逆，皆应修身。只有坚持修身，才能辨别是非，才能体会羞恶，才能洞晓辞让，才能产生恻隐，从而通达道德，明心见性，涌出良心、良知与良能。一个人，不吃苦，也就体会不到真正的甜；不吃苦中苦，也难为人上人。不遭受困苦，也就不会真正珍惜幸福的生活。历经磨难，才能百炼成钢。可以说，在人的一生中，不遇到困难与挫折，也就无法磨砺自己的意志，使自己变得坚强起来。这些苦难与挫折正是磨炼心智，培育人格，铸造性格，成就人生与事业的助缘。

俗话说："人生不如意十八九，可与人言无二三。"这句话的意思是说，人生不如意的事情有十分之八到九，也就是说，大多数是不如意或不太如意的。可在这些不如意的事情中，能与知心者相谈的连十分之二三都不到啊！培养中华新儒商，绝不能孤身奋战，更不能一意孤行。做新时代的儒商，也绝不能单枪匹马，更需要众志成城。愿更多的中华儿女，能要牢记孟子的话，修养身心，磨砺意志，团结志同道合者，引领不同层次之众人，迎接各种艰难困苦的考验，为培养中华新儒商助力，为实现中华民族伟大复兴的中国梦而努力奋斗！

第四章

孔门诸子语录摘编及领悟

颜回曰："回益矣。"仲尼曰："何谓也?"曰："回忘仁义矣。"曰："可矣，犹未也。"

他日复见，曰："回益矣。"曰："何谓也?"曰："回忘礼乐矣。"曰："可矣，犹未也。"

他日复见，曰："回益矣。"曰："何谓也?"曰："回坐忘矣。"仲尼蹴然曰："何谓坐忘?"颜回曰："堕肢体，黜聪明，离形去知，同于大通，此谓坐忘。"仲尼曰："同则无好也，化则无常也。而果其贤乎! 丘也请从而后也。"

【译文】

颜回说："我进步了。"孔子问道："你的进步指的是什么?"颜回说："我已经忘却仁义了。"孔子说："好哇，不过还不够。"

过了几天，颜回再次拜见孔子，说："我又进步了。"孔子问："你的进步指的是什么?"颜回说："我忘却礼乐了。"孔子说："好哇，不过还不够。"

又过了几天，颜回又再次拜见孔子，说："我又进步了。"孔子问："你的进步指的是什么?"颜回说："我'坐忘'了"。孔子惊奇不安地问："什么叫'坐忘'?"颜回答道："毁废了强健的肢体，退除了灵敏的听觉和清晰的视力，脱离了身躯并抛弃了智慧，从而与大道浑同相通为一体，这就叫静坐心空物我两忘的'坐忘'。"孔子说："与万物同一就没有偏好，顺应变化就不执滞常理。你果真成了贤人啊! 我作为老师也希望能跟随学习而步你的后尘啊。"

【注解】

出自《庄子·大宗师》。益：多，增加，进步。我们常说的"受益匪浅"，其实是指内心境界的进步与提升。坐忘：端坐静心而物我两忘。这是人的心与天地自然相契合的高境界。蹵（cù）然：惊奇不安的样子。堕（读音 huī）是指毁废、毁坏、荒废、废弃等。黜（读音 chù）：退除、去掉。去：抛弃。无常：不执滞于常理。

颜回（前 521～前 481），字子渊，春秋末期鲁国曲阜（今属山东）人。论语中经常提到的颜渊就是颜回，颜回的父亲颜路也是孔子的学生。颜回 14 岁拜孔子为师，此后终生师事之，是孔子最得意的门生，颜回在孔门弟子中以德行修养而著称。在孔门诸弟子中，孔子对颜回称赞最多，不仅赞其"好学"，而且还以"仁人"相许，也是孔子期许的衣钵传人。颜回年仅 29 岁，头发全部白了，比孔子去世还早两年，孔子对颜回的去世哀痛之至。历代文人学士对他也无不推尊有加，宋明儒者更好"寻孔颜乐处"。自汉高帝以颜回配享孔子并祀以太牢，三国魏正始年间将此举定为制度以来，历代帝王封赠有加，无不尊奉颜子。后世尊颜回为"复圣"。

【领悟】

大道返朴归真。颜回的境界可谓高矣！事实上，人内心境界达到了忘我之境，也就与天地自然浑然一体了。不过这种境界，也不是人人能够达到的，也不是每时每刻都能达到的。达到了这种修养境界，所谓的一切礼仪规矩与道德准则也就自然化为一种精神力量，成为生命的养分，伦理道德也就与身心一体了。到了这个境界，也就用不着天天背诵道德语录了！又何须满口的仁义道德，时时刻刻以道德面孔来教训别人呢？颜回真不愧是孔门高足，其境界又有谁能与其比肩呢？孔子所说的"七十而从心所欲，不逾矩"就达到了身心与天地合一，人内在德行与大道合一的境界了。正是到了这种境界，才能够随心所欲而不逾矩啊！有一首《孔子叹颜回》的古筝曲子，听了也常常令人对颜回英年早逝感叹不已啊！

世界上能达到至高境界的人毕竟是少数啊，而对大多数人还必须进行适当的道德入门教育，从而激发出人们修养身心提升道德的内在动力。这的确需要好的引路人。父母、老师、领导都可能成为别人的人生导师，成为后生修养修学的引路人！作为引路人责任重大，而要做一个称职的引路人，也需要时时刻刻修养身心不断地提升自己的道德品行。

曾子曰："吾日三省吾身——为人谋而不忠乎？与朋友交而不信乎？传不习乎？"

【译文】

曾子说："我每天都多次地反省自身：为人谋划是否尽到了忠心？与朋友交往是否做到诚信？老师所传授的东西是否温习学会了呢？"

【注解】

出自《论语·学而》。省是反省的意思。三是三番五次，意思也就是多次。

曾子（前505～前435），名参，字子舆，鲁国南武城人。16岁拜孔子为师，勤奋好学，颇得孔子真传。一生积极实践和推行以仁孝为核心的儒家主张，传播儒家思想。他的修齐治平的政治观，省身慎独的修养观，以孝为本的孝道观影响中国两千多年，至今仍具有极其宝贵的社会意义和实用价值，是当今建立和谐社会丰富的思想道德修养。曾子编《论语》、著《大学》、写《孝经》、著《曾子十篇》，后世尊奉为"宗圣"，是配享孔庙的四配之一。曾子是儒家正统思想的正宗传人，他把孔子的思想和学问授给弟子，又将孔子的言行整理成《论语》，上承孔子之道，下开思孟学派，对孔子的思想一以贯之。曾子在儒学发展史乃至中华文化史上均占有重要的地位。曾姓后裔把曾参作为自己的开派祖先。

【领悟】

反省自身是一种非常重要的修养身心的方式与功夫，每日早中晚三番五次反省自身，不仅能克服可能发生的过错，更重要的是能够不断地提升自己的德行与素质。

有子曰："君子务本，本立而道生。孝弟也者，其为人之本与。"

【译文】

有子说："君子专心致力于根本的事务，根本建立了，治国做人的原则也就有了。孝顺父母、顺从兄长，这就是仁的根本啊！"

【注解】

出自《论语·学而》。

有若（前505或518～？），春秋末年鲁国人。字子有，后被尊称为有子。《史记》记载有子比孔子小43岁，《孔子家语》则记载有子比孔子小33岁，还有记载有子比孔子小13岁的说法。笔者也认为《孔子家语》中有子小孔子33岁更可信。有若勤奋好学，能较全面深刻地理解孔子的学说，尤其重视"孝"道。主张藏富于民，称"百姓足，君孰与不足？百姓不足，君孰与足？"因他品学兼优，且"状似孔子"，孔子死后，曾一度被孔门弟子推举为"师"。有说《论语》即为有若的学生编辑而成。唐开元二十七年（739）追封"卞伯"。宋大中祥符二年（1009）加封"平阴侯"。明嘉靖九年（1530）改称"先贤有子"。

有子曰："其为人也孝弟，而好犯上者，鲜矣；不好犯上，而好作乱者，未之有也。君子务本，本立而道生。孝弟也者，其为仁之本与?"

【领悟】

"仁"是孔子思想中的道德境界，在儒学中"仁"是做人的根本，而"孝悌"又是"仁"的根本。因此，在所有仁德中，"百善孝为先"。孝是做子女的本分，对父母尽孝当然是做人最为重要的。就已婚男人而言，不仅要孝敬自己的父母，还要孝敬岳父母；就已婚女人而言，不仅要孝敬自己的父母，还应该孝敬公婆。孝敬双方父母，身心才能和气，家庭才能和睦，和气才能和谐，和睦才能和平，才能健康，才能齐家，生活才能快乐幸福吉祥。

子夏曰："仕而优则学，学而优则仕。"

【译文】

子夏说："做官的事情做好了且有余力就要学习；学习优秀并有余力就可以去做官。"

【注解】

出自《论语·子张》。

子夏（前507～前420），姓卜名商，字子夏，春秋时晋国人，孔子的学生，小孔子44岁，位列孔门十哲，七十二贤之一。少时家贫，苦学而入仕，曾作过鲁国太宰。孔子死后，他来到魏国的西河（今山西河津）讲学。授徒三百，当时的名流李克、吴起、田子方、李悝、段干木、公羊高等都是他的学生，连魏文侯都问乐于子夏，并尊他为师，这就是有名的"西河设教"。

【领悟】

这是儒家重要的思想，体现了孔子办学的宗旨与目的是为国家培养人才，以人为本，以德施政，德惠于民。学与仕是辩证关系，学是仕的基础，仕是学的运用。学得好，不是目的，贵在做人做事做官，做人做事又是做官的基础。两千多年来，"学而优则仕"影响了无数的人，而人们对"仕而优则学"的重视程度要远远低于"学而优则仕"，真是颠倒本末啊！当今社会，知识爆炸，信息传播，竞争激烈。不论是做官，还是经商，就是做个平民百姓，也不能忘记学习，漠视道德修养。可以说，学习才是人生的根本。

子张曰："士见危致命，见得思义，祭思敬，丧思哀，其可已矣。"

【译文】

子张说："士看见危难敢于献出生命，看见有利可得就想到是否合乎道义，祭祀时要严肃恭敬，居丧时要思念悲哀，这样就可以了。"

【注解】

出自《论语·子张》。"致"在这里是"给予"或"献出"的意思。"思"是反省，思念的意思。"敬"是严肃恭敬的意思。

子张，即颛孙师（前503～?），复姓颛（读音 zhuān）孙，名师，字子张，孔门弟子之一，小孔子48岁，春秋末期陈国阳城（今河南登封）人。子张出身微贱，且犯过罪行。在孔门弟子中，子张以忠信和勇武著称，终生未仕，以教授学生而终。子张性子率真，以忠信为本，把孔子忠信的教导写在衣服的宽带上，以示铭记。孔子去世后，子张曾经受到曾子等一些同门的排挤，愤然离开了鲁国回到故土陈国，率先独立招收弟子，大力宣扬儒家学说，他是"子张之儒"的创始人，"子张之儒"名列儒家八派之首。

【领悟】

"见危致命，见得思义"是正人君子之所为。为了大义，要敢于献出自己宝贵的生命。这是中华民族"见义勇为"的勇气、品格与精神，影响了一代又一代的仁人志士为民请命为国捐躯。教育学生，不能仅仅重视知识，更要培育道德，养成敢于牺牲，乐于奉献的君子人格。做新儒商，岂能见钱眼开？岂能见利忘义？岂能见死不救？又岂能损人利己呢？

子贡曰："君子之过也，如日月之食焉。过也，人皆见之；更也，人皆仰之。"

【译文】

子贡说："君子的过错，好比日月之蚀。他有了过错，人们都看得见；他改正了过错，人们都仰望他。"

【注解】

出自《论语·子张》。

子贡（前520～前456），姓端木，名赐，字子贡，春秋时卫国人（今河南浚县），才思敏捷，善于辞令，躬行儒学，勤勉自律，"文犹质也，质犹文也"。其从政，则官拜鲁、卫两国宰相，其经商，又致"家累千金"。他是"中华儒商第一人"，亦称为"中华儒商鼻祖"。子贡比孔子小31岁。他17岁就拜孔子为师，并终生跟随孔子学习，深得孔子学说真谛和儒家思想精髓，为"孔门十哲"，"孔门七十二贤"之一。

【领悟】

在人的一生中，不论是谁也难免犯下一些错误，有了过错能够下定决心勇于改正就好啊！君子慎初、慎微与慎独的功夫较深，能够高瞻远瞩，深思熟虑，从而尽量确保不再犯同类错误。一旦有了过错，君子要勇于承认错误，敢于承担责任，并下定决心纠正错误。而小人慎初、慎微与慎独的功夫很浅，对此不屑一顾，甚至嘲讽慎独之人胆小如鼠。如此一来，犯错有过的几率也就大大提高了。因此，小人有了过错不一定能改，还往往以更大的过错来掩盖先前所犯下的小过小错，以至于错上加错。如此一来，往往就不可收拾了。因此，做人应学习君子谦虚谨慎、有错必改的作风，通过不断地正己来教化、感化他人。

第五章

经典名句、先贤语录摘编及领悟

《易经》的产生可以追溯到八千年前的伏羲，伏羲创立先天八卦。因此，中华文明始于《先天易》，中华文明也就有八千年了。神农氏炎帝在伏羲先天八卦的基础上通过改进创立了《连山易》；轩辕氏黄帝又进行改进与发展，创立了《归藏易》；周文王以八卦相互叠加为六十四卦，形成了《周易》；孔夫子对《周易》进行了系统的修正与阐释，并撰写了《易传》等。班固曰："孔氏为之《彖》《象》《系辞》《文言》《序卦》之属十篇。故曰《易》道深矣，人更三圣，世历三古。"按太史公在《史记》中记载："孔子晚而喜《易》，序、彖、系象、说卦、文言。读易，韦编三绝。曰：'假我数年，若是，我于易则彬彬矣。'"（《史记·孔子世家》）。可以说，《易经》是中华民族几代先圣先贤共同努力的结果，也是中华文明的象征，更是传统优秀伦理与文化的璀璨明珠。《易经》不仅是群经之首，也是中华文明的源头；不仅是经典中的经典，学问中的学问，也是哲学中的哲学，更是智慧中的最为伟大的智慧。儒家、道家，乃至诸子百家均受此影响颇深。就连佛教等宗教东进我国以后，也与《易经》等传统文化进行了契合。《易经》对中华民族思维与行为方式的形成与发展起着重要的奠基与导向作用。

一阴一阳之谓道，继之者善也，成之者性也。

【译文】

一阴一阳是天地万物之道，承天道行事是善德，使天道充分实现就是性啊。

【注解】

出自《周易·系辞上》。这里所谓的道是指天道，也即自然规律；所谓的性是指天性，也即自然属性。

【领悟】

阴阳是一种自然现象，是阴气与阳气的合称。通俗地说，面向太阳正面接受阳光的称为阳，背向太阳或反面则称为阴。阴阳有其道理和规律。我国的阴阳学说源自我国古代人民的自然观。阴阳学说认为事物普遍存在着相互对立的两种属性，阴阳相反相成是事物发生、发展、变化的规律和根源。阴阳学说是中国传统文化中璀璨的明珠，几千年来，渗透到宗教、政治、哲学、经济、中医、历法、书法、建筑、占卜等意识形态领域以及生存生活生产等活动之中。

《易·系辞》曰："太极生两仪，两仪生四象。"四象即太阳、太阴、少阴、少阳。这就是阴阳，有阴有阳，阴阳对立统一，而又变化无穷，自然就生出矛盾来。也正是基于此，世界才愈加五彩缤纷。在阴与阳的交替演化中，蕴育了植物、动物，化育出人类。自从有了人类以后，古人在漫长的生活中才逐渐认识了阴阳之道，形成了善恶的价值观念，善与恶也正是人在不同境界或觉悟状态的某种价值取向。

阴阳是一个抽象概念，也是相对而言，并非具体实物，但万物却皆有阴阳。人之身心也有阴阳，比如：人的头和上半身为阳，下半身和脚则为阴；人的左手为阳，右手则为阴；如手掌的手心为阴，则手背为阳；手指为阳，则手掌为阴；手的表皮为阳，则其筋骨为阴；人的五脏和脾性也有阴阳……一阴一阳相互对应也。古人还将吉凶融于阴阳学说之中，阴为凶，阳则为吉。吃饭用筷子大都用右手，左撇子除外。举刀霍霍向牛羊，也多用右手。在人们的吃吃喝喝之中，不知有多少生灵命丧黄泉，也不知有多少动物死于非命。孟子曰："君子之于禽兽也，见其生，不忍见其死；闻其声，不忍食其肉。是以君子远庖厨也。"

古人抱拳施礼，也有一定的规矩，也是从阴阳之道演化而来的。抱拳一般是右拳在内，而左手在外，用左手抱住右拳，位置大概在心间略偏上，以示人友善，也寓意着于人于己皆阳光、和善与吉祥！佛家顶礼，双手合十，左手比右手略微偏高些，寓意阴阳调和，阴中生阳，向往极乐，示人吉祥！就连人们祭祖敬神烧香，也是左手上香，祈祷避开凶祸，默默祈盼吉祥！我记得，有一次我给企业界的经营管理者讲授传统伦理与文化，当讲到抱拳施礼左手吉右手凶之时。有一个学员问我："老师，既然右手为凶手，为什么当今见面握手都握右手呢？"我对他说："两个人右手相握的一刹那，正是寓意着握手言和，化干戈为玉帛啊！"事实上，阴阳都是相对相应的，也是相互和合的。阴与阴若两两相遇相碰，也能趋吉避凶，化凶为吉，所谓阴极生阳之道也！

阴阳也与季节相对相应。太阳对应夏季，对应南方，也对应至善；太阴对应冬季，对应北方，也对应至恶，也就是人们常说的极恶或罪大恶极；少阳对应春季，对应东方，也对应小善；少阴对应秋季，对应西方，也对应小恶。从阴到阳，从阳到阴是渐变的；不论是从恶到善，还是从善到恶也像阴阳一样是渐变的。把善做到极致不容易，把恶做到极致也不容易。善与恶是一对矛盾，此起彼伏。没有永远的冬天，也没有永远的夏天；没有永远的春天，也没有永远的秋天。止恶向善是一种境界，止善趋恶也是一种境界。止恶向善，人就越活越阳光；止善趋恶，人就越活越阴暗。这两种境界皆是境界，甚至由此而演化出无穷境界，皆有人生趣味，无非趣味一个在天上，一个在地狱，一个在人间而已。

中国古代最早的智慧之学就是伏羲的《先天八卦》，先天八卦把天地阴阳统一为道。老子的道家学说源于此，孔子的儒家学说也源于此，诸子百家还是源于此，中华文明仍是源于此。笔者认为，儒家学说在阴阳中似乎偏阳一些，处于少阳之位，对应春季，故成为人间大众的入世之学，学了儒家，可能会更阳光一些，像春之明媚，也似春之播种。人们都向往春天，春天也最好玩，也最有生机，可谓万象更新。因此，儒家思想与文化就像春风细雨润人心田。而道家在阴阳中却似乎偏阴一些，处于少阴之位，对应秋季，故成为高人隐士的修行之学，学了道家就会更深沉一些。当然，秋天萧风瑟瑟，但硕果累累，学习道家收获必然增多，也自然能延年益寿。而从印度传入东土的佛教恐怕相当于阴阳学说中的"冬至"，冬至这一天正好对应《易经》的复卦①，亦即一阳来复。这一阳来复，佛祖就在四十九天的入定中顿悟乃至彻悟。大觉大悟很重要，也很难遇到，佛祖正是大觉大悟才成佛了。佛祖为什么在农历腊八大彻大悟，并得道成佛呢？恐怕就是这一阳来复之故啊！当然，人们大都厌恶冬天的寒冷，也耐不住冬天的寂寞。一到冬天，农村里一些善男信女四处烧香磕头的也自然就多起来了。一个人，年龄大了，到了老年，就相当于冬天。一个老人，

---

① 复卦是《周易》中的第二十四卦，这个卦是异卦相叠，即下震上坤，主卦为震，客卦为坤。震为雷，为动；坤为地，为顺。寓意动则顺，顺其自然。动在顺中，内阳外阴，循序运动，进退自如，利于前进。复卦的第一爻为阳爻，其他五爻皆为阴爻。复卦很形象，五个阴爻压着一个阳爻，可怎么压，也压不住阳气的启动与回升。这就是自然规律，真是玄妙啊！这个现象通常称为"一阳来复"。复卦对应二十四节的冬至，对应每一天的子时（即深夜二十三点至第二天的一点）。一阳来复之时，需要好好休息，不能操劳过度，过度必然伤及元气。我国的北方，在冬至这一天大都有吃饺子的风俗习惯，就是为了一家人其乐融融地聚在一起，嘘寒问暖，一边包着饺子，一边聊着天，在闲情逸致中表达着相互的关心关爱，祈盼明媚的阳光，祈盼家庭幸福，祈盼事业兴旺。这正好符合"一阳来复"的本义。

如何才能了生死呢？佛教则给世人指明了一条出世的光明大道。儒家和道家，以及传到东土的佛教，经过千年的交融渗透，皆已成为中华优秀传统文化的瑰宝，世人皆可学一学，至于你更钟情于哪一家、哪一派，甚至哪一个老师，就像不同的人吃饭一样，萝卜白菜各有所爱，自取所需罢了。自己吃自己的饭，做自己的事，也不必相互谩骂，更不要相互攻击。弟子们打得不可开交，也就违背了儒释道圣祖之心了。① 当然，要做中华新儒商，还是应该以儒家思想为根脉，以儒家文化为源泉，继承弘扬中华优秀传统文化，积极学习借鉴西方先进的文化、技术与管理，兼容并蓄，博采众长，融合提炼，共生升华。

《大象》曰："天行健，君子以自强不息。地势坤，君子以厚德载物。"

【译文】

《大象》曰："天的运转是刚健的，君子应该效仿上天一样刚健而不停息。地的外表是巨大广袤的，君子应该效仿大地用宽容大度的德行来对待万物。"

【注解】

第一句出自《易经·乾第一》，第二句出自《易经·坤第二》。这是《易经》中最为著名，也最为精辟的两句话。虽然出在不同卦象中，但经常被后人一起连用。民国时期，梁启超先生在清华大学任教时，曾给当时的清华学子做了《论君子》的演讲，他在演讲中希望清华学子们都能继承中华传统美德，并引用了《易经》上的"自强不息""厚德载物"等话语来激励清华学子。此后，清华人便把"自强不息，厚德载物"这八个字写进了清华校规，后来又逐渐演变成为清华校训。

---

① 我记得，我带的个别硕士研究生也曾经与我探讨过，年轻人是否适宜学佛？如何看待佛教或者其他宗教？我对学生说，一个人，做人还没有真正立起来，学习儒家还没有学会，甚至连一知半解的程度都没有达到，连自己亲生父母的恩情还没有来得及报答，对祖国多年精心培育的恩德也没有来得及报效，还没有做些利人利己、利民利国的事业，还没有真正入世，又怎能轻易谈出世呢？一个人，就是下定决心了，一心一意要遁入空门，恐怕慧根也不一定具足，恐怕道行还尚浅呐！修行，在陋室能修，在闹市也能修；在盛世能修，在乱世也能修；修身在人间，修行于凡尘，关键在于内心清净，又何必非要躲进深山老林，道观庙宇中去呢？又何必抛妻舍子，远离人间呢？也可能是我读儒家书籍读多了，多年来我一直提倡先学好儒学，把儒家的伦理道德学问弄懂了、弄通了，再学习其他诸子百家也不迟。当然，自古从小就遁入空门的也屡见不鲜，已经司空见惯，这恐怕也是人生莫大的缘分。如果一个年轻人真的看破了红尘，一心想着学佛，或者信仰我国政策允许的其他宗教，我当然也不会反对。人各有志，岂能强求？命理因果，自有天机，冥冥之中，亦有安排，又岂能一一道破呢？即便某个高人一心一意地想要道破，恐怕也未必能一一破解呐！笔者的言谈怪论怕是贻笑大方了。

【领悟】

人得天地之气而生，是天地化育的结果。人生于天地之间，就要学习领悟天地之道，学习天的刚强，不畏艰难，自强不息；学习地的广袤，有容乃大，厚德载物。培养新儒商，就是要培养一种"自强不息，厚德载物"的精神，践行君子之德，勇担社会责任，为人民，为国家，为世界，为众生，做一个自强不息厚德载物的好商人！

是以立天之道曰阴与阳，立地之道曰柔与刚，立人之道曰仁与义。兼三才而两之，故《易》六画而成卦。

【译文】

昔日圣人创作《周易》，是为了顺应天地和人性的规律。所以确立天道为阴和阳，确立地道为柔和刚，确立人道为仁和义。把兼备了天、地、人三才的三画卦相互叠加，就产生了六画的卦形，因此《周易》以六爻组成一卦。

【注解】

出自《易·说卦》。古人将天地人称为三才，三才是《周易》的基本思想。天地人都是两种相互对立的因素合二为一的。《周易》强调天有阴阳，地有刚柔，人有仁义，揭示了天地人的本质。

【领悟】

研究问题要坚持一分为二的辩证法，又要坚持合二为一的系统论。做人更要有正向思维和反向思维。做新儒商不仅要符合天道和地道，还要符合人道。人道就要"推己及人"，重在从恕道入手研究他人。如合作关系，客户关系，领导与员工的关系等，皆离不开"忠恕"思维。

大学之道，在明明德，在亲民，在止于至善。①

---

① 这里的"止"字用得真好，再恰当不过了。《说文》曰："止，下基也。象草木出有址，故以止为足。"止也是指停止或不再前进的意思。一前一后两个脚印为一步，后面的脚不再前进，只剩下前面的脚印了，就是止了。止（samatha）还意味着平静。这是指人为心处于平静、清净、安宁、专一，而无烦恼的状态。"止"还是培育定力戒除贪欲的修行方法。2016 年 1 月 23 日（星期六）下午，何鹏荣先生在石家庄慈济医院讲《止学》，讲到"上止止于向，中止止于疑，下止止于适。"我听了讲座也是受益匪浅。做人要知止，做学问也要知止；做商人要知止，干事业也要知止。"企"字不就是"人"在"止"上吗？知道止，才能由静生动，才能止恶扬善！"正"字是"止"字上面加"一"。这个"一"就是"道生一"的"一"，这也就是天，一个人不想止自己的心欲，上天会让其止，一止也就正了。《大学》就是向善之学，向阳之道。

【译文】

大学的宗旨在于弘扬光明正大的品德，在于使人弃旧图新，在于使人达到至善的境界。

【注解】

这是《大学》开篇的第一句话。《大学》是《礼记》的一篇。这里所谓的大学有两个方面的意思：一是渊博之学；二是大人之学。大学是与小学相对的概念，小学是指教育小孩子的学问或知识，大学是指成人所要学习的学问或知识。在这一句中，第一个"明"是指弘扬、光大的意思。第二个"明"是指领悟了大道而达到的内心之明。"亲"，读音为 xīn。在这里有"新"的含义，即革新、弃旧图新。所谓"亲者新也，日新又新。"亲民，也就是新民，使人弃旧图新、去恶从善。

【领悟】

后人将"明德、亲民、至善"概括为《大学》的三纲领。明德是第一层次的纲领。所谓明德就是要通达明晓受之于天至灵而不污的本然之性。孟子认为，人的本性是善的。自己能回归本然之性而明德就是最大的学问。这就需要出于自己的本性来认识道，明白道，遵循道，从而形成光明正大的德行。亲民是第二层次的纲领。所谓亲民就是自己如果一旦通明了自身本性的善德之后，还要帮助他人去除心灵的污染，使他们也能通明本然之性从而达到心灵纯洁焕然一新的境界。也就是说，不仅要自己唤醒光明正大的德性，还要影响他人，唤醒其德性，让他人也能除旧焕新。至善是最高层次的纲领。所谓至善是指一个人的心灵获得最大限度的自由，达到与天地自然以及事物发展相统一的和谐境界。这是一个人一生中回归本然之性，达到心灵至善的圣洁境界。由此可见，善从心生，一旦生生不息，则可善行天下矣！

当然，古代所谓的大学和当今的大学，其含义及其指向是有重大区别的。但《大学》中所折射出的精神与智慧，仍然对当今的大学具有重要而深远的意义与影响。当今，不少名牌大学培养的一些学生自私自利、急功近利；还有一些学生内心浮躁、行为急躁；还有一些学生消沉低迷，甚至萎靡不振！还有一些极端个案，好不容易考上了名牌大学本科，攻读了名牌大学的硕士和博士，再接着做名牌大学的博士后，等读完博士后，还没有来得及领悟人生，还没有来得及绽放生命之花，还没来得及为父母分忧，还没来得及为祖国各行各业踏踏实实工作，还没来得及为国家奉献生命之花结出生命硕果，就"咣当"一下子跳了楼了。那些死于非命者，着实让父母伤心欲绝，让老师同学悲叹惋惜，也让众多的世人感到无奈和震撼。所有这一切，表面上看似学生出了问题，试想老师若不自私自利、急功近利，领导不内心浮躁，行为急躁，学生能有这么多的问题吗？如果体制上没有问题，又怎么会培养出这些自私自利、急功近利的师生呢？

古之欲明明德于天下者，先治其国；欲治其国者，先齐其家；欲齐其家者，先修其身；欲修其身者，先正其心；欲正其心者，先诚其意；欲诚其意者，先致其知；致知在格物。物格而后知至；知至而后意诚；意诚而后心正；心正而后身修；身修而后家齐；家齐而后国治；国治而后天下平。

【译文】

古代那些要想在天下弘扬光明正大品德的人，先要治理好自己的国家；要想治理好自己的国家，先要管理好自己的家庭和家族；要想管理好自己的家庭和家族，先要修养自身的品性；要想修养自身的品性，先要端正自己的心思；要想端正自己的心思，先要使自己的意念真诚；要想使自己的意念真诚，先要使自己获得知识；获得知识的途径在于认识、探索、研究万事万物。通过对万事万物的认识、探索、研究之后才能获得知识；获得知识后意念才能真诚；意念真诚后心思才能端正；心思端正后才能修养品性；品性修养后才能管理好家庭和家族；管理好家庭和家族后才能治理好国家；治理好国家后天下才能太平。

【注解】

出自《大学》。"齐其家"是指能够管理好家庭或家族，使家庭或家族和睦、兴旺、发达、幸福。"修其身"是指修养身心之品性。"致其知"是指使自己获得知识。"格物"是指认识、探索、研究万事万物，可以引申为认识真理，探索事物之规律。

【领悟】

后人将《大学》中的"格物、致知、诚意、正心、修身、齐家、治国、平天下。"概括为《大学》八条目。三纲领八条目影响了一代又一代中国人。格物就是要坚持调查研究，实事求是，追求真理；致知就是要认清本质，正确辨别是与非、美与丑、善与恶、真与假，激发出自己的良知。诚意就是要心诚意实、保持初心，以诚心诚意的恭敬态度对待人与事。正心就是要端正心态，克制邪念，保持自己的良心与良知。修身就是要以道养德，不断提高自己的道德修养，达到品行端正，正己化人。齐家就是要经营好自己的家庭，教育并感化家庭成员，成为家庭教育的楷模，从而感化其他的家庭，形成良好的家风与乡风。治国就是坚持以德治国、依法治国，以至善之德教化百姓，促进国家不断创新、和谐发展。敦促"仁、义、孝、慈、忠、信"的风尚充满全国，国家治理好了，天下自然太平。平天下就是要实现天下和谐太平。一个人首先自己的心要平，要有公心，要守住公平，从而教化的人人心平气和，天下不就太平了吗？

汤之《盘铭》曰："苟日新，日日新，又日新。"

【译文】

商汤王的《盘铭》上说："如果能够一天新，就应保持天天新，新了还要更新。"

【注解】

出自《大学》。汤是指成汤，商朝的开国君主。盘铭是指商汤浴盆上的箴言。箴，读音 zhēn。箴，同"针"，其意思是有一定针对性的劝告、劝戒或规劝。箴言就是规劝的话。"苟"指"如果""诚如"。"新"是指去除身体的污垢使得面貌焕然一新。

【领悟】

南开大学的校训"允公允能，日新月异"是张伯苓先生确立的，其中的"日新"就取于这一句话，并汲取了中华民族"日新，日日新"之精神。月牙山人（朱金城先生）针对"苟日新，日日新，又日新。"这句话对出了一个下联"彼月异，月月异，再月异。"横批为："日新月异。"本人认为"彼"字可以对应"此"，但与"苟"相对应，似乎还感觉有些欠佳，如果以"诚"字（作"诚如"讲）代替"彼"字似乎感到更妥切些，恐怕贻笑大方了！

宇宙万物皆是日新月异，这是天地自然之道使其然也。世人也必须遵循天地自然之道，不断地日新月异；全社会也需要遵循自然规律，在社会变迁与发展中日新月异。在"大众创业，万众创新"的新时代，讲规矩，修心性，以德治国，创新创业，社会经济自然协同发展的新常态也正在日新月异中蔚然成风。

为中华民族培养新儒商正是应运而生，天命自成！这既是对中华优秀传统文化的继承与弘扬，也是社会发展的必然。既是对传统儒商的优良传统与商业精神的继承与弘扬，也是一个新生事物，更需要坚持"日新，日日新，又日新"的创新理念，在新儒商观念、理论、模式与措施诸方面进行创新，创新也是中华新儒商立足中国，走出国门，走向世界，为全世界人民全心全意服务的动力源泉。

天命之谓性，率性之谓命，修道之谓教。

【译文】

人所具有的自然禀赋称为性，顺着本性行事称为命，按照自然之道进行修养称为教。

【注解】

出自《中庸》。《中庸》原是《礼记》中的一篇。《礼记》是古代一部重要的汉民族典章制度书籍。《中庸》为战国时孔子的嫡孙子思所作。全篇以"中庸"作为最高的道德准则和修身做人的道理。宋代理学家朱熹把它与《大学》《论语》《孟子》并列为"四书"。中庸之道亦被古人称为中道或中和之道。程颐所说的"不偏之为中，不易之为庸"。朱熹又自注"中者，不偏不倚，无过不及之名。庸，平常也。"

孔伋，字子思，孔子的嫡孙、孔鲤的儿子。大约生于周敬王三十七年（前483），卒于周威烈王二十四年（前402），享年82岁。中国春秋时期著名的思想家。受教于孔子的高足曾参，孔子的思想学说由曾参传给子思，子思的门人再传给孟子。后人把子思、孟子并称为思孟学派。因此，子思上承曾参，下启孟子，在孔孟之道统传承中具有重要的承上启下的地位，并对宋代理学产生了重要而积极的影响。北宋徽宗年间，子思被追封为"沂水侯"。元文宗至顺元年（1330），又被追封为"述圣公"。后人由此而尊他为"述圣"，配享儒教祭祀。

在上文中，"天，自然也。""命，犹令也。""性，即理也。"自然界以阴阳五行化生万物，并赋予万物多样化的属性。自然界赋予人的本源或本然的东西称为性，性是每个人先天就具有的。"率，循也。"依循着本性就是命。"道者，路也。"道就是自然界的规律，通过探索规律，认识规律，掌握规律，遵循规律，按照自然之道修养身心，提升道德，从而影响他人，就是教育。

【领悟】

性命，性命，就是先有性后有命！性牵引着命，有什么样的性子，就有什么样的命运。男怕肝，女怕肾。怒伤肝！恨伤心！怨伤脾！恼伤肺！烦伤肾！

阴阳不调，五行相克，都是由性所决定的！岂可马虎大意！好的命，不如好的性，有好的性，自然有好的命。2011 年下半年，笔者曾经顿悟儒释道之真谛，并花费两个多月的时间对出了一副对联"忠恕心，清净心，慈悲心，心心相印，一心厚德去吾欲；天地生，阴阳生，雌雄生，生生不息，共生载道成自然。"上联六个心，下联六个生，这不正是六六大顺吗？上联的"心"字与下联的"生"字相契合（左边一个竖心，右边一个"生"字），不就是"性"字吗？天性、禀性、习性皆是性。万物皆有性，知晓性，才能抓住事物的本质。死心就是要死掉贪心、嗔心、痴心、妄心、慢心、疑心等，这样才能化除不良的禀性和习性，而回归天良本然之性，从而再造自己的命，改变自己的运势。2016 年腊月二十八，我还花了几分钟的时间撰写了一副对联"身行忠恕吉祥在，心存慈悲福寿临。"这是在告诫自己，也告诉世人，人生在世，要多行忠恕，要常怀慈悲。忠恕是儒家的核心理念，慈悲是佛教的根本价值，忠恕与慈悲皆需道家所倡导的清净之心。忠恕心、清净心、慈悲心皆是一心，非三心二意也。有忠恕心就能入世，有清净心自能行世，有慈悲心才能更好地出世。忠恕恐怕就是慈悲，慈悲也好似忠恕，忠恕与慈悲皆离不开清净之心。儒释道作为中华传统文化的根脉与滋养已经浑然一体，人们又岂能将其截然分开呢？

中也者，天下之大本也；和也者，天下之达道也。

【译文】

中道啊，是人人都有的本性；和谐啊，是天下通达的道理。

【注解】

"不偏之谓中，不易之谓庸。中者，天下之正道；庸者，天下之定理。"不偏不易就是中庸。也可以说，中庸就是不偏私，不偏颇，合乎道，合乎德，万古不易。子思师承曾子，继承了祖父孔老夫子的思想，并以中庸为天下正道。《礼记》中有："和也者，天下之达道也。"孟子云："天时不如地利，地利不如人和。"和是阴阳调和相对均衡的状态，万物都求和谐，人也不例外，人的身心和谐了，才能齐家，家庭和谐了，社会才和谐。这方符合自然和谐之道。

【领悟】

"中"字就在我们每个人的脸上。你看，人的这张嘴，不就是个"口"字吗。每个人的鼻子到嘴上"人中"这一竖道，穿过这张嘴这个"口"，不就是"中心""中央""中国"的"中"字吗？也是中庸的"中"。自然界的造化真是奇妙，"人中"这一竖道，不论向左还是向右歪斜，人的脸就不正了。我们想一想，一个帅哥、一个靓女，大发脾气的时候，"人中"肯定是歪斜的，那是嘴歪眼斜啊，即便是相貌很美的男人女人也就都不美了！人脸面上这个"中"字中间这一竖，就是在口上，也就是我们的嘴上，加了一道封条。有了这道封条，就不会什么都说，什么都吃。俗话说："病从口入，祸从口出。"有了这道封条，就是让人们在"吃"和"说"方面皆要谨慎、要适度，要少说多做，不说也做，多动脑筋，抓住顿悟，生出大德大智来。人说话做事都要符合中道，只有如此，才能安身立命，造福众生，实现天下太平。人脸上"人中"这一竖一直往下通，左下方胸腔里不就是心脏吗？我们的口和心用这一竖似乎连着又没有连着，不就是"忠"字吗？曾子曰："夫子之道，忠恕而已矣。"忠者，心无二心，意无二意之谓。朱熹在《四书集注》中曰："尽己之谓忠。"司马光在《四言铭系述》中曰："尽心于人曰忠"。笔者认为，心与口如一就是忠啊！心口不一，对己都不忠，岂能对人尽忠乎？

《诗》曰："巨业维枞。"

【译文】

《诗经》上说："巨大的业版维系于高耸的枞树上。"

【注解】

业（業），象形。从举（zhuó），从巾丛生草。本义：古时乐器架子横木上的大版，刻如锯齿状，用来悬挂钟磬。常用组词有：学业、事业、商业、工业、农业、企业、功业、造业、业务、业态、业障等。

维，在这里有维系、拴住的意思。

枞（cōng），是一种树木，属于常绿乔木，树干高达数丈，木材可做家具或建筑材料。《说文》曰："枞，松叶柏身木也。从木，从声。"宋·陈旸在《乐书·雅部·木之属》说："撞钟鼓谓之枞。"枞树也称为冷杉。圣诞树（Christmas tree）也多选用枞树这类常青树。在西方信奉基督教的国家里的每年圣诞节时，有些人家就要弄来一株枞树，竖在堂屋里，树上挂满小蜡烛和小袋子之类的，袋子里装一些小礼物，在圣诞节那天送给孩子们，象征性地把这当做圣诞老人带给孩子们的礼物。

【领悟】

枞树既有松树的特征，也有柏树的特征，端直高耸，四季常青。做中华新儒商，就要开创良善的商业风尚，需要学习枞树的坚忍不拔，学习枞树的端正刚直，学习枞树的四季常青。人生要像枞树那样永葆青春，事业要像枞树那样繁荣昌盛，就要从自然而天然的枞树身上领悟内在品质与道理，做到品行端正，刚柔相济，坚忍不拔，自强不息，厚德载物。

礼义廉耻，国之四维，四维不张，国乃灭亡。

【译文】

礼义廉耻是治理国家的四个纲领，如果礼义廉耻不能得到推行，国家就会灭亡。

【注解】

出自《管子·牧民》。"维"原意为系物的大绳，也指维度，还可以引申为纲领。

管仲（前719～前645），姬姓，管氏，名夷吾，字仲，谥敬，春秋时期法家代表人物，被尊称为管子。颍上（今安徽省阜阳市颍上县）人。他是周穆王的后代，是我国古代著名的哲学家、政治家、军事家和思想家，被誉为"法家先驱""圣人之师""华夏第一相"等。著有《管子》一书。

【领悟】

礼义廉耻均以"仁"为内在精神。有了内在的仁爱，才能真正笃行礼，担当义，从而自内心深处生出廉与耻来。礼义廉耻是做人的四个维度，也是做事的四个维度；是家庭的四个维度，也是事业的四个维度；是国家的四个维度，也是社会的四个维度。孔子说："知耻近乎勇。"当今，不少人鲜廉寡耻，甚至以耻为荣，已经到了不可救药的地步。俗话说：公生廉，廉生明，明生威。人人有仁心，人人有公心，明辨是与非，明白羞与恶，礼义廉耻推行起来也就容易些了。

兼相爱，交相利。

【译文】

既爱自己也爱别人，与人交往要彼此有利。

【注解】

出自《墨子》。

墨翟（约前468～前375），战国时期鲁国人。翟，读音 dí。他早年曾"学儒者之业，受孔子之术"。后来抛弃儒学而创立自己的墨家学派，并迅速发展成一个能与儒家相抗衡的大学派。墨家成员过着艰苦低下的生活，积极参加政治活动和防御战争，墨家成员为实现自己学派的宗旨艰苦奋斗，不怕牺牲。墨翟本人不曾著书，墨家学派的著述汇集为《墨子》一书。

【领悟】

梁启超先生曾指出："兼相爱是理论，交相利是实行这一理论的方法。"兼相爱近于托尔斯泰的利他主义，交相利则近乎科尔普特金的互助主义。墨子曰："夫爱人者，人必从而爱之；利人者，人必从而利之；恶人者，人必从而恶之；害人者，人必从而害之。"墨子强调爱是相互的，利也是相互的。世界上没有无缘无故的爱，也没有无缘无故的恨。值得注意的是，墨家的"兼爱"与儒家的"仁爱"是有重大区别的。墨家的"兼爱"是一种无等差的爱，而儒家的仁爱是一种有等差的爱。墨家的"兼爱"以平等为基础，强调无私之爱，儒家的"仁爱"以亲缘为基础，强调了爱的辐射与延展。墨家的"兼爱"具有理想主义色彩，以无私为基础，而儒家的"仁爱"更强调现实主义，承认人人皆有私心，有私爱，克服私心，才能拓宽仁爱的层次与空间。儒家和墨家皆强调了爱的主观意识与客观存在，爱也都是人人离不开的，是内心感情与价值观的体现。笔者感到，在当今社会，爱还是有差等的，也是由内向外扩散的。试想连父母妻儿都不爱，那是逆伦悖德，又怎能真心爱别人呢？在全球化的今天，国家与国家、区域与区域，民族与民族，企业与企业等，皆是一个共生体，相互关爱，互利互惠，就能共赢共荣；反之，就会一损俱损，两败俱伤。做中华新儒商就是要爱人爱己，利人利己，在人与己之间把握好度，在不断的运动变化中实现相对均衡。宁愿亏了自己，也莫要亏了他人。大不了自己吃点亏，吃亏是福，也是自己成人的机缘。

青，取之于蓝，而青于蓝；冰，水为之，而寒于冰。

【译文】

青碧色是从蓝草中提取的，但比蓝草的原色要青的多；冰是水遇冷而成的，但冰比水寒冷多了。

【注解】

出自《荀子·劝学篇》。荀子（约前313～前238），姓荀名况，字卿，华夏族（汉族），战国末期赵国人。我国古代著名的思想家、文学家、政治家，时人尊称"荀卿"。荀子对儒家思想有所发展，在人性问题上，提倡性恶论，主张人性有恶，否认天赋的道德观念，强调后天环境和教育对人的影响。其学说常被后人拿来跟孟子的"性善论"比较，荀子对重新整理儒家典籍也有相当显著的贡献。他所开创的儒家学派，也被人们称之为"荀氏之儒"。

【领悟】

培养好学生，把学生培养好，这是老师神圣的责任。老师培养学生要鼓励学生超过老师，学生在学习中要敢于超过老师才行。老师面对超越自己的学生或后生，绝不能生嫉妒心，要开心才是。学生也要当仁不让于师，这才让老师感到欣慰。笔者也算是一个从教三十余年老教师了，虽然从未经过商，却一心一意地为中华民族培养新儒商，真心祈盼学生们超过老师。

　　吾生也有涯，而知也无涯。以有涯随无涯，殆已；已而为知者，殆而已矣。

【译文】

我的生命是有限的，而知识却无穷无尽，以有限的生命去追求无穷无尽的知识，就会精疲力竭；既然如此，还追求无限知识者，只能面对那些疲困危险了。

【注解】

出自《庄子·养生主》。涯，本意为水边，引申为边界、范围或限度。殆，读音 dài，意思是危险、困乏、疲惫、陷入困境等。

庄子（前 369 ~ 前 286），姓庄，名周，战国时期的宋国蒙（今安徽蒙城县）人，与孟轲同时而稍后。他一度做过漆园吏小官，一生大部时间过着贫困、隐居生活。楚威王曾以五千金厚礼聘请他到楚国为相，他拒不应聘，"终身不仕，以快我志。"庄子是我国古代著名思想家、哲学家、文学家，是道家学派的代表人物，老子思想的继承和发展者。后世将他与老子并称为"老庄"。庄周及庄周学派的主要著作为《庄子》。

【领悟】

庄子以辨证睿智的思维领悟人生，剖析了有限的生命所面对的无穷无尽的知识。庄子从来没有反对学习知识，但要根据自身发展有所取舍，要重视顿悟与领悟，还要重视知识的运用与实践创新。当今，教育模式将孩子们扔进知识的汪洋大海，学了一辈子死知识，没有学会灵活运用，更谈不上经世致用，又有什么用呢？学习贵在举一反三、触类旁通，贵在领悟了知识，哪怕是一个字，也要坚持终生笃行。如道家贵在笃行道德，自己的内心不清净又怎能真正领悟"道德"二字？因此，保持清净心是最为难能可贵的。儒家贵在笃行仁义，于国不忠，于亲不孝，于人不义，又怎能真正体悟"仁义"二字？因此，"忠恕"这个思想及思维方式就是儒家的根本，而慈悲心恐怕就是佛教的根本。

在学习博大精深的中华优秀传统文化以及中华新儒商的倡导过程中，笔者深深感到新儒商之道应该是我国商人与商业的光明大道，也是人间正道。人人只要把自然而然的良善之心唤醒，涌出了难能可贵的良知与良能，自然就能生出仁善之德。一个新时代的商人，若能在做人中做到了德才兼备，又能在经商中做到了知行合一，这不就是新儒商吗？本人所作的几首诗，有意分布在本书的不同篇章里，其目的也是以诗抒发自己的豪情，以诗来唤醒己心与众人之心，让自己与众人感同身受，读者们可别误会了我的良苦用心。

当今，我们正生活在知识迅速爆炸，信息四处盈溢的新时代，传统知识还未学会，还没有体悟透彻，而新的知识却又层出不穷，新信息又充满世界，四处传播，真是日新月异。不少学生，上了大学，学习压力明显减小了，学习动力也明显不足了，看看这个也感觉新鲜，体验体验那个也感到其乐无穷，整日整夜沉浸在知识与信息海洋中，又哪能逃脱被无边无际的知识与信息的海洋"呛着"，甚至"淹着"的命运呢？

实施新儒商工程，为中华民族培育新儒商，不在于学习了多少可以夸夸其谈的新知识，也不在于浏览了多少引人入胜的新信息，更不在于你掌握了多少能在人前显摆崭新的网络用语？最为难能可贵的是时刻唤醒、培育和保持我们的自然而然的本善初心！只要我们以本心笃行孝悌，笃行忠信，学习知识，提高能力与素质，仁义道德也自在其中了。道德笃行的真了，自能宅心仁厚，以人为本，孝敬父母，忠于国家，爱护自然，创业兴家，造福于民，世界也就和平了。

竭泽而渔，岂不获得，而明年无鱼；焚薮而田，岂不获得，而明年无兽。

【译文】

使湖泽河流干涸而捕鱼，难道不能获得吗？但第二年就没有鱼了；烧毁树丛草木来打猎，难道不能获得吗？但第二年就没有野兽了。

【注解】

出自《吕氏春秋·孝行览·义赏》。"竭"是指干涸或枯竭的意思。薮，读音 sǒu，它是指水泽边上的草丛或者低矮的灌木草丛等。

吕不韦（前 292～前 235），姜姓，吕氏，名韦，卫国濮阳（今河南省安阳市滑县）人。战国末年著名的商人、政治家与思想家，官至秦国丞相。吕不韦主持编纂《吕氏春秋》（又名《吕览》），有八览、六论、十二纪，共 20 余万言，汇合了先秦各派学说，"兼儒墨，合名法"，故史称"杂家"。书成之日，悬于国门，声称能改动一字者赏千金。此为"一字千金"成语的出处。执政时曾攻取周、赵、卫诸国土地，对秦王政兼并六国的事业有重大贡献。后因嫪毐（读音 lào ǎi）集团叛乱之事受到牵连，被免除丞相职务，出居河南封地。不久，秦王政复命让其举家迁蜀，吕不韦担心被诛杀，于是饮鸩自尽。

这段话的背景为：晋文公与楚国人在城濮（今山东鄄城西南）交战，战前，晋文公问他舅父咎犯（即狐偃），如何能战胜楚国人。他舅父说用欺骗的办法。晋文公把这个意见告诉他儿子雍季。雍季不同意，说欺骗的办法即使现在苟且可行，但不是长久之计，往后就不能再用了。所节录的话是雍季回答时所打的比喻。但是，晋文公还是采用了欺骗的办法，结果打败了楚国人。在论功行赏时，晋文公却把雍季摆在最前面，而把咎犯摆在最后面。当时有些大臣不理解。晋文公解释说，雍季的计谋百代都能受益，而咎犯的计谋只是权宜之计，怎能把一时的权宜之计摆在百代受益之计的前面呢？

【领悟】

这段话非常生动地道出了眼前利益与长远利益的关系，蕴含着朴素的可持续发展思想。当今，欺世盗名之人越来越多，甚至有些企业经营者在对待环境污染问题上，当面一套，背后一套，有些地方政府也是睁一只眼闭一只眼。不少企业行为真是"吃祖宗饭造子孙孽"，这些行为真的是贻害无穷！做新儒商就要有长远眼光，大局意识，树立可持续发展、和谐发展、协同发展、科学发展的理念。尊重自然，顺应自然，保护自然环境，真乃匹夫有责。

笔者自 1997 年开始，长期致力于工业企业生态工程的研究。在长期研究中深深感到，人不仅仅要站在人类立场上看待自然界，认识天地万物，还应该从天地万物的视角反思人类的思想与行为。不论是工业企业，还是商业企业，要实施企业生态工程，首先就要学会换位思考，甚至在换位思考中，在逆向思维或反向思维中，平衡人的人生观、价值观、财富观、竞争观和世界观。人类再也不能简单地以人类为中心，以人的好恶为价值尺度，而应该以生态为中心，以整个自然界的存续为导向，来树立人的价值取向与行为方式。这要求树立可持续发展的观念，解放思想，革新管理理论，大力发展循环经济和低碳经济。笔者认为，企业生态工程是一种企业着眼于生态系统持续发展能力的策略与方法，是企业实施可持续发展的重要途径。而工业企业生态工程是把企业作为一个开放式人造系统，应用经济学、管理学、生态学、系统论等多学科理论与方法，以"市场位与生态位并重"为基本理念，遵循"整体、协调、自生、循环"等生态系统控制的基本原则，规划、设计和调控企业生产要素及其结构、工艺流程、技术工程和产品生态设计等，实行清洁生产，倡导以生态为导向的营销和消费模式，从而促进工业企业经济、生态、社会三大效益的协调发展的系统工程。理想的工业生态系统能以完全循环的方式运行，实现"零污染"或"零排放"。工业企业生态工程的目的是解决工业企业自身发展与资源、环境的协调发展问题，其本质是通过研究企业内外多层次的生态关系以及工业企业内外各要素之间生态链、营销链和效益链的耦合关系，并对工业企业生产经营过程进行生态规划与设计，从而增强企业的生命力。事实上，不仅工业企业，如依托矿产资源的资源型企业需要实施生态工程，而且包括商业和服务业在内的所有企业都需要树立可持续发展和生态工程的理念，并设计适合自身发展的绿色产品与绿色服务。做中华新儒商也必须树立可持续发展的理念，学习并掌握生态工程的相关理论与方法，发自内心地尊重自然，珍爱生命，关爱动物与植物，坚持"以生命与生态为中心"，养成环保和低碳的良好习惯，全面促进绿色发展。本人曾作过一首诗，特献给大家，以引发诸位思考，从而起到抛砖引玉的作用。

天道共生有善根，万物繁茂自然真；
地德载物无私欲，众生共荣情缘深。
无奈人欲贪嗔痴，工业污染降凡尘；
人口膨胀老龄化，贫富悬殊两极分；
资源耗竭难永续，生物濒危咎由人。
工业企业为公民，肩负社会之责任；
生态工程亦人做，良性发展是本分。
良知良能显天德，良心本是天地根；
天良丧尽最可怕，污染易昧良善心；
生态文明新理念，敬畏天地鬼神钦。
天地人和本为一，人性佛性无二心；
循环往复乃天理，生态持续是根本。
忠恕清净泛爱众，慈悲祥和幸福临！

董子曰："仁者，人也。义者，我也。谓仁必及人。义必由中，制也。"

【译文】

董仲舒说："所谓仁者就是人啊。所谓义着就是我啊。谈到仁必然考虑人。

义必然坚持中道，这是规制啊。"

【注解】

董仲舒（前179～前104），广川郡（今河北省衡水市景县广川镇大董古庄）人，汉代著名思想家、哲学家、政治家、教育家。董仲舒的《天人三策》与《春秋繁露》以儒家学说为基础，以阴阳五行为框架，兼采"黄老"等诸子百家的思想精华，建立起一个具有神学倾向的新儒学思想体系。元光元年（前134），汉武帝下诏征求治国方略。儒生董仲舒在《举贤良对策》中系统地提出了"天人感应""大一统"学说和"表彰六经"的主张。董仲舒的儒家思想维护了汉武帝的集权统治，为当时社会政治和经济的稳定做出了一定贡献。董仲舒曾任江都易王刘非国相10年，任胶西王刘端国相4年。后辞职回家。此后，在家著书。汉武帝太初元年（前104），董仲舒病逝。司马迁等汉代大儒皆师从董仲舒。董仲舒恐怕是我国首位将儒家思想成功推向封建社会政治舞台的儒学大师，可谓功不可没。董仲舒所倡导的"三纲五常"① 等思想于今仍有重要的借鉴价值与深远影响。

【领悟】

"仁"作为儒家核心思想，作为"五常"之首，其重要性不言而喻。但"仁"离不开人，"仁"是人的内心的善，也是内在之美德。义就是义务，就是适宜，义也离不开我们自己。由自己的仁善之心所生出来的义就是义务，就是正义，也最能体现公义。"义者，宜也"。宜即合宜，人的动机与行为必须合乎道理，人要做合理之事。"义"就是我自己应该做而必须做到的义务，应该尽而必须尽到的责任。仁义不仅是修身的精神源泉，也是处理人己关系的根本

---

① "三纲五常"是传统儒家思想的重要组成部分。在近现代，上百年的历史长河中，我国不少学者往往把"三纲五常"与"封建统治"及皇权专制等同起来，甚至毫不留情的进行批判，并作为封建糟粕而彻底地抛弃。事实上，世界上的任何事物都有矛盾，并表现出一系列的主次关系，三纲则是处理君臣、父子、夫妻之间等主次关系的重要规范，也是人们认识矛盾、分析矛盾、解决矛盾的重要思维方式与方法。纲是渔网的总绳，所谓纲举目张。纲也是分析解决矛盾的主线，纲还是个人、家庭与社会的"主心骨"。纲还寓意着楷模与表率的深邃内涵，也应起到示范带头作用。中国两千年以前就有的封建社会是人类历史上的伟大进步，比西方一些国家的封建社会至少早了一千多年。当然，当今我国已经推翻了阻碍生产力与生产关系发展的半封建半殖民地的封建王朝，开创了社会主义新时代，传统意义的"君臣"关系的确不存在了，这似乎意味着君臣之纲也就不存在在了。其实不然，试想哪个家庭，哪个单位，哪个地区，哪个民族，哪个国家没有主次关系呢？只要有人的地方，哪里不需要明确责权利？哪里又不需要规矩与纪律呢？纲常是天地之道，纲常也是修身齐家之道，纲常还是治国平天下之道，纲常更是规矩与纪律的总绳，乃至伦理道德的根本与精神文明的命脉！五常（仁义礼智信）作为世间人与人相处的价值取向恐怕更是亘古永存的真理与法则。但我们必须明白，在不同的历史时期，"三纲五常"有不同的寓意，也应该挖掘出新的精神、新的规矩与新的规则来！

法宝。施行仁德，必须推己及人；履行责任必须考虑人己关系。学会了仁义之德，做中华新儒商就有了基础。当今，西方发达国家倡导的社会责任就是恐怕就相当我们中华民族所倡导的"义"。而要推行社会责任，首先必须内存仁德，还要目中有人，更要心中有仁！

师者，所以传道，授业，解惑也。

【译文】

老师，是来传授道理、教授学业、解释疑惑的人。

【注解】

出自唐代著名文学家韩愈《师说》。这一名句流传千古，对历代老师及教育都影响颇深。

韩愈（768～824），字退之，河南河阳（今河南省孟州市）人，汉族，自称"郡望昌黎"，世称"韩昌黎""昌黎先生"。韩愈是唐代杰出的文学家、思想家、哲学家，也是唐代古文运动的倡导者，被后人尊为"唐宋八大家"之首，与柳宗元并称"韩柳"。长庆四年（824），韩愈病逝，年五十七，赠礼部尚书，谥号文，故称"韩文公"。

"师者"指"老师"，也指"值得人们学习、效法的人"。"所以"指"凭借""用来"。"传道"指"传授天理、道理、真理等自然与社会规律"。"授业"指"教授学生知识与基本技能"。"解惑"指"能解答学生的疑惑"。

【领悟】

我国自古就有天地君亲师的优良传统，天地君亲师也谓之天伦。荀子曰："天地者，生之本也；先祖者，类之本也；君师者，治之本也。"（《荀子·礼论》）我国还流传着"人不夺天，地不离土，君不离口，亲不闭目，师不掉巾"的说法。试看"天"字中的人能把天捅破吗？人立于天地之间，也只能在一层又一层的上天覆盖之下。地没有了"土"，就只剩下了"也"，地又岂能离开土呢？试看"君"能离开口吗？"君"字若去掉了"口"就是"尹"字。自古以来，"君"常常特指君王或皇帝。试想，君王或皇帝，皆是一言九鼎之人，又岂能轻易张口说话呢？就是一个君子，也不会信口开河，更不能胡说八道。繁体的"親"字，目下有儿，父母双亲心存子女，到老都挂念着子女，又岂能轻易闭目呢？师，行为世范，在头上裹条巾或者戴个帽，这恐怕也是古代师者之象征。老师又怎能轻易掉巾，而露出头呢？当今，做老师，不一定非戴帽子裹头巾了，但也要温文尔雅，彬彬有礼，也绝不能衣衫不整，更不能在关键时刻掉链子啊！《尔雅》曰："师，众也。"笔者理解：在众人中，德高望重而又出类拔萃者，以其道深学高为师。在"天地君亲师"之中，好像"老师"排在最后一位，似乎显得不太重要。事实上，最后的往往也是至关重要的。你看一块儿吃饭，领导往往最后一个到；就连照个相，领导也多会姗姗来迟。试想，每年的春晚，连压轴的文艺节目不也几乎都在后头吗？天地能蕴育万物，君恩能覆盖天下之民，天下父母能生育养育天下的子女，但能给我们这些子女指明人生方向，帮助我们这些学生把好人生之舵的也往往是老师，也自然是恩师。一个人在成长过程中，谁能没有老师呢？谁又能离开老师呢？天地可以为吾师，上司或部下可以为吾师，父母可以为吾师，男女老少皆可为吾师。师之所存，道之所存。有道必有德，有道德者皆为吾师。

传道，就是要传授天地自然之道，乃至人生与社会之道。这是老师教育学生的第一要务，也是最大的、最为神圣的责任。老师要传给学生道，自己就必须认识道，领悟道，弘扬道，笃行道。自己都不知路在何方，又如何给别人指路引路呢？当今，从幼儿园到大学，到处都有老师。大学里，四处也有诸多导师，本科生导师，硕士生导师，博士生导师，博士后导师。老师就得为人老到，能得天地自然、古今中外之大道，只有你自己得了道，才能传授给学生道！导师对学生就得引导、指导加领导，把学生真正领上道，真正领上人间正道，真正领上天地大道，绝不能让学生不入道，更不能领着学生误入歧途。一位老师，只有自己领悟了道，在岁月中道行深了，才能向学生传道；把道笃行真了，才能向学生授业；真明白了道，才能真正给学生解疑释惑。

当今，不太明白道理者多矣，有些老师也迷茫，也彷徨，也浮躁，也没能悟不出多少道道来！也有些老师，恐怕打心眼里就没有探索道认识道的意识，也就甭提能领悟道了。也有些老师资质不高，心性不明，悟道较浅，又不太重视师德。因此，在课堂上，胡讲乱教者有之，照本宣科者不少，满堂灌者更多，恐怕就要误人子弟了。当然，我们对老师也不能过于苛求，更不能苛刻。平常的老师也多是平凡的人，大都不是什么完人，更不是什么圣人。老师也必须养家糊口，老师也要生活下去。何况，在学科、专业、课程多如牛毛的新时代，老师也有自己的专业与专长，不可能什么都懂，更不可能什么都通达。但作为老师一定要真心诚意地教育学生，还要活到老学到老！老师应该做学生的表率，老师还应该做世人的楷模！师生还应该相互学习，教学相长。孔子去世后，子贡从卫国带来了几株楷树（楷树就是黄连木，俗称黄连树）种在孔子墓前。其意思是说，孔夫子永远是学生的楷模。做老师就要行为世范，要做到行为世范，就应该自己先领悟并笃行做人做事的道理。自古赞美歌颂老师的话很多，如"仰之弥高，钻之弥坚。""一日为师，终身为父。""春蚕到死丝方尽，蜡炬成灰泪始干。""甘为人梯，勇于奉献。""人类灵魂的工程师""人生的灯塔""成功之路上的铺路石""最美的耕耘者与播种者""平凡而伟大的人"，还有一幅好对联"三尺讲台，三寸舌，三寸笔，三千桃李；十年树木，十载风，十载雨，十万栋梁。"诸如此类。也有很多谩骂老师的话，"穷酸""臭老九""毁人不倦"，等等。

　　2016 年 1 月 21 日晚上，石家庄下了一场瑞雪，22 日中午我站在自家阳台上，看着窗外明媚的阳光，湛蓝的天，一阵阵清风徐徐吹来，挂满白雪的一片又一片枯叶随着清风，伴着洁白的雪飘然飞扬。我不由得沉思，默默地想，老师不就是那片枯叶吗？而谁又不是那片枯叶呢？人们像枯叶一样，无私无悔地奉献了自己的青春，贡献了自己所曾拥有的翠绿，随着岁月流逝而变得枯黄，而今又随着洁白的雪花而飘落，回归大地母亲的怀抱，化为一片又一片的春泥，成为大地万物生长的肥沃营养，好再做新的护花天使，默默地培育着祖国的青春之花。我忍不住作了一首似乎在寒冬凄凉凋落中略带春光暖意生发之诗——《我是一片随清风伴白雪而飘扬的枯叶》[①]：

　　　　我是一片枯叶，
　　　　飘飘洒洒的雪花，
　　　　轻轻地落在我的身上。
　　　　我在颤颤巍巍中，
　　　　披上了洁白神圣的冬装。
　　　　雪停了天晴了，
　　　　温煦的阳光湛蓝蓝的天，
　　　　吹来了一阵又一阵的清风儿，
　　　　驱散了多日的阴霾，
　　　　随着清风伴着白雪我也漫天飘扬。

────────────

　　①　这首诗经过反复推敲与雕琢，先后修改了六遍才得以定稿。成诗的当天，我念给妻子李金英教授，她听后，也感到似乎有些凄凉，不让我再念第二遍。俗话说："人活一世，草活一秋。"年年皆是老叶落，新枝生，叶相似，枝不同，天地万物尽在循环往复之中。人生在世也是"长江后浪推前浪，一代新人换旧翁。"人，只要悟透了自然界的生命周期规律，深切感受春夏秋冬，寒来暑往，体悟生命的每一刻，快乐过好每一天，才会愈加尊重生命，珍爱生命，保护生命，热爱自然，奉献社会，也才能在有价值的生存、生活、生命、生机中延年益寿。

我也曾呈现过那一片儿翠绿，
为美丽的春天添彩增光。
霏霏长夏炎炎酷暑，
我也曾为小草和蚂蚁挡雨遮阳。
悄悄褪去绿衣披上了灿烂的金装，
我默默地看着收获的累累硕果，
喜悦爬上耕耘者的眉梢随秋风荡漾。
萧风瑟瑟迎飞雪，
我经历了圣诞的洗礼，
在陶醉中闻过了腊八粥的馨香。
一场瑞雪在祈盼中从天而降，
眼看就要叶落归根了，
可无情的风儿却把我刮向了远方。
孩子们不断地从我身上跑过，
玩起了欢乐的雪仗，
滚滚车流来来回回反反复复碾轧着，
我化成了雪泥隐身在天地自然大道上。
勤快的人儿把我们都堆了起来，
也不知将运往何方？
征程是遥远的天涯？
归宿还是渺茫的海角？
但我终将永远融入大地母亲的怀抱，
与天地一起同呼吸共命运，
自强不息厚德载物幸福绵长。
将我这一片儿融入雪泥的纯洁丹心，
化为大地肥沃的营养，
好再蕴育滋生新的生命，
祈祷一年又一年的吉祥。
一阳复发寒冬去，
我还会在默默无闻中，
呈现一片又一片迷人的翠绿，
迎来那一道又一道绚丽的春光！

中篇

传统五伦与中华新儒商

唐尧使契教人伦，孔孟程朱正人心；

父子君臣中夫妇，长幼朋友乃五伦。

伦常以德传天道，传统文化儒商根；

修身齐家创伟业，中华复兴梦成真！

【注解及领悟】

孟子曰："圣人有忧之，使契为司徒，教以人伦：父子有亲，君臣有义，夫妇有别，长幼有序，朋友有信。"（《孟子·滕文公上》）孟子所说的圣人应该是指尧帝或舜帝。契是人名，有贤德，也是殷代商汤之祖先，传说是尧舜时期的大臣。司徒是古代负责管理民众、土地教育等方面工作的官职。舜帝是中华民族以孝道著称的帝王，列于二十四孝之首。孔子和孟子等圣贤皆倡导人伦，推崇五伦人道。宋代二程和朱熹将五伦纳入教学体系中。朱熹还在书院教学模式中制定了"父子有亲、君臣有义、夫妇有别、长幼有序、朋友有信"的"五教之目"。

不论是传统伦理，还是传统纲常，伦常皆强调修养德行，这是领悟、传递、弘扬天地的大道。要培养适应全球化与社会主义市场经济发展的中华新儒商，我国优秀传统文化是根本命脉，也是精神源泉。修养身心才能齐家，夫妻和睦，才能同心同德创立伟业。家是国的基本单元，也是国之根本。人人和气，家家和顺，邻里和睦，国家和谐，世界和平，中华民族伟大复兴的中国梦在中华儿女的努力奋斗中也必然梦想成真！

第六章

笃行五伦

——人间正道

百善孝为先，父母慈子然；

报国忠为本，君臣义在肩；

夫妇和为贵，长幼悌何难？

朋友重诚信，五伦正人寰。①

传统五伦源于上古尧舜禹时代，并以婚姻而建立的血亲关系。它以"父子有亲、君臣有义、夫妇有别、长幼有序、朋友有信"等伦理规范为纽带从家庭、家族、氏族，扩展到国家、社会以及自然界。

五伦源于古人对"天人合一"及其自然之道的认识，以仁心与睿智界定了人与人之间"两两的义务与责任"，从而构建了"仁"的道德规范，这是个人和气、家庭和顺、邻里和睦、民族和解、社会和谐、世界和平的价值观基础。

五伦取法天地自然之道，学习五伦人道，不仅是做人修身所必要的，也是齐家创业、报效国家、奉献社会的人间正道和天地大道。

当今，随着全球化与工业化进程加快，人与人、人与社会、人与天地自然之间的关系更加复杂了，但五伦大道所折射的以"仁"为核心的伦理思想，仍具有深远的现实意义。

---

① 丙申年正月十五上元节中午，即兴而诗。正月十五，古称上元节，亦称元宵节。在2000多年前的秦朝就有了。汉文帝时，下令将正月十五定为元宵节。自秦汉流传至今，元宵节是中国汉族和部分兄弟民族重大的传统节日。今人皆知元宵节，而不知上元节。据说中国道教将每年农历正月十五称为上元节，七月十五为中元节，十月十五为下元节，合称"三元"。古代科举中也有连中三元之说，即：解元、会元和状元。荔枝、桂圆和核桃也构成吉祥三元图案。

【嘉言】

◎ 笃行五伦，是做人之根本，乃人间之正道。

◎ 百善孝为先。

◎ 恩重莫过于父母。

◎ 敦伦尽分，一心向善，则一生幸福吉祥。

◎ 伦常乖舛，立见消亡。

◎ 德不配位，必有灾殃。

◎ 积善之家必有余庆，积不善之家必有余殃。

一、尧帝等圣贤竭力推行五伦

【嘉言】

◎ 天地生，阴阳生，万物生，雌雄生，夫妇生，人伦生。

◎ 人伦乃天伦，笃行人伦，享天伦之乐也。

古人云："有天地，然后有万物，然后有男女。有男女，然后有夫妇；有夫妇，然后有父子；有父子，然后有君臣；有君臣，然后有上下，有上下，然后礼义有所措。"也可以说，人伦是人类文明的始端！

早在原始社会末期，我国出了三位仁慈爱民的圣王尧舜禹，传说尧帝就非常重视人与人、人与天地自然的和谐相处，尧帝和舜帝一道力行五伦。尧（前2377～前2259），姓伊祁，名放勋，是帝喾的次子。公元前2377年农历二月初二①，尧帝在唐地伊祁山诞生。15岁时，他在当今的河北唐县封山脚下受封为唐侯。20岁时，其长兄帝挚（据说比较平庸，没有尧帝圣明）为形势所迫让

---

① 在笔者的家乡巨鹿县苗家庄村东有一座小庙，老人们说是三官庙，供奉的就是尧舜禹三帝。传说，有一天尧帝微服私访，看到两个人站在一个圈圈里纹丝不动。古代画地为牢，也就是在地上画一个圈圈，让人站到里面，不让出来，用以惩罚人的恶行。据说，古人都比较老实，让站在圈圈里就站在圈圈里，不让出来就不出来。不像当今世界各地有很多监狱，监狱的高墙上还有很多电网，层层防控，还有不少越狱者。这两个人被太阳晒得垂头丧气。尧帝看到了就问，为什么把你们关在"牢"里呢？这两个人答曰："我们偷人家的食物。"尧帝又问："为什么偷呢？"这两个人回答说："我们已经好几天没吃不上饭了，实在忍不住饿了。"尧帝再问"为什么好几天吃不上饭呢？"这两个人回答"三年大旱，地里没有收成，也没有食物可吃。"尧帝说："天下大旱，乃我之过也。正是我的德行不够，才引起苍天发怒，三年大旱无雨啊！"于是，尧帝命令人把这两个人无罪释放了，而把自己关在圈圈里，祈祷上苍。不一会儿，风雨交作，一场甘霖普降到人间，解救了人民的大旱之苦。民间有"二月二，龙抬头"的传统节日，恐怕这与尧帝农历二月初二的诞辰有关。在这一天，人们祈祷龙王爷，风调雨顺，保人民一个好年景。笔者体悟到，人们在二月二这一天祈祷的不仅仅是"龙王爷"，祈祷的一定还有"尧王爷"啊！他正好这一天诞生，难道不是青龙下凡了吗？

位于他，于是尧帝成为我国原始社会末期最大的部落联盟之长，史称唐尧。他登上帝位后，复封其兄挚于唐地为唐侯，他曾经在唐县伏城一带建立了第一个都城，以后因水患逐渐西迁山西，定都平阳。唐尧在帝位 70 年，90 岁时将帝位禅让于舜，约公元前 2259 年，尧 118 岁时去世。尧帝在位时，为了促进人与人之间的和睦相处，以及人与天地自然之间的和谐相处，提出了五伦关系，并委任有贤德的大臣契（尧舜时期的官员）担任司徒，在人群与各部落中推行五伦及其教化，以便形成仁善的家庭关系与社会风俗。后来，继位的舜帝（以孝悌著名）、禹帝（以治水有功）继承了尧帝的五伦思想，并加以实践推广。周朝的周公、春秋时期的孔子、战国时期的孟子等先圣先贤皆继承并弘扬了古代的五伦关系。

二、孔孟正君臣父子之人伦

齐景公曾向孔子问政，孔子则曰："君君、臣臣、父父、子子"。其意思是：做君主的要像君主的样子，做臣子的要像臣子的样子，做父亲的要像父亲的样子，做儿子的要像儿子的样子。只有君臣、父子各行其道，各尽其责，家庭才能和睦，国家才能昌盛，社会才能和谐，世界才能和平。

孟子非常推崇尧舜的五伦之教，并认为：父子之间有骨肉之亲，君臣之间有礼义之道，夫妻之间挚爱而又内外有别，老少之间有尊卑之序，朋友之间有诚信之德。南宋时期的朱熹是古代著名的教育家、儒学大师，他创建和振兴了四大书院中的两大书院——白鹿书院和岳麓书院。

朱熹亲自为白鹿书院制定了一套学规，并将"父子有亲、君臣有义、夫妇有别、长幼有序、朋友有信"定为"五教之目"。所谓五伦，即古人所谓的君臣、父子、夫妇、兄弟、朋友五种人伦关系。

三、父子有亲——人之天性

【嘉言】

◎ 父母与子女是血亲，血浓于水。

◎ 孝有三大层次，孝志是孝的高层次，需要高境界与大觉悟。

◎ 教子是人生至要，也是父母的神圣责任。

◎ 子不教，父母之过也。

"父子有亲"是五伦的第一伦，反映了原始社会末期以父系为中心的家庭、家族、氏族及部落的血亲关系。"父子有亲"揭示了人伦中上一代与下一代的血缘亲属关系（即血浓于水），包括父子、父女、母子、母女等亲缘关系。

"父子有亲"反映的是"上天有好生之德"之"仁道"，"父子有亲"作为五伦之首，使得孝与悌成为五伦的核心。

孟子曰："仁之实，事亲是也；父之实，从兄是也。"孟子还强调"事孰为大，事亲为大"，"孝子之至，莫大乎尊亲"等。

事亲、尊亲、孝亲成了人伦中最高的道德表现。遵守了尊亲孝亲的道德准则，自然能实现"人人亲其亲，长其长，而天下平"的盛世。孟子认为人性是天赋的，上天至公无私，而天地孕育的人，其天性本来就是善良的，孝悌则是人天性本善的体现，是生而所具备的。

父子伦理关系的准则是"父慈子孝"，这体现了父母这一辈和子女这一辈双方的义务与责任。林则徐在五十大寿时所作《十无益》中的"父母不孝，奉神无益；兄弟不和，交友无益"就道出了孝道与悌道是根本。父母对子女的爱叫"慈"，子女对父母的爱叫"孝"。"上慈下孝"体现了上一代与下一代双方的责任及人的天性。也常有人说："父母对子女的慈爱是本性，子女对父母的孝敬是觉悟。"这话说得非常有道理。笔者认为，慈孝是一不是二，慈离不开孝，孝也离不开慈。慈孝是一种理念，更是一种文化传承。慈孝既可以一分为二，也能够合二为一。一个人要在慈爱子女过程中，经常反思对老人的孝，就能不断地提升自己的觉悟，感悟孝敬的必要与伟大；而在孝敬老人中，经常琢磨老人的慈祥、慈善与慈悲，就能真正把握慈，感悟孝，从而把孝慈家风与文化很好地传递下去。若能常悟慈孝，长行慈孝，慈与孝也就自然而然地难以分割乃至浑然一体了。

父母最大的责任是慈爱子女，而传递慈爱的理念与方法就是教育。在佛教中所谓"慈"就是给予快乐，所谓"悲"就是拔除痛苦。快乐是人生幸福之基础。这种快乐不是父母对子女的私爱，而是源于至善的天性，以仁爱育人，教人善道，使人心向善，则内心快乐，反映出来就是喜在眉梢、乐在心头。快乐源于人与人、人与社会、人与自然的和谐相处，所谓从"仁民"到"爱物"到"众生平等"。慈爱子女不是溺爱子女。《说文》曰："慈，爱也。"慈也就是爱，就是一丝丝割不断的殷殷爱意，一缕缕剪不断的绵绵牵挂，慈还是一颗颗助人为乐的心，慈正是快乐之因。人生至要莫过于教子，父母慈爱之根在于心中有子亦有人。父母内心快乐，才能把快乐之因传递给孩子。父母内心充满慈爱，脸上自然就挂着慈祥。做父母的时常要多给孩子些慈爱与快乐，哪怕是一个小小的微笑，一句不经意的赞美，一时的交流与沟通，一点点真诚的倾听与理解，都是对孩子的莫大鼓励；哪怕是偶尔的一次训斥，一时的诫勉，甚至恨铁不成钢的愤怒与责打，也是一种无私的爱，更是对孩子人生的重要鞭策。

子女最大的责任就是孝顺父母。"孝"是个会意字，一个"老"字，加一个子女的"子"字，合在一起构成了一个"孝"字。"老"是指上一代，"子"是指下一代，上一代跟下一代融合成一体叫"孝"。孔子曰："夫孝，德之本也，教之所由生也。"又曰："夫孝，天之经也，地之义也，民之行也。"孝是天经地义的行为，也是人生首要的仁德。

我们先分析"老"字的结构，"老"字下面是"匕首"的"匕"，"匕"是古代个人进餐的小汤匙，类似小勺子，后引申为锋利尖锐而短小的金属物，如匕首等。当老人年老体衰，身心疲惫，若再有病魔与心魔缠身，就像坐在匕首尖上一样痛苦不堪。而"孝"字却将"子"替代"匕"字，一字之差，老人的身心是愉悦的，一生劳作的痛苦与养儿育女的艰辛自然变成了快乐与幸福。

"孝"是指孝养父母，顺其心意。这包括物质、精神两方面。孝也是一种人生境界与觉悟，可以分为孝身、孝心、孝志三个基本层次。孝身主要体现在物质方面，孝心主要体现在心理与精神方面，孝志是指继承父母慈爱，亦即祖先的本善与志向，按照父母美好的憧憬与祈盼，把仁善循环往复地传递下去。可见在孝的层次中，孝志是更高层次，也是更高的境界，还是更大的觉悟。父母都祈盼孩子平平安安、快快乐乐、幸幸福福、吉祥如意，也期望孩子报效国家，更好地服务人民，做一个堂堂正正踏踏实实的人。能按照父母的祈盼和期望去做，才是孝志。

孝养父母是每个做子女的责任，这个责任重于泰山。孝，要从大处着眼，更要终生尽孝，持之以恒。终生牢记父母的谆谆教诲，时时刻刻心念父母，感恩父母，一生堂堂正正做人，踏踏实实做事，勤勤恳恳工作，快快乐乐生活；终生以天下的父母为榜样，立雄心树大志，牢记"天下兴亡匹夫有责"的古训，胸怀祖国，情系人民，慈善为本，方便为门，助人为乐，勇担重任，全心全意为人民服务，为中华民族伟大复兴的中国梦而努力奋斗！这可谓之大孝矣。孝，还要从细处入手，更要细致入微，永不懈怠。我们这些做子女的，要时时将心比心，处处体谅父母之心，常念父母哺育之恩，长系父母养育之情，经常思悟父母教育之德。在平常的日子里，我们这些子女们多给父母打一次电话，多给父母一声问候，多回家探望一次父母，多给父母一点钱物，多为父母分一点忧愁，多倾听父母一句话（哪怕是不经意的聊天，甚至是训斥或责骂，也要洗耳恭听），多对父母涌出一丝丝敬意，多对父母说一声赞美道一声感谢，多给父母一点爱心、关心、耐心与和气，脸上多挂一点点微笑，内心多一点点快乐，对家人（丈夫、妻子、孩子、兄弟姐妹）多一点关爱与理解，多向父母汇报一点生活感受与工作成绩，哪怕是多陪父母静静地坐一小会儿，从眼神里默默地多流出一丝丝发自肺腑的感恩之情……这些数不清说不完的一点点平常心，一处处不经意，一丝丝人之常情，皆在孝顺与孝敬之中啊！

唐代诗人孟郊的《游子吟》流传千古，至今读后仍令人潸然泪下。

慈母手中线，游子身上衣。

临行密密缝，意恐迟迟归。

谁言寸草心，报得三春晖？

短短的几句诗，无情无义者，对父母不孝者，怎么能写得出来呢？读了《游子吟》，那些不孝者，难道不感到汗颜吗？当然，我们这些做子女的，若能对父母少一点索取，少一次吵闹，少一丝抱怨，少一层隔阂，少一回纷争，少一缕愧疚，少一毫罪恶……就会少一些后悔。这恐怕正是止恶扬善，从反面涌出为人慈孝仁义的清泉吧？

四、君臣有义——正义之本

【嘉言】

◎ 现代"君臣"是一种领导与被领导的关系。

◎ 凡事皆有主次，无主无次，也就失序了。

◎ 领导之道在于忠于事，敏于行，尽职尽责，坚持以人为本。

君臣之道是人伦中非常重要的，它从父子等家庭伦理上升到国家与社会伦理。孔子曰："君使臣以礼，臣事君以忠。"孟子曰："君之视臣如手足，则臣视君如腹心；君之视臣如犬马，则臣视君如国人；君之视臣如土芥，则臣视君如寇仇。"在国家及社会中君臣关系是相对的，有条件的。君臣有义的前提是君仁臣忠。韩非子则认为："臣事君，子事父，妻事夫，三者顺则天下治，三者逆则天下乱，此天下之常道也。"

在君臣之道中，君要心存仁慈，知道礼让，才能赢得臣民的忠诚。孔子倡导的"仁者爱人"的"仁"是一种理智的爱，是维系人与人，包括君臣之间两两关系的重要纽带。"仁"有几个层次：自爱，爱父母，爱家人，爱亲朋，爱属下，爱企业，爱国家，爱人民，爱众生，爱世界，爱天地自然万物。由爱己到爱人爱物爱天地自然是境界不断提升的结果，爱的磁场由近及远，力量也往往越来越小。只有人的境界提高了，觉悟提升了，爱的意念自然就强大了，力量才能增大。爱以尊重为基础，理智的爱是建立在礼义与道义基础上的。

臣对君要忠诚，所谓"忠者，心无二心，意无二意之谓；恕者，了己了人，明始明终之意。"孔子一生提倡忠恕之道，其实"尽忠易，而行恕更难"。魏征作为唐太宗李世民的重要辅佐大臣，他曾经恳切地要求唐太宗使他充当对治理国家有用的"良臣"，而不要使他成为对皇帝一人尽职的"忠臣"。唐太宗曾问魏征道："何谓良臣？又何谓忠臣？"魏征曰："使自己身获美名，使君主成为明君，子孙相继，福禄无疆，是为良臣；使自己身受杀戮，使君主沦为暴君，家国并丧，空有其名，是忠臣。以此而言，二者相去甚远。"魏征每进切谏，虽有时说到激昂之处，其言论也曾多次激怒了唐太宗。然而，他每次都能神色自若，不动摇自己的谏议，唐太宗也为之折服。为了维护和巩固李唐王朝的封建统治，魏征曾先后陈谏200多次，劝诫唐太宗以历史的教训为鉴，励精图治，任贤纳谏，本着"仁义"行事，无一不被唐太宗所采纳。当然，唐太宗作为一个圣明的皇帝，也的确有容人之量。有什么样的君主，才有什么样的臣民。不论是经营家庭，还是经营企业，还是治理国家，皆应建立在双方相互尊重的基础上，纳谏如流。创业经商办企业，要科学辩证地看待经营管理者与股东、员工、顾客的主次从属关系，深谙做人之道，领悟谋事之理，坚持义以生利，重视伦理建设，正己化人，建立平等而又亲和的多方利益关系，共促发展。

许慎在《说文》中曰："君，尊也。"《仪礼·子夏传》曰："君，至尊也。"在我国漫长的封建社会，君就是皇帝、就是国王，也是天子。当今社会，封建社会早已结束了，封建皇帝也没有了，封建社会的君主与臣属关系似乎也就不存在了。但我们必须认识到，天地人之间的君臣之道仍时时存在，社会的主辅关系处处存在，事物的主次矛盾还无处不有。如今的"君"是主，"臣"则是"辅"，"君"是事物的主要矛盾，臣是事物的次要矛盾。同一事物，同一个组织中均有主次。在组织中必然有人处于"君"位，也自然有人处于"臣"位。在任何事物及其社会矛盾中，皆有处于"君"位的一方和处于"臣"位的另一方，这是永远不可回避的矛盾关系，也是天地自然以及人类社会的伦理关系。不论是家庭、组织，还是国家、社会、自然，主辅或主次关系是永远存在的。如在一个企业中，董事长就处于"君"位，其他人都处于"臣"位；具体到某个企业部门，部门经理就处于"君"位，其属下则处于"臣"位。就连老中医治病救人也必须遵循"君臣佐使"的原理与原则。在现代家庭中，男女平等，夫妻双方谁主事，谁处于"君"位，谁服从则处于"臣"位。当然君臣关系也是动态的，不是永远一成不变的。在自然界中，天为君，地为臣；地为君，人为臣；天地为君，人及万物为臣。君臣反映了事物矛盾双方的主次关系。老子曰："道大，天大，地大，人亦大。域中有四大，而人居其焉。""人法地，地法天，天法道，道法自然。"这里所谓的"法"就是依从、顺应、遵循的意思。君臣之道反映了自然界中的客观规律，也反映了生态种群中的主次关系。在三界中，以及当今社会中，绝对的自由与平等恐怕也是没有的，但人作为万灵之长应从君臣之道中悟出"众生平等"的深邃思想，从而以仁慈之心善待人事，善待万物，促进组织和谐，促进人与社会和谐，促进人与自然之间的和谐。

五、夫妇有别——珍惜缘分

【嘉言】

◎ 百年修得同船渡，千年修得共枕眠。

◎ 夫妻是修来的缘分，一定要倍加珍惜。

◎ 在天愿为比翼鸟，在地愿为连理枝。

◎ 大丈夫责任：孝敬双亲；和睦家庭；忠于事业；报效国家。

◎ 妻不贤夫之过，夫负义妻有过。

◎ 妻贤夫祸少，子孝亲心宽！

在远古母系氏族社会，男人与女人之间有性关系，但并没有夫妇婚姻关系。性关系的结果就是生孩子，而孩子往往跟随母亲，也通常不知父亲是谁。因此，夫妇是人伦之始，也是文明之端。若没有夫妇，自然也就没有父子，也就没有兄弟以及各种亲戚关系，君臣等其他伦理关系就更谈不上了。因此，在传统五伦中，夫妇正好处于五伦中的第三位，不仅正好在中间，也寓意着"三生万物"。中间往往是最重要的，就连当今照个相，都要把中间的位置留给最重要的人（或领导或长辈）。可以说，夫妇这一伦，不仅是修身与齐家的根本，也是孝老慈幼、从内至外、承上启下的关键，还是调和父子关系，理顺君臣关系，定位长幼关系，左右朋友关系的重要纽带。

从古至今，自从有了婚姻关系，夫妇在家庭中就占据着核心地位。夫妇既要孝养老人，又要抚育子女，起着承上启下的作用。夫妇对下要慈，对上更要孝。夫妇和睦，上可安老人之心，下可启子女之善，还可和睦兄弟、姐妹、妯娌等亲缘关系。如若夫妇关系破裂，不仅是一个小家庭的解体，滋生出更多的单亲家庭，影响自己和孩子一辈子，恐怕还会影响到一个家族、一个民族、一个国家，一个社会，乃至整个世界的和谐与和平啊！

夫妇有别，不仅体现在男女生理上的差别，还体现在性情、心理和体能等诸多方面的差别；不仅在家庭内部分工上体现差别，还在社会分工中体现差别。忽视或抹杀这些差别是人类的悲哀。《易经》曰："家人，女正位乎内，男正位乎外。男女正，天地之大义也。"荀子曰："夫妇之道，不可不正也，君臣父子之本也。"在一个家庭中，女人主内，男子主外，男女地位摆正了，才符合天地阴阳的道理。《易经》又曰："阴虽有美，含之以从王事，弗敢成也。地道也，妻道也，臣道也。"事实上，中国的"人"字是没有体现性别的对人的统称，不像英文中的 man 和 woman（英文词恐怕是先有 man，后有 woman）有男女之别。中国的"人"字是"一"，又是"二"。所谓"一"就是阴阳和合产生人，男女结合而合二为一就可能生产新人；所谓"二"就是人可以一分为二，恐怕也就是相对独立的男人与相对独立的女人。俗话说："男人的一半是女人，而女人的另一半是男人。"男人与女人，合二为一，相互支撑，才是能够齐家，真正大写的人。这需要破除男尊女卑的旧思想，摒弃重男轻女的丑恶观念，唱响自由恋爱、男女平等、家庭和谐的主旋律。

俗话说："一日夫妻百日恩，百日夫妻似海深。"夫妻是人生莫大的缘分。《说文》曰："缘，衣纯也。"其本意为古时衣服的边饰，被后人加以引申，也可喻为一丝丝剪不断理还乱的命运线。缘也是事物产生与发展的某种条件与环境，孕育着机会，潜藏着威胁。人生在世皆有缘，有善缘或良缘，也有恶缘或孽缘。存心善，恶缘也能成善缘；存心恶，善缘也会变恶缘。善缘也好，恶缘也罢，万事皆要随缘，做事更要抓住机缘有所作为。正是"事在人为，休言万般皆是命；境有心造，退后一步自然宽。"夫妻皆是缘，所谓缘分也就是缘之本分，既有缘自有分。缘分正是人与人之间某种无形的情感联结，看似偶然却也必然。缘分是某种机遇，也是某种可能；似现于外，若隐于内，不可思议；冥冥之中，自有安排，也皆在人为。夫妻是缘分，父子、母女是缘分，君臣、朋友是缘分，老乡、同学、战友也是缘分。人生相遇皆是缘，珍惜缘分才久远。正所谓"有缘千里来相会，无缘对面不相识"。佛说前世的五百次回眸才换来今生的擦肩而过。夫妻正是前世今生修来的缘分，一定要倍加珍惜。人们也常说："在天愿为比翼鸟，在地愿为连理枝。"《诗经》上说："生死契阔，与子成说。执子之手，与子偕老。"① 结婚致辞中也有"百年好合，白头偕老"之语。可见，夫妻缘分的确来之不易，若不珍惜，成何人也？

当今，"80 后"出生的年轻夫妇，男女双方多是独生子女。每年回谁家过年，也令人纠结，引发夫妻争吵，闹得不可开交，甚至因此而离婚的也屡见不鲜了。既然男女平等，回谁家过年皆可，都要欢欢乐乐地好好过年。公公婆婆更要开明，在将心比心中通达情理，多想想女方父母的孤单与无奈，多多支持儿子陪儿媳回娘家过年！在广大农村，有已婚女子在娘家过年于父母兄弟子侄不吉利的迷信说法，男方父母也认为儿子儿媳在自家过年是天经地义，是祖宗传下来的老规矩。事实上，吉凶皆在心中，也在一念之间，多念及他人的感受与利益就吉祥，只顾自己的感受，自私自利，甚至损人利己，就不吉不利，甚至遭遇凶祸。这与在谁家过年有多大关系呢？

当今社会，男女也是有分工的。家庭也要合理分工，夫妇以及老人孩子皆不例外。当然，在一个家庭中，是否一定是男人主外，女人主内呢？是否一定是男人做主，女人跟随或服从呢？是否一定是男人花天酒地，女人任劳任怨呢？是否一定是男人挣钱，女人花钱呢？是否每年都要回男方老家过年呢？……所有这些恐怕也不是什么亘古不变的铁定律或死规矩，世界日新又新，万事万象只能顺其自然，夫妇之间的分工也会因家而异，因地制宜，合乎实际，不断变化。当今社会，男女平等，谁也不能强制谁，谁也管不了谁，恐怕谁也奈何不了谁，甚至无奈到爱谁谁，鸳鸯两分飞，不知归于谁。当今社会，要组建一个和顺的家庭，自愿是前提，恋爱是机缘，仁义是根脉，慈孝是本分，品位是层次，平等是旋律，幸福是方向，快乐是通途，勤俭是家道，法律是保障……夫妇要见贤思齐，举案齐眉，相互尊重，男女平等，在家和万事兴的勤劳耕耘中，不断地共同创造精神与物质财富，建立家庭生态文明，才能历久弥新，越久越甘醇，小日子也越过越长，夫妻双方越来越涌出相互之间的无尽感恩。

夫妇有别还体现在伦理道德上，男人大丈夫做人做事要符合天理和道义，要勇于承担责任。男人不能万水千山总是情，到处拈花惹草，要承担起孝敬双亲、和睦家庭、忠于事业、报效国家、服务人类、和谐社会与自然的责任。子

① 出自《诗经》"邶风"里的《击鼓》篇。这段话原是歌颂古代出征的战友之情，也是两名友好的战士在艰苦漫长的远征环境中的互勉之词。现常被情人之间用于海誓山盟，也引申为夫妻恩爱、天长地久。

不教父之过也，妻不贤则是夫之过也。当今，也有一些已婚女人明目张胆地与情人相会，乃至抛夫弃子与人私奔，甚至谋杀亲夫者于今也不是个案了。这固然有西方"性解放"与"性泛滥"东土渐进所种下的孽缘而结出的恶果，也是部分中华儿女忘却了"性欲不可纵"的古训，漠视家庭道德之缘故，恐怕还有丈夫没有把妻和子带领好的诸多原因。俗话说："幸福的家庭几乎是相似的，不幸的家庭各有各的不幸。""家家有本难念的经。"当然，在家庭中女人也要重视自身修养，不断提升自身的品位与素质，重视德操。在家庭中要相夫教子，要与丈夫以及家人同心同德，要助夫不累夫。女人还承担着生子育女的责任，所谓"育者，教子为善也。"俗话说："妻贤夫祸少，子孝父心宽。"如果男人是船，女人则是舵手。当今，不少男人另投温柔乡，固然有男人未能承担好做丈夫的责任，未能深谙"糟糠之妻不下堂"的凛然正义，而女人作为妻子，恐怕也没能把好舵，任其四处漂流，于是丈夫这艘船就不知不觉地开到别的水域去了。因此，女人还要温柔似水，才能刚柔相济，从而现出旺夫旺子之像。女人柔的过度，像一堆烂泥死死黏在男人身上，不把男人吓跑，恐怕早晚也得克夫，因为柔能克刚也。俗话说："没有耕坏的地，却有累死的牛！"男女欢爱也要节制适度才好！唐代吕洞宾曾经作过一首警世之诗："二八佳人体似酥，腰间仗剑斩凡夫。虽然不见人头落，暗里教君骨髓枯。"这首诗能流传千年之久，恐怕也是有道理的，能引以为戒才好！

唐代诗人白居易曾经做过一首《母别子》的诗，就描绘了丈夫升任将军另寻新欢，一个完美家庭妻离子散的凄惨场面。原诗如下：

> 母别子，子别母，白日无光哭声苦。
> 关西骠骑大将军，去年破虏新策勋。
> 敕赐金钱二百万，洛阳迎得如花人。
> 新人迎来旧人弃，掌上莲花眼中刺。
> 迎新弃旧未足悲，悲在君家留两儿。
> 一始扶行一初坐，坐啼行哭牵人衣。
> 以汝夫妇新燕婉，使我母子生别离。
> 不如林中乌与鹊，母不失雏雄伴雌。
> 应似园中桃李树，花落随风子在枝。
> 新人新人听我语，洛阳无限红楼女。
> 但愿将军重立功，更有新人胜于汝。

俗话说："贫贱之交不可忘，糟糠之妻不下堂。"读了白居易这首诗，夫妻难道不应该更加珍爱缘分，呵护爱情，培育亲情，相互尊敬，相互谅解，相互支持，夫妻齐眉，和谐家族吗？有妇之夫何必朝三暮四，有夫之妇又何须招蜂引蝶呢？有妇之夫岂能寻花问柳，有夫之妇又怎能与人私通呢？夫妇这一伦，非常重要。喜新厌旧也很常见，似乎也是人之常情，但却违背了夫妻伦理道德，是家庭破散的重大威胁。若能做到"喜新莫动心，厌旧不弃旧"也就难能可贵了。夫妇之间贵在真爱，贵在真情，贵在真诚，贵在不离不弃！有人说，结婚前谈恋爱是爱情，婚姻却是爱情的坟墓。婚后随着生儿育女，爱情逐渐递减而亲情日渐增长。日久天长，若婚姻有了裂痕，而不能在珍惜中及时弥补并加以愈合，夫妻之间就渐渐从薄情发展为无情乃至绝情。

周恩来和邓颖超之间的"八互"原则，充分展现出了我们敬爱的周总理与邓大姐忠贞不渝的伟大爱情。抗战期间，周恩来和邓颖超在红岩生活中总结出来的夫妻生活之间的"互爱、互敬、互勉、互慰、互让、互谅、互助、互学"是非常难能可贵的。这"八互"原则，也是周恩来与邓颖超慢慢体验总结出来的，并通过对外谈话公之于众的，据说先是"四互"，后来加到"五互"，直到最后才是"八互"。这"八互"原则也是当今我国亿万夫妇在家庭经营中学习借鉴的原则，还是中华儿女取之不尽用之不竭的精神财富。

家庭是生产的基本单元，一是生产儿女；二是生产物质；三是生产精神。生产精神是最高层次，也是比较难产的，更是愈加珍贵的。所谓流传下来的家规、家训、家风都是某种弥足珍贵的精神财富！家庭还是消费的基本单元，在家庭中还滋生出千差万别的交换与分配方式。夫妇孕育子女是天地之道，是自然规律，也是人伦的殊途同归。父母往往爱护自己的子女，自然界中稍有灵性的动物也爱护自己的孩子，所谓"虎毒不食子"。夫妇之伦是人类繁育延续的根本，也是流淌不断的生命之河。因此，尊重生命，夫妇和气，孝老慈幼，敬畏天地，顺应自然，爱护自然界的所有生灵……也是夫妻教育子女的人生使命，恐怕还是家国薪火相传的精神本源！

六、长幼有序——自然和谐

【嘉言】

◎ 打虎亲兄弟，上阵父子兵。

◎ 兄弟同心，其利断金。

◎ 兄弟姐妹，血浓于水，永远割不断的血脉，难舍难分的亲情。

长幼有序这一伦，反映了兄弟姐妹之间的伦理关系。兄弟姐妹之间要讲悌道。孔子曰："教民亲爱，莫善于孝。教民礼顺，莫善于悌。"孝悌是有机联系在一起的，二者不可分割。"孝"是对上辈，"悌"是对同辈。"悌"也是会意字，一个竖立的"心"字，加一个弟弟的"弟"字，心在弟旁，心中有弟。表示哥哥姐姐爱护弟弟妹妹，兄弟之间皆要诚心友爱，姐妹之间也要相互关心。"弟"又有"次第"的意思，表示弟弟要尊敬、顺从兄长。"悌"反映了兄与弟、姐与妹之间的伦理秩序，兄对弟，姐对妹，皆要友善，弟对兄，妹对姐，皆应恭敬。即：兄友弟恭，友是指友爱、提携、帮助，恭则是指尊敬、和顺、服从等。

俗话说："血浓于水。"兄弟姐妹是血缘关系，不仅有永远割不断的血脉，也有难舍难分的亲情，这是谁也割不断的丝丝相连的命运线！俗话说："不是一家人，不进一家门。"没有莫大的缘分，也不可成为一母同胞的兄弟姐妹。天底下没有哪个父母看着儿女干仗而兴高采烈的，兄弟姐妹和睦相处恐怕是父母最大的心愿。这也是做人孝心的体现，皆是人之常情。兄弟姐妹的亲情是天然的，也是一种客观存在。在人生道路上，与父母妻子相比，兄弟姐妹陪我们的时间可能会更长些。因此，珍惜兄弟姐妹之间的亲情，相互关爱，相互谅解，也显得尤为重要。

唐朝德宗年间，法昭禅师曾经作过一首偈子，非常富有哲理，说得真好：

同气连枝各自荣，些些言语莫伤情；
一回相见一回老，能得几时为弟兄。
弟兄同居忍便安，莫因毫末起争端；
眼前生子又兄弟，留与儿孙作样看。
都受爷娘养育恩，桃花千朵总同根；
莫将姐妹乘轻看，十指连心个个疼。
百岁光阴如水流，兄兄弟弟几春秋；
从前彩服曾同戏，时日几何并白头。

亲人之间长期相处，也难免有些矛盾，兄弟姐妹之间的纷争有时起于财产之争，有时起于起于价值观所引发行为的差异，更多的是因言语不和而起纷争。随着全球化与市场化的发展，带有铜臭气味的交易规则也慢慢地根植于越来越多的家庭之中，兄弟姐妹之间的亲情似乎随着利益驱动逐渐淡化了，也似乎随着物欲膨胀逐渐僵化了，还似乎随着快节奏的生活在无声无息之中而慢慢地化得一干二净了。兄弟姐妹之间，你来我往的走动也似乎越来越少了，大的不知谦让小的，小的也不知尊敬大的，好像天底下唯我独尊，事事皆要随我心顺我意，人们似乎越来越不把亲情当回事了，争权夺利似乎才是硬道理。当今，兄弟姐妹吵架几乎已经司空见惯。试想，兄弟姐妹也就是偶尔意见不合，拌上一两句嘴，又有多大的深仇大恨呢？试想，哪个家庭的财产是你一生下来就带来的呢？命终归天之时，谁又能带走一丝一毫呢？争什么多了少了，争来争去又有什么意思呢？难道兄弟姐妹的血缘亲情，连路人也不如吗？法昭禅师留给我们的偈子，恐怕正是化解家庭矛盾的灵丹妙药。

在社会中，人与人之间也有长幼之别，尊老爱幼，做到长幼有序则是悌道的进一步推广。《荀子·君子篇》曰："亲疏有分，则施行而不悖；长幼有序，则事业捷成而有所休。"长幼有序不仅是家庭伦理及其亲属之间的延伸，还是构筑和睦家庭，构建和谐社会，实现世界和平的重要基础。

七、朋友有信——社会信任

【嘉言】

◎ 一个篱笆三个桩，一个好汉三个帮。

◎ 生我者父母，成我者朋友。

◎ 朋友妻不可欺。

◎ 结交新朋友，不忘老朋友。

◎ 朋友"四通"：通义，通善，通财，通谊。

◎ 诚信是保持朋友关系的法宝。

朋友有信是人伦社会关系中非常重要的一伦。俗话说："生我者父母，成我者朋友。"一个人要成就一番事业，往往需要朋友们的多方相助。一个人孤军奋战是不可能取得成功的。三国时期的刘备、关羽和张飞桃园三结义就是因为朋友意气相投，成就了千古君臣兄弟朋友情，也成为后人敬仰与学习的楷模。也正是这种朋友情义，才成就了刘备的蜀汉帝业，留下了诸多令人感慨的动人故事。这真是"兄弟未必成朋友，朋友大义如兄弟；千秋伟业朋来助，生死茫茫永相依。"一个人，一生之中若有几个肝胆相照的好朋友，也是人生一大快事，更是一大幸事。

"朋友有信"体现在"朋诚"和"友信"两个方面，朋友也是相互的，所谓"投我以桃，报之以李。"朋友之间要坦诚相待，更要重视并践行承诺。"诚，从言，从成，成亦声。""成"之意为"百分之百""完完全全"。"言"与"成"合起来表示"百分之百的讲话""不打折扣的言语""按照所言完完全全地做到做好"。《礼记·中庸》上说："诚者天之道也，诚之者人之道也。"

天道在诚，人道贵在遵守诚，诚为人之本也。一个人，言行一致，才能把人做好，把事做成。

"朋"是两个"月"，一前一后，一左一右，一个是天上之月，一个是水中之月。月，不仅代表月亮，还代表智慧与时间。古代诗人多有咏月之诗词。大诗人李白："天上明月光，疑是地上霜；举头望明月，低头思故乡。"苏东坡："明月几时有，把酒问青天……但愿人长久，千里共婵娟。"这些诗词道出了朋友之间就像天上之月与水中之月一样，相互映照，给予对方以智慧启迪，两个月永远有距离，距离产生美。如果朋友亲密无间，不分你我，恐怕离分道扬镳也就不远了。

俗话说："在家靠父母，出外靠朋友。"在社会中，朋友之道也特别重要，谁能没有朋友，谁又能离开朋友呢？在朋友圈里，也有远近亲疏之分，也有个别知心朋友，也有因生活与工作而来往的朋友；有兴趣志气相投的朋友，也有吃喝相聚的朋友；有真情相助的朋友，也有相互利用的朋友；有市场供求交易方面的朋友，也有政治需要的朋友；有通财通谊的密友，还有相互规劝改过的挚友。生活在不同的社会圈子，也有不同圈子的朋友；因性情各异，爱好不同，品位高低，朋友还可以分若干层次，所谓"气味相投，什么人找什么人"。唐代王勃的诗句"海内存知己，天涯若比邻"已传颂千秋，明代冯梦龙所说的"恩德相结者，谓之知己；腹心相结者，谓之知心。"也一语道出了所谓知己知心的真谛。我国自古就有益友和损友之别，益友于人于己有益，损友于人于己有损，交友岂可不慎乎？孔子曰："益友三友，损友三友。友直、友谅、友多闻，益矣；友便辟、友善柔、友便佞，损矣。"① 在朋友之间，若能做到四通"通义，通善，通财，通谊"，往往也是难能可贵的，的确值得珍惜与称颂。当然，在朋友"四通"中，也有不少人要点小聪明，多少留个后手。古今中外，

① 出自《论语·季氏》。南怀瑾先生认为，友直、友谅、友多闻，是有助益的朋友。第一种"友直"，是讲直话的朋友；第二种"友谅"。是比较能原谅人，个性宽厚的朋友；第三种"友多闻"，知识渊博的朋友。孔子将这三种人列为对个人有助益的朋友。另外，对自己有害处的朋友也有三种，第一"友便辟"。就是有怪癖脾气的人，有特别的嗜好，或者也可说软硬都不吃的朋友。第二种"友善柔"，就是个性非常软弱，依赖性太重。甚至，一味依循迎合于你，你要打牌，他也好，你要下棋，也不错，你要犯法，他虽然感觉不对，也不反对，跟着照做不误。用现代语来说，等于是娇妻型的朋友，可以说是成事不足，败事却有余。第三"友便佞"。这种人更坏，可以说是专门逢迎凑合的拍马屁能手，绝对是成事不足，败事有余的家伙，特别要当心。于丹教授认为，友直是指正直的朋友，为人真诚、坦荡、刚正不阿，没有一丝谄媚之色。友谅，诚实的朋友，为人诚恳，不作伪。友多闻，这种朋友见闻广博，知识面宽。友便辟，与"友直"相反，这种朋友指的是专门喜欢谄媚逢迎、溜须拍马的人。友善柔，典型的"两面派"，真正的小人，当面一套，背后一套。友便佞，便佞，指的是言过其实，夸夸其谈。

即便是亲密的朋友之间，防人之心不可无啊！你不防别人，恐怕别人还防着你呢。在经济相互往来之中，常有所谓的朋友欺骗甚至诈骗朋友的事例，尤其在政治上以及国际交往中"没有永远的朋友，也没有永远的敌人，只有永远的利益。"在当今社会中，要结交新朋友，不忘老朋友；要远离恶友，多亲近善友。古人云："亲近善友，如雾露中行，虽不湿衣，时时有润。"如果"朋"字的两个"月"没有了距离之美，越离越近，一旦合二为一之时，也就成了相互利用的"用"字了，不可不察啊。当今，有些沿海开放城市还兴起了朋友之间换妻的游戏，贪图新鲜与享乐，却忘记了"朋友之妻不可欺"的古训。这简直是牲畜，哪里还有半点朋友之谊呢？

"信，会意字。从人，从言。"人的言论应当是诚实的，信的本义是真心诚意。"信"是指做人诚实守信不欺骗别人，人与人交往要讲诚信。《论语》中关于信的名言不少，如："与朋友交，言而有信。""信近于义，言可复也。""民无信不立"等。古人强调：与人交往，言必合宜，绝不食言；不妄语，不轻诺；言既出，事必行。诚信是保持朋友关系的法宝！朋友就要以诚为因，以信为果，诚实守信。在现实生活与市场经济中，"诚信"是做人的根本，也是商人经商的前提，更是社会运行的基础。

由"信"扩展到"信任"。信任是一种承诺，又是实现承诺的能力；信任既是责任与义务，又是践行承诺的过程与结果。信任度是信任的程度，信任度不仅是个人资本，也是一种社会资本。从美国金融危机到全世界经济危机，从国家之间的资源掠夺到利比亚战争、叙利亚内乱，都反映了信任度的危机。在低信任度的国家与地区，人们的精力主要放在分配财富上；而在高信任度的国家与地区，人们的精力主要放在创造财富上。因此，诚信连接的不仅是朋友关系，还是整个社会关系。培养人诚实守信的品质是提高社会信任度的基础，也是实现人与自然和谐的重要纽带。

附1

《朱熹家训》摘录

君之所贵者，仁也。臣之所贵者，忠也。父之所贵者，慈也。子之所贵者，孝也。兄之所贵者，友也。弟之所贵者，恭也。夫之所贵者，和也。妇之所贵者，柔也。事师长贵乎礼也，交朋友贵乎信也。见老者，敬之；见幼者，爱之。有德者，年虽下于我，我必尊之；不肖者，年虽高于我，我必远之。慎勿谈人之短，切莫矜①己之长。仇者以义解之，怨者以直报之，随所遇而安之。

人有小过，含容而忍之；人有大过，以理而谕之。勿以善小而不为，勿以恶小而为之。人有恶，则掩之；人有善，则扬之。处世无私仇，治家无私法。勿损人而利己，勿妒贤而嫉能。勿称忿而报横逆，勿非礼而害物命。见不义之财勿取，遇合理之事则从。诗书不可不读，礼义不可不知。子孙不可不教，童仆不可不恤[②]。斯文不可不敬，患难不可不扶。守我之分者，礼也；听我之命者，天也。人能如是，天必相之。此乃日用常行之道，若衣服之于身体，饮食之于口腹，不可一日无也，可不慎哉！

　　朱熹简介：朱熹（1130～1200），中国南宋思想家。字元晦，号晦庵。徽州婺源（今属江西）人。1148 年中进士，历仕高宗、孝宗、光宗、宁宗四朝，庆元六年卒。朱熹早年出入佛与道。31 岁正式拜程颐的三传弟子李侗为师，专心儒学，成为继程颢、程颐之后儒学的重要人物。朱熹在"白鹿国学"的基础上，建立白鹿洞书院。在潭州（今湖南长沙）修复岳麓书院。他继承二程，又独立发挥，形成了自己的体系，后人称为程朱理学。朱熹是理学的集大成者，是中国封建时代儒家的主要代表人物之一，对当时及后世影响巨大。

　　【注解】

　　① 矜，读音 jīn。《说文》曰："矜，矛柄也。"在这里矜是指自尊、自重或庄重的意思，可以引申为骄傲或者炫耀。试想，一个人拿着长矛站在这里待客，难道没有以矛仗势的味道吗？矜持之人犹冰也，孤傲自赏，人岂能不远离之。"切莫矜己之长"的意思是"切莫炫耀自己的长处"。这不仅一种谦虚谨慎的修养，也是一种礼貌待客的态度。

　　② 恤，读音 xù。《说文》曰："恤，忧也。"在这里表示对别人产生同情，生出怜悯之心。"童仆不可不恤"的意思就是"对待童仆一定要怜恤。"

　　【领悟】

　　俗话说，没有规矩不成方圆。一个家，应有家规；一个党，必有党纪；一个国，必须有国法。

　　习近平主席大力提倡家规家训，家规家训就是中华民族的传家之宝。在家能守住家规，于国才能遵守国法。因此，一个人，一个党员，一个组织，一个政党，一个国家，若要把规矩和纪律挺在前头，就必须先把家规家训传承下去。

　　《朱熹家训》虽然是传统社会的产物，长期为传统礼教服务，但其中却不乏有益而丰富的思想，至今仍有诸多借鉴价值与深远影响。空闲之时，若能仔细品味，从中取几个字，仔细揣摩，加以领悟，认真笃行，则可用于修身，用于齐家，用于治国，用于平天下矣。

附2

《朱柏庐治家格言》

黎明即起，洒扫庭除，要内外整洁；既昏便息，关锁门户，必亲自检点。一粥一饭，当思来处不易；半丝半缕，恒念物力维艰。宜未雨而绸缪；毋临渴而掘井。自奉必须俭约；宴客切勿流连。器具质而洁，瓦缶①胜金玉；饮食约而精，园蔬愈珍馐②。勿营华屋；勿谋良田。三姑六婆，实淫盗之媒；婢美妾娇，非闺房之福。奴仆勿用俊美；妻妾切忌艳妆。祖宗虽远，祭祀不可不诚；子孙虽愚，经书不可不读。居身务期质朴；教子要有义方。勿贪意外之财；勿饮过量之酒。与肩挑贸易，毋占便宜；见贫苦亲邻，需多温恤。刻薄成家理无久享；伦常乖舛③立见消亡。兄弟叔侄，需分多润寡；长幼内外，宜法肃辞严。听妇言乖骨肉岂是丈夫；重资财薄父母不成人子。嫁女择佳婿，毋索重聘；娶媳求淑女，无计厚奁④。见富贵而生谄容者最可耻；遇贫穷而作骄态者贱莫甚。居家戒争讼，讼则终凶；处世戒多言，言多必失。毋恃势力而凌逼孤寡；毋贪口腹而恣杀生禽。乖僻自恃，悔误必多；颓惰自甘，家道难成。狎昵恶少，久必受其累；屈志老成，急则可相依。轻听发言，安知非人之谮⑤诉，当忍耐三思；因事相争，安知非我之不是，须平心暗想。施恩无念；受恩莫忘。凡事当留余地；得意不宜再往。人有喜庆，不可生妒忌心；人有祸患，不可生喜幸心。善欲人见不是真善；恶恐人知便是大恶。见色而起淫心，报在妻女；匿怨而施暗箭，祸延子孙。家门和顺，虽饔飧⑥不继，亦有余欢；国课早完，即囊橐⑦无余，自得至乐。读书志在圣贤；为官心存君国。守分安命，顺时听天。为人若此，庶乎近焉。

朱柏庐简介：朱用纯（1627～1698），字致一，号柏庐，明末清初江苏昆山县人。著名理学家、教育家。明诸生，入清隐居教读，居乡教授学生，潜心治学，以程朱理学为本，提倡知行并进，躬行实践。他深感当时的教育方法，使学生难以学到真实的学问，故写了《辍讲语》，反躬自责，语颇痛切。曾用精楷手写数十本教材用于教学。生平精神宁谧⑧，严于律己，对当时愿和他交往的官吏、豪绅，以礼自持。著有《治家格言》《愧讷集》《大学中庸讲义》。

【注解】

①缶，读音 fǒu。本义为瓦器，圆腹小口，用以盛酒浆等。缶也是古代汉

族的陶制乐器，秦人鼓之以节歌。

②馐，读音 xiū。本义为美味的食品或精美的食品。珍馐一般是指珍贵而又精美的食品。

③乖，读音 guāi。《说文》曰："乖，戾也。"《广雅》曰："乖，背也。"古代，乖的本义为：背离、违背、不和谐等。现代汉语中则常用于褒义，表示顺从、听话等意思，如"乖乖的"，"乖乖"则是父母对幼儿的昵称。舛，读音 chuǎn。《说文》曰："舛，对卧也。"其本义为：相违背，颠倒等。清代段玉裁在《说文》注解："谓人与人相对而休也，相背，犹相对也。"试想，结发夫妻相背而卧，甚至分居，谁也不搭理谁，家庭能和睦吗？何谈齐家？"乖舛"一词有谬误、差错、不顺遂等意思。

④奁，读音 lián。本义为：大号的盛食器具。古代盛梳妆用品的匣子，也泛指盛放器物的匣子。厚奁意思是指丰厚的嫁妆。

⑤谮，读音 zèn。其含义为：说别人的坏话，诬陷，中伤等。《玉篇》曰："谮，谗也。"《韩非子·奸劫弑臣》有"处非道之位，被众口之谮。"之名句。

⑥饔，读音 yōng。泛指熟食，专指早餐，也有做饭、烹煮等含义。飧，读音 sūn。专指晚饭，亦泛指熟食、饭食等。孟子曰："贤者与民并耕而食，饔飧而治。"（见《孟子·滕文公上》）。赵岐注解曰："饔飧，熟食也。朝曰饔，夕曰飧。"

⑦囊，读音 náng。一般是指装有物品的口袋，如成语"探囊取物"又如"负书担囊"。橐，读音 tuó。也是指口袋。《说文》曰："囊，橐也。"囊橐泛指用于储存钱财或物品的口袋或袋子。《诗·大雅·公刘》："乃裹糇粮，于橐于囊。"毛传："小曰橐，大曰囊。"郑玄笺："乃裹粮食于囊橐之中。"

⑧谧，读音 mì。其本义为安静，也指环境安静，没有动荡，不受打扰等。一个人，自心清净了，才能达安静之境界。

【领悟】

《朱柏庐治家格言》是我国古代家规家训的名篇，虽有一定的历史局限性，但于今仍有重要的借鉴价值与启迪意义。熟读这篇治家格言，小则可修身，中则可齐家，大则可治国。其语言优美，便于记忆。全文多有对仗，浑然一体，对子孙乃至后人用心良苦，跃然纸上。今细细品味，其余音犹在，余味犹香也。"一粥一饭，当思来处不易；半丝半缕，恒念物力维艰。""居身务期质朴；教子要有义方。""伦常乖舛立见消亡。""家门和顺，虽饔飧不继，亦有余欢；国课早完，即囊橐无余，自得至乐。""读书志在圣贤；为官心存君国。"等名句朗朗上口，微言大义，心存敬畏，的确值得师生们好好品味，终生笃行也必有裨益啊！

附3

林则徐的《十无益》

林则徐一生刚正不阿，为官清正廉洁。在他五十大寿，拒不收受别人送来的各种礼物，而以自己知天命之年的大作《十无益》而示人。笔者反复品读了《十无益》，深深感到《十无益》对当今社会仍具有重要的警醒与启迪意义。老师同学们空闲之时，也都好好读读吧，读明白了，笃行的真了，也会终身受益的。

十无益

存心不善，风水无益；

父母不孝，奉神无益；

兄弟不和，交友无益；

行止不端，读书无益；

做事乖张，聪明无益；

心高气傲，博学无益；

为富不仁，积聚无益；

劫取人财，布施无益；

不惜元气，医药无益；

时运不济，妄求无益。

林则徐简介：林则徐（1785～1850），福建省侯官（今福州市区）人，字元抚，晚号俟村老人。他是清朝时期著名的政治家、思想家和诗人，官至一品，曾任湖广总督、陕甘总督和云贵总督，两次受命钦差大臣。因其主张严禁鸦片，在中国有"民族英雄"之誉，备受后人尊敬，是近代伟大的爱国者。

附4

人生二十贵

做人以诚信为贵；做事以踏实为贵；

人品以正直为贵；心地以善良为贵；

行善以孝亲为贵；修德以布施为贵；

性格以坚韧为贵；情感以真挚为贵；

待人以和气为贵；处事以谦让为贵；

学问以通达为贵；技艺以精湛为贵；

言语以简明为贵；行动以稳健为贵；

齐家以勤俭为贵；治国以廉洁为贵；

贫穷以志节为贵；富裕以仁义为贵；

工作以敬业为贵；生活以朴素为贵。

第七章

培养中华新儒商

——天下正义

中华哺育新儒商，诚信经营系伦常；

人间播撒真善美，仁义礼智天性良。

勤劳节俭齐家道，予预谦和融于商；[1]

厚德载物业维枞，自强不息行乾纲！

随着全球化进程加快，以及我国社会主义市场经济的迅速发展，这不仅对商业精神提出了新的挑战，而且对商科人才培养也提出了新的要求。在新常态背景下，如何做人？如何经商？以什么样的道德理念经商？这是一个看似陈旧而又崭新的课题。尤其在道德严重滑坡，诚信危机四伏的当今，商业应树立什么样的核心价值观？确立什么样的精神支柱？这显得更加迫切而又十分重要。这需要坚持社会主义核心价值观，继承弘扬以儒家为主的中华优秀传统文化。习近平总书记指出："培育和弘扬社会主义核心价值观，必须立足中华优秀传统文化。牢固的核心价值观，都有其固有的根本。抛弃传统、丢掉根本，就等于隔断了自己的精神命脉。博大精深的中华优秀传统文化是我们在世界文化激荡中站稳脚跟的根基。"新时代、新常态呼唤新的商人。而培养新的商人，关键是夯实核心价值观，培育现代商业精神与商人品格。这需要弘扬儒学，坚持"诚信、博学、敬业、创新"的理念，为中华民族培养多多益善的新时代儒商。

---

① 2015年11月28日至29日，笔者参加了第二届河北儒学论坛，在会上宣讲了论文"商科教育改革——新儒商工程及新儒商人才培养"。敬佩高士涛先生把河北儒教办得有声有色，群贤毕至，文化荟萃。在29日上午，从沧州去献王墓的路上，本人感慨万千，突然有一个要成立中华新儒商研究社的遐想，大概仅用了十几分钟，就作成了这首诗。《诗》曰："巨业维枞。"枞是一种树，既有松树的特征，也有柏树的特征，树干粗直，四季常青。新儒商应学习枞树的刚直中正，坚忍不拔，永葆青春！

20 世纪 70 年代，英国著名历史哲学家汤恩比（Arnold Joseph Toynbee）博士在一次欧洲国际会议中提出警告："欲解决 21 世纪的社会问题，唯有中国的孔孟学说和大乘佛教。"80 年代，瑞典科学家汉内斯·阿尔文博士就指出："人类要生存下去，就必须回到 25 个世纪以前，去汲取孔子的智慧。"1988 年，全球 75 位诺贝尔奖得主，在巴黎集会，会后发表共同宣言说："人类要走向 21 世纪，必须回到二千五百年以前，在孔子的思想里寻找智慧。"因此，继承弘扬中华优秀传统文化，全面实施新儒商工程，为中华民族培养新时代的儒商，乃我中华正义，也是天下大义，我们更是义不容辞！

商海无涯，诚信为舟；

商智无尽，博学为基；

商业无际，敬业为本；

商机无限，创新为先。

一、诸多学者对儒商的不同释义

对于儒商这个概念，不同的学者，其理解也不太一样。正可谓："仁者见仁，智者见智。"笔者经过多年的涉猎，汇集了我国诸多学者关于儒商的含义如下：

说法一：儒商是指以儒家理念为指导的，从事商品经营活动的商人。

说法二：儒商是把"儒"和"商"结合起来的"商"，即把"商"的职业和"儒"的伦理结合起来的市场经济中的经济活动主体。

说法三：儒商与一般商人最本质的区别就是非常重视商业道德，不义之财不取。

说法四：儒商有广义和狭义之分：从狭义上说，是指以儒家学说作为行为准则的商人；从广义上说，是指具有中国传统文化兼收儒、道、墨、法、兵家之长的商人。

说法五：儒商是指有较高素养的、有儒家道德观和价值取向的、有自强不息和勇于创新精神的企业家。

说法六：儒商分为古代儒商和现代儒商，现代儒商是把"内圣"和"外王"有机结合起来，把传统美德和由市场经济滋生的新道德观念有机结合起来，尊重人的价值，实行人格化管理的商人。

说法七：儒商是指把儒家的价值理想与市场运行本身的法则相结合，并能遵循指导市场活动法则的商人。

说法八：儒商是指以儒家思想为核心价值观念的企业经营管理者；现代儒商应该是既有科学专长，同时又具有儒家价值理想的，即具有"士魂商才"的经营管理者。

说法九：儒商就是以孔子倡导的儒家道德来规范自己的商业行为，并进行内部管理的商人或经营者。

说法十：儒商是指那些在商业经营中能把儒家文化精神与商品经济法则相结合起来的高层次的商人。

说法十一：儒商就是具有仁爱之心的、有道德的、有社会责任感的商人。"现代儒商"是指有文化的、有道德的、有现代管理能力的企业家。

说法十二：在古代，"儒商"就是"用儒意而通积著之理""商名儒行"的商人；在现代，"儒商"就是"以儒经商"的商人、企业家。

说法十三：儒商是指有文化、讲道德、善理财、会管理、创效益，并且能发现问题、解决问题，具有综合创新能力的商人或企业家；现代儒商还具有现代意识、区域意识、全球意识等。

说法十四：儒商是传承中华民族传统美德，讲诚信，守信用，遵纪守法，按章纳税，勇于奉献，有社会责任感，坚持以义生利，以人为本，正当经营，奉行"君子爱财，取之有道"的伦理思想，有文化，有品位，有智慧，有创造力和经营能力的商人。

说法十五：儒商是以仁义之道经商的商人。他们遵从"己欲立而立人，己欲达而达人"和"己所不欲，勿施于人"的原则，重义轻利，诚实守信，信誉第一，乐善好施，以善为宝，以行善为最乐。

二、新儒商的内涵

《说文解字》对"儒"的解释是："儒，柔也，术士之称。从人，需声。"儒这一现象在孔子之前就已经客观存在，到春秋时期，由于孔子及弟子的集大成，"儒"则产生了质的飞跃，并自成一家。孔子及其弟子的贡献为：一是把殷商民族部落性的儒扩大到以"仁"为己任的儒；二是把柔懦之儒改变为刚毅进取、厚德载物、自强不息之儒。

请仔细琢磨这个公式：

$$儒 = 人 + 需$$

"儒"字的左边部首是一个"立人"。什么人才能立起来呢？人，无仁不成，无信不立。"儒"字右部是个"需"，也是需求的"需"，还是需要的

"需"，更是必需的需。自己是人，他人也是人，天下皆为人；自己是生命，他人是生命，众生皆是生命。自己想活，他人想活，众生皆想活。自己要过，他人要过，众生皆要过，孰能没有过？自己想好，他人想好，众生皆想好，谁又不想好？天地立儒，天下兴儒，儒在人间，顶天立地，满腔浩然正气在寰宇。作为秉儒持儒弘儒之人，不仅要满足自己的需要，还要满足他人的需要，更要符合社会需要，承天地大道，以仁为本，我为人人，誓为众生，共生共荣，以和谐天地自然。

　　"需"是《周易》六十四卦中的第五卦。水天需（需卦）属于守正待机，处于中上卦，如图7－1所示。

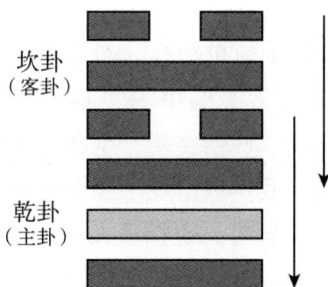

坎卦
（客卦）

乾卦
（主卦）

图7－1　需卦示意

　　需卦是别卦，象征着等待。在等待之中要守住正。正，即正道、正义、公正、正常，等等。

　　需卦上坎下乾。主卦为乾；客卦为坎。

　　坎对应月，代表是水。老子曰：上善若水。

　　乾对应天，《易经》有云：天行健，君子自强不息。

　　水在天上，要变成雨，穿过云层落到地面上来，滋润大地，滋生万物，就得等待！这也再正常不过了。

　　事实上，世界上的万事万物皆离不开等待，人生更要学会耐心等待，未雨绸缪。从网上买一件心仪的东西需要等待，去食堂吃饭排队也需要等待，上课听讲还需要等待，就是开个会也得耐心等待。等待你的另一半，不论是窈窕淑女，还是君子好逑。等待，才有机缘；等待，才有幸福；等待，才有吉祥！点燃生命之火，大众创业，万众创新，开创美好的事业，实现美好的梦想，还需要等待。为中华民族培养新时代的儒商，也需要等待，等待吹响勇往直前的号角，等待奏响扬善止恶的乐章，等待描绘美丽壮观的画卷，等待谱写人生浩然正气的华章。所谓"万事俱备只欠东风"。等待，并不是一个人在哪里傻傻地等，而是人人都在等待，众生皆在等待。等待，是我们精心的准备；等待，也是人生的修养；等待，还是道德与智慧的酝酿；等待，更是天地自然而然的现象。等待，孕育新的生命，绽放新的生机，新的春天自然而然地就会来临！播撒新儒商思想的种子，在辛勤耕耘之中，等待绽放新儒商的美丽花朵，等待收获新儒商的累累硕果！

近几年来，"儒商"一词频繁出现在报刊和互联网上，很多学者对此进行了探索与研究。儒商作为社会现象正像杜维明先生说得那样，这是一种人文精神，是中国及东南亚的轴心文明。

笔者认为，"新儒商"不仅是"儒"与"商"的简单结合，也不是"儒""商"与"全球化，新时代"的简单结合。新儒商是在全球化以及中华民族伟大复兴中国梦的进程中，东方古老的中华文明与世界文明的融合、协同与创新，也是精神文明、物质文明、政治文明、生态文明等不同层面文明之间的融合、协同与创新。早在古代，我国就出现了儒商现象，孔门弟子端木赐（字子贡）不仅是儒学的继承者与弘扬者，也被后人尊为中华儒商鼻祖。被后人供为"财神"的范蠡一生三次聚财无数，又三次散尽，就有儒家"仁义"和"济民"的精神，广东一带供奉的"武财神"关公（关羽）更是"忠义精神"的化身，一生忠诚、仁义、守信，被后人奉为神明。尽管儒家伦理思想与文化在历史上曾受到多元文化的数次冲击与挑战，但儒家文化作为主流文化又自然而然地渗透到社会各个阶层，当然包括商人群体及其所从事的商业。中国近代历史上涌现的晋商、徽商、甬商、客商、冀商、鲁商、豫商等，都有儒家文化的烙印，皆或多或少地吸纳了儒家伦理思想与优秀传统文化，形成了独具特色的商业道德与商业文化。

新儒商作为"儒"与"商"相互融合的产物，是以全球化及社会主义市场经济全面协同发展为时代特征的，是以社会主义核心价值观为价值导向和精神依托的。"新儒商"不仅与市场主体（企业）相结合形成特定的企业精神与文化，而且以社会主义核心价值观为精神支柱，根植于新时代的经营管理者心中，形成有良心、良知与良能的商人群体。要理解"新儒商"的内涵，还需要注意以下几点：

（1）新儒商是适应全球化与社会主义市场经济发展的新时代有良知的商人群体，能顺应时代变化，适应市场趋势，符合管理与科技创新以及社会经济发展的客观要求。

（2）新儒商是具有仁爱之心，以社会主义核心价值观为精神支柱，继承弘扬我国优秀传统伦理与文化，并学习借鉴国外先进的管理与技术，促进企业与利益相关者的共生、共赢与共荣，推进经济与社会的和谐发展。

（3）新儒商应具备良好的综合素质，是道德、知识、能力与情操的统一，是创业精神与创业行动的统一，在生产经营中表现为内在精神与外在行为的"知行合一"。

（4）新儒商奉行"君子爱财，取之有道"的价值尺度，坚持以人为本，义以生利，诚信经营，敬畏天地，尊重自然，顺应自然，保护环境，共生共荣，和谐发展。

（5）新儒商具有德才兼备的素养，能够高瞻远瞩、发展实业、服务社会，勇于承担社会责任，以众善奉行为人生追求，以诸恶莫作为道德底线，以奉献社会，报效祖国为远大理想。

另外，新儒商之"新"包括以下含义：一是与传统儒家文化相比的"理论创新"；二是基于全球化进程与我国社会主义市场经济发展新常态的"观念更新"；三是在马克思主义指导下将包括儒家在内的中华优秀传统文化应用于社会主义市场经济建设与发展的"实践创新"；四是基于东西方文化交流、渗透、扬弃、融合与升华的"整合创新"。

新儒商与传统儒商相比有以下区别：

（1）产生的背景不同。传统儒商根植于中国几千年的自给自足的以农业为主的小生产方式和"重农抑末""轻商抑商"的社会环境中。新儒商产生的背景则是中国的改革开放，以及社会主义市场经济发展的现代社会环境。

（2）理念与精神不同。传统儒商主要以儒家精神及文化为精神支柱。新儒商则在继承弘扬包括儒家文化在内的中华优秀传统文化的基础上，积极学习、借鉴、吸收西方管理精髓，学习、引进、创新技术，遵守市场经济经济的法则，通过交融、渗透、升华，形成独特的属于中华民族的经营管理精神。

（3）规模范围不同。传统儒商适应的是自给自足的以农业为主的生产方式，具有历史局限性。儒商尽管得到了社会的承认，但普及性较差，讲道义的儒商与见利忘义的奸商长期并存。新儒商作为适应社会化大生产与市场经济迅猛发展的产物，发展趋势良好，通过全社会的努力，必将在社会发展中得以普及。

（4）地位与作用不同。传统儒商尽管受到人们的称颂与社会的认可，但由于商业及商人处于"士农工商"四民的末位，社会地位低下。新儒商作为有道德、有文化、有能力、懂管理、善理财的新型经营管理者受到社会的重视，地位不断提高，作用发挥越来越大。商已经成为经济与社会发展的"火车头"，新儒商就是"火车司机"。

三、新儒商工程及其特点

新儒商工程是为中华民族培养、造就新时代儒商的社会复杂系统工程。它以马克思主义、毛泽东思想、邓小平理论、"三个代表"重要思想和科学发展观为指导，以社会主义核心价值观为精神支柱，以实现中华民族伟大复兴的中国梦为奋斗目标，以中华优秀传统文化为底蕴，继承并弘扬传统优秀商业伦理与文化，去除中国奸商文化之糟粕，积极借鉴与吸取西方先进管理与科技文化之精华，通过道德机制的宣传与约束，以及法律机制的引导与纠正，培养造就出真正适应全球化与社会主义市场经济发展的新型经营管理者群体。新儒商工程作为复杂的社会系统工程应包括五大系统，即：目标系统、价值系统、知识系统、能力系统与行为系统等。新儒商工程作为中国社会主义市场经济发展到一定阶段的产物，它的最终目的是建立健全中国市场经济，壮大中国的企业，提升企业乃至每一个国人的素质，从而实现企业与社会的和谐发展，人与自然的共生共荣。

新儒商工程具有以下几个方面的特点：

（1）时代性。新儒商工程作为社会复杂工程，不仅要坚持社会主义核心价值观，还要继承、挖掘、弘扬儒家文化中"仁、义、礼、智、信"等内在精神价值，把优秀传统文化与当代社会经济发展结合起来，挖掘新的内涵，赋予新的时代特征，更好地适应社会经济发展新常态。

（2）融合性。新儒商工程是东西方精神文明、物质文明、政治文明、生太文明等文明相互融合与共生的结晶，表现为东西方伦理、管理、技术、生态、艺术、教育与文化诸方面的交融、渗透与升华。

（3）系统性。新儒商工程的根本是人才培养工程，也是商科教育模式改革的工程，还是一个滚动的、变化的和创新的系统工程。

（4）创新性。新儒商工程需要在继承与扬弃，否定之否定中整合与创新，不仅是经营模式的创新，而且还包括伦理、精神、管理、技术、教育、文化与生态诸方面的协同创新。

因此，要全面实施新儒商工程不仅要挖掘以儒家文化为主流的传统文化的核心价值，批判地继承、弘扬以传统儒家文化为主流意识的商业精神与商业文化，还必须继承弘扬中华优秀传统文化，吸收东西方文明中优秀的商业道德、伦理与文化，在共生、融合、创新中发扬光大，在继承与弘扬中不断创新。

四、实施新儒商工程为中华民族培养新儒商的深远意义

（1）实施新儒商工程，为中华民族培养新儒商是适应社会主义市场经济的客观需要。在 21 世纪，建立和进一步完善社会主义市场经济，有利于加快我国现代化步伐。市场经济本质上是一种法制经济，更是一种道德经济。它的基础是经济自由、社会公平、平等竞争。近年来假冒伪劣、坑蒙欺诈、非法牟利等时常出现，食品、药品以及各类产品经营中触犯法律红线和道德底线的问题与现象层出不穷，比如："三聚氰胺"事件；"染色馒头"事件；等等。这不仅给消费者、企业、政府和全社会带来了巨大损失，也给世人上演了一堂生动而令人痛心的商业伦理课，留下了无尽的令人惋惜与悲叹的思考。对此，我们一方面需加强法制建设，另一方面更要加强道德教育，促进商业文明建设。实施新儒商工程不仅要为中华民族也是为全人类培养知法、懂法、守法的新儒商群体，更要培养仁爱、诚信、忠义，敢于担当，勇于履行社会责任的新儒商群体。培养新儒商有利于增强人民的道德意识，有利于加强道德教育和精神文明、物质文明、政治文明、生态文明建设。新儒商人才培养正是笃行社会主义核心价值观的伟大实践，还是全面建成小康社会，促进社会主义市场经济健康、持续、协同发展的强有力保障。

（2）实施新儒商工程，为中华民族培养多多益善的新儒商是适应经济全球化的客观要求。经济全球化带给我们的不仅仅是美国的可口可乐和德国的宝马，还有经济的冲突、管理的碰撞和文化的博弈。经济全球化不仅为给我们提供了发展的战略机遇，还提出了新的挑战。丰富的精神文明、广阔的全球市场、先进的进口技术、有差异的全球诸国资源无疑为我国民族企业的发展提供了得天独厚的条件，为民族文化的发展注入了新的血液。经济全球化，还将促进高等教育资源在全球的合理、有效配置，形成新的人才培养模式。我国必须通过不断革新办学理念，提高办学条件，提升教学手段，改革教学方式，尤其要重视商科人才培养模式的革新与创新，以培养适应全球化的大量的高素质管理人才。高校在商科人才培养中，不仅要避免高分低能问题，更要重视"厚能薄德"问题。能力强而缺德的人才往往是"毒品"或者"危险品"，对个人，对家庭，对经济，对社会都是有危害的。要正商业之风，必须先正人才培养之风。这要求实施新儒商工程，着力培养新时代的儒商，以形成具有中国特色的

人才竞争力，从而适应全球化与管理变革，以及商业革命的客观要求。

（3）实施新儒商工程，为中华民族培养新儒商是重塑大学精神，深化商科教育教学改革的要求。面对全球化，重塑大学精神是当务之急。大学是一种精神存在，也是树立信仰，追求文明的殿堂。正因为这种精神，大学才得以存在并历久弥新。然而，当今我国的很多大学正从神圣滑向庸俗，大学的功利主义倾向并不比企业差，拜金主义肆虐，信仰危机四伏，腐败现象层出不穷，文化没落令人揪心。现在越来越多的人把接受高等教育当成了找工作挣高薪的筹码，并没有把提高个人素质与修养作为做人做事的要务。于是乎，信仰迷茫，心灵空虚，行为浮躁，贪图享乐，追求功利，醉生梦死。诸如此类，岂可忽视，岂能不正视，又怎能坐视不管呢？因此，在东西方文明博弈与共生的今天，重塑我国生机勃勃的大学精神迫不及待。实施新儒商工程，为中华民族培养新时代的儒商，正是重塑生机勃勃的大学精神的必然要求。重塑大学精神，一方面要重视现代文化进入大学校园，另一方面也绝不能忽视中华优秀传统文化的继承与弘扬。我国传统儒家文化中的"有教无类"为我们今天的教育提供了指导思想，而"笃信好学，守死善道"则要求学生应该有坚定的信仰和好学的精神，应该用生命去追求真理，实现理想，捍卫正义。我们必须清醒地认识到，我国新时代的大学精神不能没有中华优秀传统文化的滋滋给养，更不能丢掉中华优秀传统文化这一关系民族存亡的沃土，绝不能全盘照搬西方发达国家的大学模式与人才培养理念，更要防微杜渐，反击西方腐朽文化的入侵，预防不怀好意的发达国家对我中华文明的颠覆，对我"大学精英"的俘虏。新儒商工程正是重塑大学精神的重大革新与伟大实践，也是重塑我国大学精神的新长征。

五、汲取中华优秀传统文化培育新儒商精神

源远流长的儒家思想二千五百多年来一脉相承，影响深远，并形成了中国人独特的思维模式与行为方式。中华新儒商精神正是基于包括儒学为主流的优秀传统文化与现代商业理念，在相互交融、渗透、升华中形成的做人理念与企业精神。在儒家经典著作中，有很多理念与智慧。在《论语》中，孔夫子也曾说道："富贵而可求也，虽执鞭之士，吾亦为之。"可见儒家并不"罕言利"。当然，不义之利是不可取的。正像孔夫子所说"不义而富且贵，于我如浮云。"从本质上来说，儒商精神反对的是一种为富不仁，强调的是义以生利。也可以说，儒商从事的本应是纯功利性质的商业，但内心却始终存在超越功利的道德

追求，让经商行为始终带有浓厚的道德色彩，这是典型的儒商经商理念。所谓儒商也就是指作为商人而要有儒的精神、儒的品格、儒的浩然正气、儒的道德规范，以儒家的道德理想和道德追求为准则去从商、经商，在商业行为中渗透儒家所倡导和躬行的"仁、义、礼、智、信"。在我国，海尔集团正是运用儒家思想比较成功的企业之一。20 世纪 80 年代，张瑞敏带头砸毁了 76 台有缺陷的冰箱，这一砸正是本着对消费者负责的态度，背后其实就是"义"和"信"，也是"仁爱"的具体表现。如今新儒商精神，是以儒家仁义礼智信为基础，融合现代市场经济的竞争、民主与法制，所形成的适应全球化与社会主义市场经济的核心价值与理念，包括：进取精神、敬业精神、群体精神、诚信精神和自律精神等。中华新儒商精神构成体系，如图 7-2 所示。

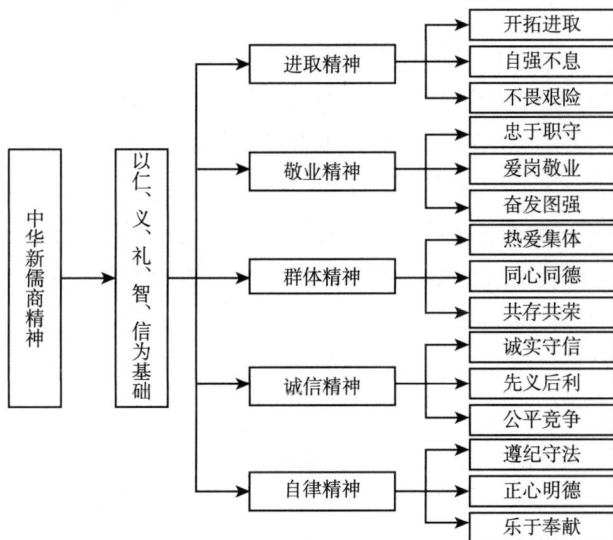

图 7-2　中华新儒商精神体系

（1）进取精神。孔子曰："富而可求也，虽执鞭之士，吾亦为之。"由利益而驱动的进取精神，仍是现代商人鏖战于商场的精神动力。新儒商的进取精神体现在审时度势，开拓进取，不畏艰险，自强不息，体现了"天行健，君子自强不息"的天道及其精神。

（2）敬业精神。敬，原是儒家哲学的一个基本范畴，孔子就主张人在一生中始终要勤奋、刻苦，为事业尽心尽力。他说过"执事敬""事思敬""修己以敬"等语。北宋程颐更进一步说："所谓敬者，主之一谓敬；所谓一者，无适①之谓一。"朱熹认为，"敬业"就是"专心致志以事其业"。也就是说，用一种恭敬严肃的态度对待自己的工作，认真负责，一心一意，任劳任怨，精益求精。可见，敬是指一种思想专一、不涣散的精神状态。敬业是中华民族的传统美德。我们知道，我国的传统观念是"重农轻商"，故在"士农工商"四民中以士为第一等，而商为末等。笔者认为，现代的"商"与"士农工"具有同等重要地位，商业、农业、工业，以及大学的学业都是本业，何况商业已经成为我国新常态下经济与社会发展的"火车头"，显得愈加重要，我们千万不能轻视商人，瞧不起商人，对商人和商业同样要尊敬。我国商人在敬业的基础上，还包含了勤奋、刻苦、谨慎等诸多优良品质。不怕苦，不怕累，敢于担当，乐于奉献，都是难能可贵的精神财富。在做人与经商中，谨慎是一种修养，也是处世的一种方式。谦虚谨慎能够降低风险，从而提高成功的概率。

（3）群体精神。我国古代的商人乃至近代的"浙商""晋商""徽商"等，无一例外在经营活动中重视发挥了群体力量。他们用宗法社会的乡里之谊彼此团结在一起，用会馆的维系和精神上崇奉关圣的方式，增强相互之间的了解，通过讲义气、讲帮靠，协调商号间的关系，消除人际间的不和，形成了大大小小的商帮群体。现代商人的群体精神主要体现在热爱集体、报效国家、同心同德，团结一致，共存共荣等方面。

（4）诚信精神。诚信是非常重要的儒商精神。诚信是诚实守信的简称，它包括恪守信用、诚信为本，诚实不欺，义以生利、以义取财，仗义疏财等诸多商业道德，是把诚、信、礼、义、忠、恕、让等伦理道德原则贯彻到从商经营之中去了。儒家经典有"性善"和"性恶"之辩，提倡儒商精神就是要在商业经营中保持一种"性善"，使诚、信、忠、义等人性中美好的东西转化成优秀的商人品格与商业风尚，转化成为商人的自觉行为，而不仅仅要靠制度和法律约束。现代商人的诚信精神体现在诚实守信、先义后利、公平买卖、公平竞争等诸方面。

（5）自律精神。儒商精神，提倡一种自律而非他律，用道德自律去抵制自身本能的物欲和利欲。古往今来出现的大批商德高尚、业绩不凡的儒商，均证明了儒和商是可以兼于一身的。儒家的思想是通过提倡道德伦理、唤醒人们的道德自觉来匡扶人心、匡正社会。因此，儒家学说从本质上来说是道德秩序

---

① 无适，在这里是指内心专一，一心一意，心不外向，不去盲目适应或迎合外部的纷纭世界。

学，讲究以道德力量来维系社会秩序，让人追求一种精神自觉。如今，儒商精神所提倡的人与自然的协调发展、人与人和谐相处的商业生态文明和义与利、合作与竞争、自强与自律和谐统一的商业伦理精神，具有非常强烈的时代意义。

六、中华新儒商的商业伦理

儒家的经济伦理思想具有十分丰富的内容，构成了一个生机勃勃的伦理体系。中华新儒商的商业伦理，其伦理思想的出发点是"仁者爱人"，其归宿点是"修身齐家治国平天下"，亦即"富民强国"，其价值尺度则是"君子爱财，取之有道"，如图7－3所示。

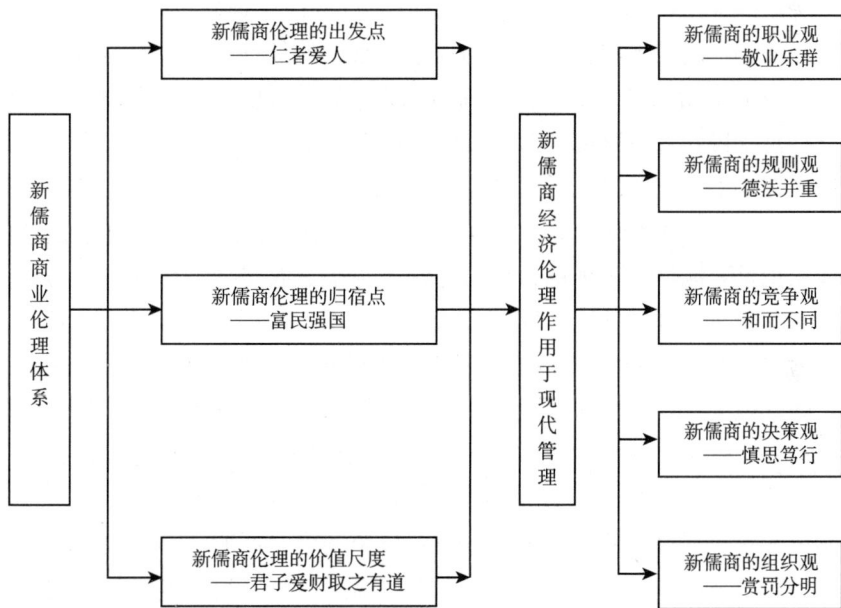

图7－3 新儒商商业伦理与经营管理观

（一）中华新儒商伦理的出发点——仁者爱人

儒商经济伦理精神的基础是人道主义。所谓"人道"，主要是指人的活动应该符合人的需要，为了人的目的而进行。社会主义市场经济伦理思想的基础应当是社会主义的人道主义，以人道主义为基础的新儒商精神，可以成为社会主义市场经济伦理精神的内容或补充。

儒家经济伦理的"仁"，以人道主义为出发点。孔子强调"夫仁者，己欲

立而立人，己欲达而达人。能近取譬，可谓仁之方也已"（《论语·雍也》），
"己所不欲，勿施于人。"（《论语·颜渊》）。《礼记·大学》曰："仁者以财发
身，不仁者以身发财。"以仁爱精神经商，是中华儒商的传统。现代市场经济
仍应提倡企业和企业家"仁者爱人"的人道主义伦理思想。现代市场经济是人
（买者和卖者）、财（货币）、物（商品）以及技术、信息等要素的运动，其中
核心仍然是人。经商就应当尊重人、理解人，人是经济活动的核心。这就是儒
家所说的"仁者爱人"。这种以人道主义为经济伦理思想的经济，就是道德
经济。

（二）中华新儒商伦理的归宿点——富民强国

儒家倡导"修身齐家治国平天下"，可以说"富民强国"是儒家经济伦理
的归宿点。如果把经济的目的看成只是增加财富，那是粗浅的，也是肤浅的。
如果把经济的目的看成仅仅是个人的发家致富，那是自私的，也是自利的。儒
家以"修身齐家治国平天下"的高尚追求为指导，以期达到惠民而不费，藏富
于民，均富于民，开发财源，节用爱民的经济目标。

儒家把"经济"视为"经世济民"的事业，是其"外王"即"修身齐家
治国平天下"的主要任务。而"治国平天下"，就是要达到儒家富民强国的目
的。儒家把是否能够富民强国，作为评判人与事，人与物，是否仁义的价值评
判标准。孔子对管仲的评价不同于一般人，他说："桓公九合诸侯，不以兵车，
管仲之力也。如其仁如其仁。"（《论语·宪问》）这就是说，只要把国家治理
好了，国家强大了，人民富有了，外敌不敢侵略，国家得到统一，就是给国家
和人民造福，也是最大的"仁"。历代儒家都是把国计民生作为从政的第一大
事，把"为官一任，造福一方"当作最大的政绩，主张在经济方面大力发展生
产，移民开荒，兴修水利，在政治方面解放劳动力，严明法制，淳化民风，严
惩贪污腐败。与此同时，儒家还认为，发展商品经济的目的就是关注民生，提
高人民群众的生活水平。最早的儒商范蠡就是一个"富好行其德者"，主张
"施民所喜，去民所恶"（《吴语》）。子贡"博施于民而能济众"也体现了经世
济民的伦理思想。

不论是儒家，还是历代儒商，都追求利民惠民、藏富于民的经济伦理。这
在现代市场经济条件下仍有十分重要的指导意义。从一个国家的宏观经济来
看，"富民强国"是社会经济发展的根本目的。我国改革开放以来，邓小平以
及历任中央领导皆能实行"富民强国"的政策，不仅带来了人民的富裕，而且
国家也得以强大。从一家企业的微观视角来看，也应利民惠民，与民让利。例

如，日本"拉链大王"吉田忠雄毕生信奉的"善的循环"哲学，就是主张利润不可独吞，应将利润分成三份：一份让给消费者，一份留给供货商和经销商，一份留给自己。这种共存共荣、互利互惠的方针，促进了企业的良性循环。

（三）中华新儒商伦理的价值尺度——君子爱财，取之有道

价值是反映客体对主体有用性的哲学范畴，价值尺度的焦点是义利关系。儒家认为，君子爱财，应该取之有道。如果取之有道而至富贵，那才是真正的"贵"，即实现了不只是"经济人"同时也是"道德人"与"社会人"的人生价值。

儒家经济伦理中的取财之"道"包括："取合义之利""不义且富贵，于我如浮云""放于利而行，多怨""天下为公""得民心者得天下""兼济天下"等。"取合义之利"，一方面要求商家要见利思义，不可见利忘义；另一方面，合义之财可取，不义之财则不可取。这就是所谓"君子爱财，取之有道"（《增广贤文》），"仁中取利，义中求财"。一方面，将道义与财富区别开来，彻底否定了拜金主义的价值观与见利忘义的庸俗人生观，建立了儒商自身独特的价值观；另一方面，又充分肯定了商人谋取利益的正当性与合理性。孔子认为人类追求财富的欲望是天经地义的。

"不义且富贵，于我如浮云。"前者"取合义之利"重在取，而"不义且富贵，于我如浮云"重在不取。孔子说："君子谋道不谋食""忧道不忧贫"（《论语·卫灵公》）。可见古人对道义的追求远甚于对财富的渴望。面对财富与道义的双重考验，鱼与熊掌不可兼得，舍财富而取道义是儒家经济伦理的精髓。

"放于利而行，多怨"是孔子对其弟子的告诫，其中饱含深意。利作为社会发展的驱动力有其合理的一面，然而，唯利是图必然导致无利可图，利也将逐渐失去其社会驱动能力，最终导致天怒人怨，把社会推向动荡不安的边缘。儒家经济伦理的价值尺度为儒商的经济行为提供了价值评判与行为衡量标准，也为儒商提供了先进的价值观念，还为实施新儒商工程指明了发展方向。

七、培养中华新儒商需要坚持正确的价值导向

（1）全面实施新儒商人才工程，为中华民族培养新时代儒商，必须坚持"义以生利"或"先义后利"的价值导向。新儒商工程作为我国社会主义市场经济发展到一定阶段的产物，它最终目的是建立健全我国的市场经济，壮大我

国的各类企业，提升每一家企业乃至每一个商人及消费者的素质，从而实现企业与社会的共生、共赢与共荣，促进和谐发展。在我国市场经济发展的初期，各色各样的商业甚至政治丑闻充斥在我们的周围，究其原因就是没有处理好义与利的关系，要处理好义与利的关系就必须继承和弘扬中华优秀传统文化。新儒商工程要继承弘扬中华优秀传统文化，坚持义以生利，为实现中华民族伟大复兴的中国梦，而做好人，经好商！在儒家思想中，利义问题是一个被高度关注的问题。学术界一般把儒家思想的利益观归为"重义轻利"。但事实上，准确地说儒家思想的利益观是"义以生利"或"先义后利"。"义"是求利的某种正当性，而"利"则是符合某种价值取向的行为结果。西方管理学中有一个"责权利对称原则"，在管理学中，"责"永远是放在第一位的。"责"就是"义"，应该做而必学做，就尽了道义，履行了责任。"利"则是对"尽义履责"的回报或报偿。孔子说："君子喻于义，小人喻于利"，"仁者先难而后获，可谓仁矣"。儒家认为"见得思义""见利思义""君子爱财，取之有道"，这种行为才是君子所为。儒家思想的利益观是通过"义"来约束"利"的取得方式与途径，这正是社会主义市场经济发展新常态下企业经营的灵魂与伦理基础，也是新儒商工程的精神所在。

（2）全面实施新儒商工程，为中华民族培养新时代儒商，需要汲取中华优秀传统伦理与文化。新儒商需要崇高的道德情操与文化素养，而我国优秀传统伦理与文化是不可或缺的精神支柱与文化基础。中华民族有五千年的文明史，其中，精神文明与物质文明丰富多彩，博大厚重。文明中包含诸如精神文化、饮食文化、制度文化、中医文化、建筑文化、服饰文化、书画艺术、戏剧艺术、雕塑艺术，等等。不论是儒家思想的"仁、义、礼、智、信"，还是道家思想的"清静无为"，以及法家思想的"权变"，对今天都不无裨益。譬如，古有传统儒家思想中的"天人合一"，今有我们极力倡导的"人与自然和谐相处"；古有儒家思想的"和而不同"，今有中国市场经济的"多元化发展"。我国古代传统文化中的诸多观点与今天的"科学结论"不谋而合，可见我国传统文化对今天的指导价值要远远大于其自身的历史价值。中国传统文化可称为"天地人共生、和谐与统一"，是"天道"与"人道"融合为一体的文化，这是中国古代文化的精髓。"天道"与"人道"二者缺一不可，古代的道家学派主张"人道"依循"天道"，如《道德经》中的"人法地，地法天，天法道，道法自然。"古代的儒家学派认为"天道"则是"人道"的放大，必须力行人道才能通晓天道。人道是做人的根本道理，无论做什么，首要的是做人，做有道德的人，做有良知的人。不明人道，则难以立身齐家、谋道于世；不晓天道，则难以共生共荣、和谐发展。新儒商工程则以中华优秀传统文化为根脉和基础，采古人之所长，补前辈之所短，及古人之所及，及前辈之所不及。如此，中华优秀传统文化可发扬光大，现代文明亦可长足发展，从而引领我国经济与社会新常态的发展方向。

（3）全面实施新儒商人才工程，为中华民族培养新时代儒商，还需要积极借鉴西方伦理思想、科学技术与管理文化之精华。全面实施新儒商工程，培养中华新儒商，还需要汲取西方各国诸多文明之精华，西方领先的科学技术、先进的管理理念以及健全的市场与法制体系都是我们借鉴、学习的对象。世界离不开中国，中国同样也离不开世界。一方面，西方的科学技术仍然领先，西方的管理思想已自成体系；另一方面，西方的经济学说比较前沿，西方的市场体制相对完善。因此，新儒商工程应该用管理学上的"标杆管理"战略思想，立足我国的文化自信与制度自信，继承并弘扬中华优秀传统文化，同时积极学习、借鉴西方的先进技术、管理与文化，促进中西方文明的融合与共生。我们应促使新儒商工程成为中华民族的社会系统工程，同时也促使新儒商工程成为全世界的社会系统工程。我们既不能全盘照搬西方发达国家的经济与管理模式，也不能盲目排斥西方优秀的文化。如此，我们就无法培养新时代的儒商，中华新儒商也就会沦为庸俗的民族虚荣心的外壳。当然，西方的管理与技术固然发达，但也有其致命的弱点，其致命的弱点就是"个人主义"和"金钱万能"的价值观。我们要去粗取精、去伪存真，理性的学习西方诸国的企业管理精神与文化精华。从而使中西管理、文化之间的优势互补，共存共荣共生共赢，促进新儒商人才培养更加适应新时代与新常态的现实要求。

八、以德为先，"五商"并举

为中华民族培养新时代的儒商，必须坚持以德为先，德商、智商、情商、胆商和财商之"五商"并举，形成"五商"一体的新儒商人格与品行，形成共生、共赢、共荣的新儒商庞大群体。培养新儒商，不仅需要继承弘扬中华优秀传统文化，还要以中华民族伟大复兴的中国梦为引领，始终坚持以德育为基，德育、智育、体育、群育、美育"五育"并举。在新儒商培育中，"良心、良知、良能"的人性是品格与德行的重要基础，社会主义核心价值观正是中华民族良善价值观的升华，也是商科人才养的核心。通过"五育"推动"五商"融为一体，从而形成新儒商品格，如图7-4所示。

新儒商品格

↑

以良善为基础，"五商"融合为一体

↑

| 胆商 | 智商 | 德商 | 情商 | 财商 |

↑

良善价值观是核心

↑

良心、良知、良能是基础

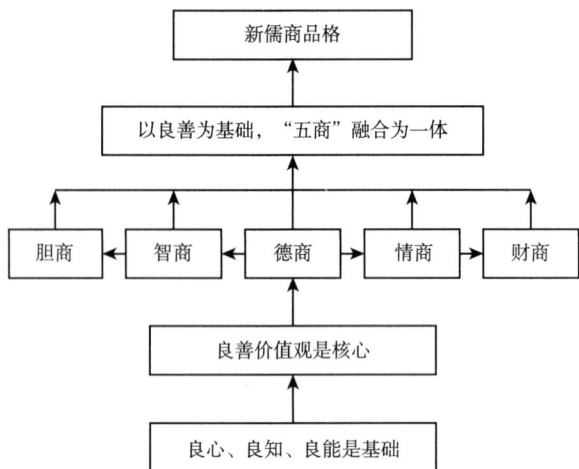

图 7-4 新儒商品格构成

（1）德商及其内涵。德商（moral intelligence quotient，MQ）的概念是由美国哈佛大学罗伯特·科尔斯教授提出的。它是指个人道德、品格、人格、作风及其商数的简称，而新儒商之德商则是基于良善价值观为核心的个人道德修为。我国的良善价值观是儒家大成初期孟子所倡导的"良心、良知、良能"，并充分体现了"仁者爱人""仁民爱物"等品德与操守。德商是新儒商品格的基础，它对智商、胆商、财商和情商等正常发挥作用起着重要的支配和引导作用。德商对应五行之木，木对应五常之仁，木对应的季节是春天，所谓"上天有好生之德"，春天万物复苏，生机勃勃。可以说，有什么样的道德，就有什么样的操守与行为。儒家强调的德是"孝悌忠信"，孝是百善之首，万行之源，众德之基。商人之德强调的是正己化人，和睦家庭，发展实业，服务人群，报效国家，勇于承担社会责任的德行。

（2）智商及其内涵。智商（intelligence quotient，IQ）就是智力商数的简称。它是通过一系列的测定标准与方法来测试不同年龄段的智力水平。智商高低不仅反映了知识结构与智力水平，还反映了创新意识、认知能力与创业能力等。儒家的"智"不仅是智力的高低，更是一种做人做事的智慧。所谓"智"就是日日增长知识、更新知识，把知识转化为职能、智慧的过程。儒家所倡导的"智"不是孤立的，而是以"仁"为基础，与"义""礼"和"信"紧密结合的。智商对应五行之水，五行之智。所谓"上善若水"，水对应寒冷的冬天，冷静出智慧，头脑一热就容易发昏，也就会失去理智。儒家的"大智"以

"大仁"为核心,"大仁"就是大爱无疆! 以"义"与"信"为两只轮子,通过"礼"的形式来表现,从而辐射出以"仁义爱忠孝"等良善价值观为核心的正能量。

(3)情商及其内涵。情商(emotional intelligence quotient,EQ),它是情绪智力商数的简称,是一种自我情绪、情感控制能力的指数。情商这一概念由美国心理学家彼德·萨洛维于1991年创立。哈佛大学丹尼尔·戈德曼(1995)发展了情商理论。他认为,长期以来商业社会过于强调"思维"智力的重要性,而忽略了情商,而要真正厘清、理解领导效力,既要衡量情商,又要衡量智商。事实上,情商包括情绪、情感、信心、抗挫折等因素。情商对应五行之土,土对应五常之信,对应的季节是长夏(三伏)。高情商之人必是厚德载物、信实笃行之人。新儒商不仅要能够驾驭自己的情绪,志存高远,满怀信心,还要善于引导与控制他人的情绪、情感,做到诚实守信,共同为理想而奋斗,从而激发正能量。

(4)胆商及其内涵。胆商(daring intelligence quotient,DQ),它是一个人胆量、胆识、胆略等智力商数的简称。它不仅反映了一个人的胆魄,还体现了个人或组织的一种创新意识、创造能力与冒险精神。俗话说"艺高人胆大",就反映出了胆商是以德商、智商、情商为基础的。傻子或二愣子胆子往往都大,那是"有勇无谋"的傻大胆。胆商对应五行之火,火对应五常之礼,对应的季节是夏天。当今,胆商以德操与智慧为基础,以胸襟与气魄为两翼,以勇于决断,敢于担当为己任,是德行与智力在更高更险的层次上的综合体现。有了德,是个好人;有了智,是个能人;有了胆,才可能是一个敢于冒险、勇于担当、敢于奉献、善于抓住机遇,勇于承担社会责任,具有巨大正能量的成功商人。古代"胜者王侯败者贼",不论是胜者还是败者往往是胆大之人。

(5)财商及其内涵。财商(financial quotient,FQ),其本意是金融智商的商数简称。美国作家兼企业家罗伯特·T. 清崎(Robert T. Kiyosaki)在《富爸爸穷爸爸》一书中提出了"财商"一词。我国汤小明先生认为,财商就是指一个人与金钱(财富)打交道的能力。人都离不开钱,经商之人更离不开钱财。俗话说"君子爱财取之以道",财商就是驾驭财富生财有道的综合能力。财商也反映了一个人对稍纵即逝的生财机遇的把握,也是一个人命运、财运在某一阶段的反映。财商对应五行之金,对应五常之义,对应的季节是秋天。"取财有道"不仅强调了财富应该如何取得,还强调了财富应该如何使用,应该如何回报社会。古代范蠡不仅深谙赚钱之术,更是开了"财富取之于民,用之于民"的大智慧。因此，才被后人奉为财神。取财之道就是商道，凝聚着商的精神，这比金子还要珍贵啊！对某些人，财富可以招之即来挥之即去；对某些人，财富也可能招之不来挥之不去。对某些人，财富是幸福与吉祥，而对某些人，财富却是大祸之根源。

九、商学院"新儒商"人才培养探索与实践

（一）明确了为中华民族培养新时代儒商的目标与思路

2003年1月，石家庄经济学院①商学院成立。

2003年3月，李世隆担任商学院党总支书记，苗泽华担任院长，赵宝贵担任副书记，申彩芬、刘洪伟担任副院长。

商学院成立后，商学院领导班子和全体教职工对办学理念和人才培养目标进行了反复研究与讨论，确定了"诚信、博学、敬业、创新"的办学理念，提出了培养"适应全球化与社会主义市场经济的新时代儒商"的战略目标。

（1）商海无涯，诚信为舟。1992年，邓小平南方谈话后。我国全社会掀起了经商的热潮，也有不少人离开事业单位而南下经商。人们通常把离职后去经商的现象称为"下海"，这也就有了"下海经商"这一通俗语。事实上，从明朝郑和七下西洋，我国就开创了辉煌的海上"丝绸之路"。何况经商的"商"字对应五行之"水"。经商也必须学习"上善若水"。要在商海中独善其身，不被淹死，就必须坚守诚信，诚信就是船啊！"诚信"是"诚实守信"的简称。诚实是做人做事的根本，诚实要求堂堂正正做人，踏踏实实做事。守信是诚实人格的具体体现。"信"是承诺，是责任。"诚"是"信"的基础，"信"是"诚"的结果。商学院在人才培养中，非常重视"诚信"教育，并要求教师首先做到诚信，并引导学生"诚实守信"。

（2）商智无尽，博学为基。商的智慧从商道中来，商道千变万化，商智也无穷无尽。一个人要在商海中驰骋，不仅需要渊博的知识，更需要以人为本，仁义忠恕，乐观达变的大德大智大慧。在人才培养中，还要"博采众长、融合

---

① 石家庄经济学院（原河北地质学院）创办于1953年，是新中国最早设置经济管理类专业的地质部直属地质院校。1971年，宣化地质学校升格为河北地质学院，1985年开始，从张家口宣化区搬迁至河北省省会石家庄。1996年5月，更名为石家庄经济学院。2000年，学校管理体制由国土资源部管理转隶为中央与地方共建，以河北省管理为主。2013年国土资源部、河北省人民政府签署"省部共建石家庄经济学院协议"，学校成为省部共建大学。2015年，通过了教育部专家组对更名"河北地质大学"的考察与综合评估，自2016年1月26日在教育部网站上开始公示，该校即将更名为"河北地质大学"。学校是河北省院士工作站，中国科学院院士、著名区域地质学家李廷栋先生任名誉校长。

创新、培育特色，自我发展"。

（3）商业无际，敬业为本。自古就有"三百六十行，行行出状元。"而今，仅商业业态也千变万化，远远多于三百六十行，商业真是无边无际！在无际的商业中，不管干哪一行，敬业都是最根本的，所谓本立而道生。"敬业"是对所从事的事业的执着追求、热爱，以及为之奋斗。在现代企业文化中，敬业精神仍是非常重要的理念，也是企业精神文化的重要表现形式。敬业还体现组织与个人的精神风貌、工作态度与工作作风，是组织与个人参与市场竞争的"法宝"。

（4）商机无限，创新为先。俗话说，机会往往垂青于那些有准备之人。在无限的商机中，商人必须有所准备，无备而来，必然败北而去。商人应该准备什么呢？积累创新的理念与思维方式。"创新"不仅仅是对现状的简单否定，创新更是一种开拓的理念，求新的心态，以及新的思维。要创新，就不能故步自封。创新作为一种思维方式与综合素养，是一个人修养提升，认识精准，通权达变，洞察先机，推动人生成长、事业发展，乃至经济与社会不断进步的动力源泉。在人才培养中，要引导并激发大学生的创新意识，形成创新思维。让学生用创新思维发现、思考、分析、解决问题。正所谓"授之以渔，而不是授之以鱼"。

（二）加强新儒商的培养的思想统一与社会实践

我校商学院在新儒商人才培养中高度重视以下几个方面，并取得了较显著的成效：

（1）我们充分认识到培养新儒商是我国发展市场经济的客观要求。一是随着经济全球化进程加快，人才成为全球竞争的制高点，而人的素质与文化是衡量竞争力的决定性因素。为中华民族培养众多的新儒商是适应全球化与现代市场经济的客观需要；二是我校商学院要办出特色，就必须以培养新儒商为己任；三是认识到培养新儒商是社会复杂系统工程，需要率先垂范。

（2）用新儒商精神武装师生。一是要求师生追求完善的人格，以爱心养浩然正气；二是树立正确的人生观与价值观，以道德和理性的态度认识财富，坚持"义以生利""义利统一"；三是坚持终身学习，持续修身弘德，堂堂正正做人，踏踏实实做事。

（3）提出了"新儒商教育四阶段理论"，即：针对本科生教育不同阶段倡导不同的理念，大学一年级倡导"仁爱教育"，大学二年级倡导"诚信"教育，大学三年级倡导"创业教育"，大学四年级倡导"感恩教育"。尽管不同阶段侧重点不同，但都统一到"新儒商教育"中来。自 2003 年以来，我们每年都举行"新儒商杯"知识竞赛以及新儒商文化推广活动，已经历时 13 个年头，也举办了"十三届"。学生的范围也由我校商学院扩展到经贸学院、会计学院、管理科学与工程学院，我校经管四院齐参与，在经管类师生中产生了较大的影响，促进了新儒商教育活动的实施、推广与深化。

（4）全面加强学生管理工作，初步实行了"ABC 管理法"，并坚持以人为本的管理思想和"诚信、博学、敬业、创新"八字办学理念，在学生工作的各个环节贯彻实施"新儒商工程"，切实提高学生综合素质，培养高素质的大学生。通过新生入学教育、新儒商征文、"新儒商杯"知识竞赛，以及商学院内部出版《商海》《新儒商快报》等形式广泛影响学生，从而树立"新儒商精神"。

继承弘扬中华优秀传统文化，为中华民族培养多多益善的新儒商，必须坚持以德为先，"五商"并举的战略思想。培养中华新儒商也是一个不断研究、探索与实践的社会系统工程。这需要更多的仁人志士参与进来，共襄新儒商培养这一壮举。为实现中华民族伟大复兴的中国梦，需要培养中华新儒商。这是我国大学商科改革的重要方向，也是商科教育者的人生使命，还是每一个有良知的中国商人的人生使命。

附 1

白圭的经商智慧与谋略要诀

擅长经商，名满天下——《史记·货殖列传》中说："天下言治生祖白圭"。

乐观时变，果断出击——"贵上极则反贱，贱下极则反贵""论其有余不足则知贵贱""与时逐而不责于人""趋时若猛兽鸷鸟之发"。

人弃我取，人取我予——"旱则资舟，水则资车""夫岁熟取谷，予之丝漆；茧出取帛絮，予之食"。

薄利多销，积累长远——"贱取如珠玉，贵弃如粪土""欲长钱，取下谷；长石斗，取上种"。

崇俭节欲，与仆同乐——"能薄饮食，忍嗜欲，节衣服，僮仆共苦乐"。

智勇仁强，诚信为本——"吾治生产，犹伊尹、吕尚之谋，孙吴用兵，商鞅行法是也。是故其智不足以权变，勇不足以决断，仁不能以取予，疆（同强）不能有所守，虽欲学吾术，终不告之矣"。

附 2

乔致庸商训

首重信，次讲义，三求利。

即：以信誉徕客，以义待人，信义为先，利取正途。

人弃我取，薄利多销，维护信誉，不弄虚伪。

求名求利莫求人，须求己。

惜农惜食非惜财，缘惜福。

达则兼济天下，汇通天下。

（摘自《商道》2007 年第 1 期卷首）

下篇

《中华新儒商三字经》与《弟子规》

第八章

《中华新儒商三字经》及其解析

> 启蒙名篇三字经，自宋千古人传颂；
>
> 三字箴言新儒商，开辟商业新儒风。
>
> 天法大道人法地，经营管理在真诚；
>
> 雕琢经文三百字，泽被中华立心功！

在传统小学教育中，《三字经》《百家姓》《千字文》等成为脍炙人口、流传甚广的国学启蒙读物，不仅便于传颂，也特别启迪人心。《三字经》由南宋才子王应麟所作，共一千余字。王应麟（1223～1296），字伯厚，号深宁居士，是南宋时期知名学者。先世居浚仪（今河南开封），后迁居庆元路（今浙江宁波）。淳枯年中进士，官至礼部尚书兼给事中。《三字经》是中华民族珍贵的文化遗产，它短小精悍、朗朗上口，千百年来，家喻户晓。其内容涵盖了历史、天文、地理、道德以及一些民间传说，所谓"熟读《三字经》，可知千古事"。笔者正是受了《三字经》启发，才煞费苦心创作了336字的《中华新儒商三字经》。

北宋大儒张载（1020～1077），又名张横渠，字子厚，陕西扶风人。为程颢、程颐两位先贤的表叔。张载才高博洽，为世通儒。他有一句传颂千古的名言："为天地立心，为生民立命，为往世继绝学，为万世开太平。"因此，在诗的最后一句将笔者名字"泽华"嵌在诗中。泽是恩泽的意思；被，读音 pī，通"披"，其意思是：盖，遮盖，覆盖、被覆等。寓意恩泽覆盖中华大地。"泽被后世"是一个成语，"泽被中华"也被诸多仁人志士作为座右铭，泽被中华不仅蕴藏着笔者的名字"泽华"，这也是笔者的性命、天命和使命。从张子厚先贤名句中取"立心"二字，以表达自己为中华民族，真心诚意地培养新儒商的圣洁心地与远大志向，从而促进我国商业形成良善为导向的新品格与新风尚！

一、《中华新儒商三字经》的由来

笔者长期致力于新儒商理论的研究与实践，《中华新儒商三字经》是笔者在长期学习传统文化，揣摩做人与经商的道理，领悟做人与经商的精神之后，运用《三字经》的形式将做人经商进行了高度概括。目的在于让人们通过背诵与传诵，深刻领悟中华优秀传统文化之精神，笃行做人经商之伦理道德，为全面实施新儒商工程，培养新时代的儒商尽自己的绵薄之力。

《中华新儒商三字经》的初稿写于2011年8月4日。当时，我正在修改专著《新儒商理论与实践研究》（2011年11月，经济科学出版社出版）的前言。当时我在琢磨，前言以什么形式结束呢？怎么才能给人更多的启迪呢？如何以简易的方式影响众多的商人？如何才能凝聚人心？又如何流传后世呢？我记得该书的前言开场白是自己编写的一副对联"行仁义，树诚信，修身齐家，谋划企业发展；践忠恕，求和谐，推己及人，勇担社会责任。"为了前后呼应浑然一体，我突然想到过去曾经读过的启蒙读物《三字经》，朗朗上口，启迪人的心灵。我能否也以三字经的形式编写一段"新儒商三字经"，给人以启迪，以便于传诵呢？

2014年8月6日上午，笔者又反复斟酌修改了几个字，后又经过多次的修改与锤炼。在本书中，特地把她从笔者的著作《新儒商理论与实践研究》中摘录出来，还经过反复推敲，修饰了三处，并以《中华新儒商三字经》命名[①]，衷心地献给大家，以便于背诵与传诵，并与广大师生及诸位同仁共勉共励！

二、《中华新儒商三字经》全文

　　天生地，地育人，和而一，天地人。
　　天厚德，地载恩，父母养，才成人。
　　老师教，长学问，国太平，家和顺。
　　夫妇和，家道鑫，兄弟睦，土生金。

---

① 孔子曰："名不正，则言不顺，言不顺，则事不成。"笔者深刻地体悟到"名者，命也。"万物的属性，事物的名分，甚至一个人的姓名，也不完全是偶然的，即使是偶然的，也在冥冥之中蕴藏着某种必然。给孩子起名，给事物命名，也要慎重！闲暇之时，我也经常想，人生自古谁无死，留下什么与后人？"新儒商三字经"不是为我自己而作，而是为中华商人而作，还为中华莘莘学子而作，更是为中华民族伟大复兴的中国梦而作！故命名为《中华新儒商三字经》。

古儒商，端木赐，行忠恕，报师恩。
越范蠡，智谋深，先发财，后散尽。
魏白圭，治生祖，兴商学，传门人。
商圣祖，立商训，经世界，济黎民。
财有道，德润身，欲取之，先予人。
新儒商，志远人，师圣哲，重创新。
学儒商，在富民，达天下，独善身。
常省己，修吾身，立长志，树恒心。
欲富贵，在仁人，讲礼义，行诚信。
欲经营，开慧心，乐供求，惠万民。
全球化，知识新，常学习，践行真。
预则立，彼此心，树信誉，服众人。
懂管理，管自身，先正己，再化人。
率垂范，感众人，愿景同，则齐心。
长久计，算莫真，己吃亏，利他人。
理财者，重责任，账目清，心不沉。
商属水，财养人，不义财，坏良心。
品格高，道行深，钱再多，不伤身。
宇宙大，地球村，普天下，同为人。
要惜物，知爱人，事俭廉，行勤谨。
孝父母，在诚心，报国家，存忠心。
常行道，悟在心，扪心问，莫亏人。
存慈悲，知感恩，做善人，为人民。
莫为己，别昧心，了生死，自成真。

三、《中华新儒商三字经》之解析

天生地，地育人，和而一，天地人。

【解析】

"天"是中华文化信仰体系的一个核心。狭义的天仅仅是指与地相对立的另一面。从这个角度来看，天地是一个对立统一体。广泛意义上的天亦指道，也就是我们常说的大自然或者整个宇宙及其规律。我国古人认为，天地原本是混沌状态，后来有一个巨灵神名叫盘古，他用巨大的斧子把天地劈开了，清气上升为天，浊气下降为地。所以，中华民族自古就有"自从盘古开天地，三皇五帝到如今"的传说。由于认识上的局限性，古人对天的认识带有很多主观臆想和神话色彩，于是产生了"昊天上帝""女娲补天""玉皇大帝"等美丽的神话传说。远古时，人们对天的认识处于懵懂和蒙昧阶段，难免存在一些误解和局限性，但古人对上天的敬畏却是非常虔诚的，这种虔诚的态度还是值得后人学习的。

这里的"天"泛指整个宇宙及其所形成的自然界。宇宙是万物的总称，是时间和空间的统一。科学家们认为，宇宙大约产生于 137 亿年或者 138 亿年前的一次大爆炸中。大爆炸后，分子碰撞，并产生了光和热。在大爆炸后的 30 亿年之后，最初的物质涟漪出现。在大爆炸之后的 20 亿～30 亿年，类星体逐渐形成。在大爆炸之后的大约 90 亿～100 亿年，才诞生了太阳系。在整个宇宙中，有众多的恒星，如果晚上天气好，没有雾霾，我们的肉眼，不用望远镜也能看到几百颗，乃至上千颗恒星。不过，太阳系中的太阳却是离我们地球最近的一颗恒星。科学家们推断，太阳系的物质起源于 45.672 亿年前，而太阳大约形成于 45.6 亿年前，地球大约形成于 45.4 亿年前，月亮形成的较晚，大约是 45.3 亿年前。

从宇宙形成来看，先有太阳系之外的宇宙星体。然后，才产生了太阳系，再后来才产生了我们共同生活居住的地球。因此，可以说"先有天，后有地"，是宇宙这个天诞生了地球。正是基于此，本经中才有"大生地"这个开经之语。

有了浩瀚的宇宙虚空，日月星辰，地球上才产生了阴阳。从而实现了"天地生"阶段到"阴阳生"阶段的过渡。大约经历了近 40 亿年，地球上才诞生了所谓的生物。也就是说，地球上的生物大约在 5 亿～6 亿年之前才逐渐开始形成。我校李四光地质科学奖获得者著名地质学家杜汝霖教授在天津蓟县发现的在前寒武纪时期所形成具螺旋状宏观藻类化石就将生物起源的历史大约向前推移了 2 亿～4 亿年。

自然界的生物经历了化生、湿生、卵生、胎生等低级生命到高级生命的历程。地球陆地上也曾经历了恐龙称霸的久长时期。近几百万年来，随着非洲和亚洲猩猩和类人猿的诞生，大约在 400 万～600 多万年的漫长进化过程中，人类经历了南方古猿阶段、能人阶段、直立人阶段、智人阶段，发展到了现代人阶段，并逐渐成为世界的灵长与主宰。因此，我们才可以说"地育人"。

人类属于灵长动物。我国古人认为"天地人合一"（简化为"天人合一"）。因此，这里才用了"和而一，天地人。"为什么用"和"字，而不用"合"字呢？因为，人有私欲，往往与自然不能合一，甚至与天地背道而驰。这就要求人们调整自己心态，在"和"字上下功夫，从"人与人和""人与物和""人与地和""人与天和"等价值取向上去追求"天然之合"。人立于天地之间，要与天和睦相处，与地和睦相处，与人和睦相处，不能蛮干，与天斗，与地斗，与人斗，斗来斗去，恐怕天地还是天地，人却自取灭亡了。

我们又如何认识人，理解人呢？唐朝三藏法师对《佛说天地八阳神咒经》译文曰："夫天地之间，为人最胜最上者，贵于一切万物。人者，真也，正也，心无虚妄，身行真正，左（撇）为真，右（捺）为正，常行真正，故名为人。是知，人能弘道以润身，依道依人，皆成圣道。"通过长期学习和熏修，有一天我突然产生了顿悟。我感悟到"人"字的左边这一"撇"代表"天""乾""阳"和"雄"，"人"字的右边这一"捺"代表"地""坤""阴"和"雌"。"人"是男女阴阳和合而生，人也是阴阳的统一体。人字解析，如图 8－1 所示。

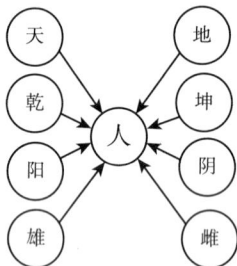

图 8－1　人字构成及其含义

因此，不论男女，也不论古今中外，任何人作为一个相对独立的个体都是阴阳的对立统一。"人"也是"天地乾坤运转化育"的结果，没有天地的运行、变化，也不可能诞生人类。我深刻体悟到："人"字左边这一"撇"代表男人，男人就要阳光一些，还要出头，做榜样，保护妻子，自强不息，有好生之德，并体现男子阳刚之气是天性。当然，男人也不能过于阳刚，处于极阳，就会刚强过头，甚至刚愎自用。"人"字右边这一"捺"则代表"女人"，女人就要温柔一些，还要关心、爱护、支持男人，厚德载物，生儿育女，相夫教子，并体现女子阴柔之德也是地理。当然，女子也不能过于阴柔，处于极阴，就会阴盛过头，甚至阴险毒辣，就可能冷若冰霜，男人也就不愿意回家了，家庭就可能破散。当然，如果女人强要出头，刚强的过火了，也就意味着这一捺压制住了这一撇，恐怕就不再是"人"字，而成"入"字了。当今，女汉子似乎越来越多，在家吃软饭的温柔男人也与日俱增。这类阴盛阳衰的家庭也不少见，女人在外面风风火火，男人在家洗衣做饭，各得其乐，日子似乎也能过得下去。如果男人和女人都争强好胜，都想出头，这一撇和这一捺相互排斥、相互对立，那恐怕就变成"八"字了。到了夫妻双方针锋相对、互不相让的地步，难道早晚还不得分道扬镳吗？当今，离婚率不断升高，固然原因是多方面的，恐怕没能正确地理解"人"字，没能把人做好，把事做圆满，应该是根本原因吧？

　　笔者学养还不够，悟性也不够高，理解是否正确也不得而知。还望大家在批评中慢慢地学习、体悟与领悟。有一次，我在外面讲课，讲到此处，有个企业的党委书记，与我年龄相仿，忽地站起来说："老师，左边这一撇也可能是女人，右边这一捺也可能是男人啊。"唉！人世间，阴阳颠倒的事情太多了，阴阴阳阳，阳阳阴阴，在阴阳相互转变中，万象丛生。这皆是象，他也可能说得真对呀。但笔者却深深感到，甭管这一撇，那一捺，到底寓意着什么，反正合在一起，才是大写的"人"字！是人就要相互支撑，才能立得起来！是个"人"字就得出头，也甭管是男人的头，还是女人的头；是个人家，也自然需要人出头露面，或男人出头，或女人出头，或孩子出头，总要有人出头。该男人出头时，就不能缩头；该女人出头时，也不能摇头；该孩子出头时，更不能掉头而回呀！试想，连父母从来都不出头，孩子又岂能出人头地呢？世上的人，每个人的自身皆由阴阳和合而成，可谓阴阴阳阳、刚刚柔柔。直到生命最后一刹那，皆处在动动静静、静静动动，不断的生命运动之中。在动中求静，在静中求动，一旦求得了动静平衡，阴阳平衡，自然身心平和，家庭和顺，也就能延年益寿。

　　可以说，天地间的阴阳、刚柔、动静皆是动态而变化的，有白天就有黑夜，有酷暑就有寒冬；天地间的男女也皆是动态变化的，男人需要女人，女人需要男人，男女需要相互支撑的。可以说，男人的一半是女人，女人的另一半则是男人。阴阳平分，男女平等，皆是自然法则。法律所规定的"男女平等，人人平等"就是师法自然的必然结果。这不仅是人格上的平等，也是法律所规定的权利上的平等。在当今，我们又何必非要抱着"男尊女卑""重男轻女"的封建陋习呢？"人"自身由阴阳变动而生长、生存、生活，生命也因动静平和而健康长寿，人生也赖此而幸福吉祥。人生最大的痛苦，恐怕莫过于苦苦寻觅另一半，却始终没能寻觅到；人生最大的幸福，恐怕就是艰辛寻觅中的某种幸运，或者一见钟情，或者似曾相识，或者历尽艰难险阻，终归找到了另一半，并能够阴阳和合，合二为一，白头偕老。"众里寻他千百度，蓦然回首，那人却在，灯火阑珊处！"这恐怕不仅仅是惊喜，也是人生的缘分、命运与幸福。

天厚德，地载恩，父母养，才成人。

【解析】

古人认为，上天有好生之德。上天不管是好的，还是坏的，善的，还是恶的，上天都提供其生的机会与缘分，赋予其自然的生命力。大地有覆载与发育万物之恩，这才有了矿物、植物、动物，才有了人。天地自然本来就没有任何偏私，谁能顺其自然，合乎规律，谁就能生生不息。正是天地大公无私的恩德，万物才能孕育而成长。《说文》曰："生，进也。"《玉篇》曰："生，产也。"《易·观卦》曰："生，犹动出也。"《黄帝内经》曰："夫自古通天者，生之本。本于阴阳。"《谷梁传》曰："独阴不生，独阳不生，独天不生，三合然后生。"（其中，"三合"是指阴气、阳气和天气三者相合）。从汉字字形上看，"生"是"人"在"土"上，就非常形象地表达了人坐卧在土上，人与土牢牢结合在一起就是一幅非常美妙的画图。试想，不论是春天勤快地播种耕耘的人，还是夏天"锄禾日当午，汗滴禾下土"汗水的人，乃至秋天忙于收获脸上挂满喜悦的人，哪幅场景不是世界上最美丽的天人合一的真实画卷呢？人，不管是谁，皆离不开土，活着的时候，离不开土，死了还要入土为安。《道德经》上有"人法地"，就强调了人要取法地的道理，敬重大地，顺应天地，以大地为母。《易经》上说："先祖者，类之本也，无先祖，恶出？"事实上，正是有了天地好生之德，才有了植物，才有了动物，才有了人类，才有了我们的祖先，也才有了我们的父母。如果没有父母的生育、哺育、养育与教育，我们又怎能成为人呢？一个小孩子，可能还不太懂事。一个成年人就要经常想一想，一个人从小到大成为一个成人，父母真的不容易，付出了多大的心血，太不容易了！有人说："生容易，活容易，生活不容易。"我仔细一琢磨，人生在世正是"生不容易，活不容易，生活愈加不容易。"我也深深地感到，作为一个人，不管多么艰难困苦，千万要珍爱自己的生命，也要尊重他人的生命，还要关爱众生的生命。一个人，就要好好地活着，不管遇到什么样的艰难困苦，也别管遇到什么样的人生挫折，就是天塌下来了，也要勇敢地生活下去。一个人活着，在战胜困难与挫折的过程中，快快乐乐地活着，那就是报答父母的恩情，报答天地的恩德；一个人，也只有活着，不断地用自己的智慧与双手，战胜自己的邪恶，去营造快乐幸福的生活，才能在快乐与幸福中源源不断地报答父母的恩情，报答天地的恩德啊！

写到这里，我不由得想起了阎维文先生唱响九州大地的那首歌《母亲》"你入学的新书包有人给你拿，你雨中的花折伞有人给你打，你爱吃的（那）三鲜馅（他）有人给你包，你委屈的泪花有人给你擦。啊，这个人就是娘！啊，这个人就是妈！这个人给了我生命，给我一个家！啊，不管你走多远，无论你在干啥，到什么时候也离不开，咱的妈！你身在（那）他乡住有人在牵挂，你回到（那）家里边有人沏热茶，你躺在（那）病床上有人（他）掉眼泪，你露出（那）笑容时有人乐开花。啊，这个人就是娘！啊，这个人就是妈！这个人给了我生命，给我一个家。啊，不管你多富有，无论你官多大，到什么时候也不能忘，咱的妈！……"别说听一听阎维文老师那荡气回肠的《母亲》之歌，就是看一看歌词，也不由得想起已经去世的母亲，报答母亲的大恩，我还没有报够，可老人却永远离开了我，老人从来也都不会等待儿女报恩的！古今中外有不少歌唱父母歌颂天地的动人歌曲，这些歌词反反复复，荡气回肠，温暖人心，感动天地。其目的只有一个，那就是为了唤醒每一个人本就具足而却昏昏欲睡的知恩感恩的良心。

俗话说："不当家不知柴米贵，不养儿不知报父母恩。"不管是早婚的，还是晚婚的，结婚的，还是没结婚的，哪怕是永远不想着结婚的……只要你长大了，只要你是个成人，只要你还没有丧尽天良，只要你还没有活生生地转化为连畜生都不如的坏人，就要终生感恩父母，感恩祖国，感恩天地啊！商人作为人，虽然忙于生计，忙于劳碌，忙于发展，忙于赚钱，忙于数钱，忙于花钱，忙于花天酒地，甚至还忙于……但不管有多忙，也不管多有钱，就是再忙再有钱，也要牢记父母、祖国、天地的恩情，也绝不能忘了感恩！商人赚钱了，富裕了，发家了……也就更有条件感恩父母，感恩祖国，感恩天地！只要我们还是人，作为子女就绝不能与父母反目成仇，也绝不能与祖国反目成仇，更不能与天地反目成仇！《尚书·大禹谟》中的"与其杀不辜，宁失不经，好生之德，洽于民心。"就特别强调不能滥杀无辜，做人做事要长存上天好生之德，才能合乎民心，而民心就是天心，民愿就是地愿，人民的心愿就是天地之心愿啊！英国著名历史学家阿诺尔德·约瑟·汤因比教授说得非常好："人，大地母亲的孩子，不会在谋害母亲的罪行中幸免于难。"印第安人也有一首警世歌谣：

"只有当最后一棵树被刨，最后一条河泛毒，最后一条鱼被捕，你们才发觉，钱财不能吃。"

老师教，长学问，国太平，家和顺。

【解析】

生我者父母，教我者老师。父母也是孩子的第一任老师，不仅父母的脾气秉性会遗传给孩子，而且父母的言谈举止等习惯都会感染孩子。一个人要成为德才兼备之人，就必须学习。不仅要从父母身上学习，还要虚心地向老师、长辈、同学、朋友学习。当然，有些父母的心胸、德性、知识、见识、习性也不一定都是好的。有些父母也未必会教育孩子，也未必能教好孩子。正是基于此，才产生了老师这一职业，老师正是父母教育孩子的某种替代，责任重大而又神圣！

老师首先要教学生德行，其次才是知识与技能，在学与问中，促进师生教学相长。学生要快乐健康地成长，就要不断地长德行、长知识、长见识、长学问，要有超越老师的勇气，当仁不让于师。老师是点亮学生心灯的蜡烛，是学生人生航行中的灯塔，也是学生成长的阶梯，还是学生人生道路上的铺路石。人生难得的是遇上好老师，有好老师才能教出好学生！

俗话说："听君一席话，胜读十年书。"这个"君"就是高人，就是人生难遇的好老师。梁启超先生也说过："片言之赐，皆事师也。"古代也流传过不少一字之师的佳话。在我的人生之路上，也遇上过一字之师的高人。2003 年，我校正值五十校庆，我和我校的前辈王金山教授、侯万福教授、谢军安教授、刘亚民教授等人一起帮着学校编写《五秩春秋》一书。这个书名，当时还是我建议的，学校领导采纳了。秩，在这里是个时间序列，十年称为一秩。当时，我为《五秩春秋》撰写了一副对联，上联"五秩春秋，以人为本，弘德治校，育经世济民之才"，我只用了不到十分钟就脱口而出，可下联却难住了我，后来这几个老教授都帮着我想下联，琢磨了一两个月才对出来："九州桃李，执业当先，立志报国，树求真务实之风。"上下联，"五"对"九"，都是阳数，"秩"对"州"，一个时间，一个空间，也对得上。尤其是"五"对"九"是数字中的好对。《易经》乾卦第五爻的爻辞就是"九五，飞龙在天，利见大人。"当时，学校正处于中兴时期，"五"不就是中兴，"九"不就是持久吗？后来，我和侯万福教授、谢军安教授去北京新华出版社校对书稿，当天中午与新华社《经济参考报》副总编张健先生、新华出版社曲晓敏编辑一起吃了个很简单的午饭。我又兴奋地谈起这副得意的对联，也谦虚地请教张先生予以雅正。张先生略微琢磨了一下，就说"立"字不如"励"字，"立"字没能动起来，而"励"字却动起来了。我们听他这一席话，感到茅塞顿开，立即就把"立"字改为"励"字了。张健先生是一九七七年恢复高考后，第一届考入北京大学的本科生，我记得他本科阶段学的是经济类专业。他曾在新华社香港分社工作十几年，阅历非常广，见识也多，特有文才，著述颇丰，而为人却又十分谦虚、低调，从不多言多语。他改了这一个字，我们都非常敬佩，也特别兴奋，感到他改得真是好！当时，我就真切感受到"人外有人，天外有天！"此后，我对张先生的品德与才学佩服得不得了。2003 年，我还把张健先生邀请到学校来讲座。我记得张先生好像讲了中国经济与商业的发展历程与趋势。在讲座中，他讲到了"改革开放以后，我国商业及商人，从胆商到智商，从智商到情商，从情商到儒商的发展历程与趋势"，还肯定了我所倡导的新儒商理念。听了他的讲座，师生们都感到受益匪浅。

当然，我们在一生中遇到的老师也可能是良莠不齐的，老师所教的学生也是良莠不齐的。好老师不仅能把好学生教好，更重要的是把不太好甚至有些坏的学生也能调教好，领到人生正道上来。学生毕业工作了，也要经常想一想老师的恩情。即便某个老师对你没什么恩德，甚至还责骂过你，这也是你人生路上一段难得的师缘，又何必怨恨哪个老师呢？夜深人静时，我每每想到从小学、中学、大学，到硕士、博士毕业，得益于诸位老师的教育与栽培，尤其是本科学士论文导师河北大学数学系李子植先生、硕士学位论文导师北京理工大学管理学院副院长金胜谟先生和博士学位论文导师北京理工大学经济与管理学院党委书记李金林先生对我的悉心指导与精心培育使我终身受益，感激之情也油然而生。我曾经赋诗一首，以抒发我对不同学习阶段的母校和诸多老师之感恩情怀："天地人间立纲常，君亲师恩记心上；饮水思源存本善，泽被中华功德长。"但愿学生们皆能记住老师的教诲，常回忆老师的好，少记甚至忘记老师的不好，多感念老师的恩德，在感恩中不断地提升自己的境界与觉悟，更好地走好自己的人生路，以回报老师，报答母校，报效祖国。

只有天下太平，世界和平，社会公平、国家和谐，邻里和睦，家庭和顺，人人和气，我们才会拥有一个生存生活与成人成才的良好环境。每个人，都是天下众生的一个成员，让我们尊重众生，爱惜动物、植物与矿物，更加热爱地球这个大家园吧！让我们在感恩中，爱自己的父母，爱自己的家园，更加热爱我们共同的伟大祖国吧！

夫妇和，家道鑫，兄弟睦，土生金。

【解析】

在五伦中，夫妇居中排在第三位。事实上，夫妇这一伦在五伦居中，也就反映了夫妇在家庭中的重要性。夫妇是人伦之始，没有夫妇，何来父子君臣？男女之间的结合，是一种阴阳运动，追求一种和谐状态。没有男女的交合，也不可能诞生新人。所谓独阳不生，独阴不长，阴阳相交才可能生长。儿女成群，子孙繁衍，正是男女和合相交的结果。是人，谁又能像孙悟空那样从石头缝里蹦出来呢？夫妇和睦，家庭就融洽，子女就快乐，家道就会兴旺。

为了押韵，这里没有用"兴"字，而用了"鑫"字。《篇海类编》对鑫字的解释为："鑫，金长。"有个字谜"金字塔"打一字，谜底也是"鑫"字，鑫还可以引申为财富。世上，有哪个人不愿意脱贫呢？有哪个家庭不盼着致富啊？"鑫"字是金上有金，还不富裕高贵吗？当然"金"一方面表示财富，另一方面则代表"义"。在天地中，五行之"金"就对应五常之"义"。"鑫"字也正好对应仁义、正义和大义。

俗话说："浪子回头金不换。"又有哪个父母不希望孩子能够义字当头啊！仁义、正义、大义比金子还珍贵啊！要齐家，要创业，贵在义字，我们更要义不容辞！兄弟姐妹皆是有缘之人，无缘也不能诞生在同一个家庭。血缘之亲岂能割舍？就是想割舍，任你怎么割，也割不断啊！兄弟姐妹和和睦睦，土里就能生出精神财富与物质财富。古代五行中，就有"土生金、金生水、水生木、木生火、火生土"相生之循环。金子皆在土地里，守住信，就是守住了土；信就能生义，土就能生金。

古儒商，端木赐，行忠恕，报师恩。

【解析】

中国古代有士农工商四民。我国儒家等优秀传统文化与四民结合在一起，形成了中华民族的精神命脉。在长期的生产、交换、分配与消费中，儒与商相结合就产生了儒商。

端木赐，字子贡，是孔子非常得意的学生之一。据说，子贡能言善辩，能够洞察市场行情，通过经商发了大财。子贡被后人尊为经商楷模、儒商鼻祖、中华第一儒商等。难能可贵的是，子贡领悟了老师的"忠恕"思想，并成为尊师的典范，他一生弘扬儒学，尤其他为老师庐墓六年，更是令后人赞叹不已。恐怕正是子贡为师守墓的六年，不改初心，长存本善，潜心悟道，悉心明理，境界与觉悟才大大提升了，才愈加坚定了他弘扬儒学，经世济民的爱心、决心、信心与恒心，才有了他后十年愈加充实与光荣的生活，他的事迹也才得以传颂千古。

在当今，子贡这种为恩师守墓来感恩的行为似乎也有些迂腐，有些过时了。当今，竞争如此激烈，工作如此难找，挣钱又如此难挣，房子又如此的昂贵难买，子女们连陪陪父母都没有时间与精力，学生们谁还肯花几年的时间陪死去的恩师呢？但子贡这种真诚感恩的精神，不就是本善之心吗？不就是民族良善的传承吗？不就是我壮哉伟哉之大中华生生不息代代相传的感恩精神吗？每次读到或想到子贡为老师孔夫子守墓六年，我都感动的潜然泪下。有一次，我与自己带的硕士生一起吃饭，谈到了子贡。我说："我死后，你们千万别傻乎乎地为我守墓。如果我老了，或者病了，身子再也动不了，临死前，你们若能陪我三天，哪怕能见上一面，也就不枉我教你们三年呐！"说的男同学都悲戚戚的，女同学眼泪都快掉下来了。学生们连说："老师，哪会呢？哪会呢？"当时，我也就是逗逗学生，开开玩笑而已。事后，我也常想，人老的时候，何必非要亲人，或者学生，或者朋友，来陪陪自己呢？又何必非要见上那最后一面呢？"相见时难别亦难"，见是缘分，不见也罢。人，谁不是赤条条而来，又赤条条而去。能够修得无疾而终，就是善终。但愿人人皆得善终，众生皆得善终，万物皆有善终。

南开大学朱彦民先生，曾经在博客中题写了七律《乡先贤端木子贡先生画像赞》。这正是对先贤端木子贡智慧人生的高度概括，写得真是好啊！他写道："才调合当入圣门，手植楷树作则身。灭吴存鲁仰三寸，货卫市齐聚万金。高结诸侯能抗礼，弘扬儒道何辞辛？更兼庐墓六年久，千古尊师第一人。"

越范蠡，智谋深，先发财，后散尽。

【解析】

范蠡（前536~前448），字少伯，也称陶朱公。范蠡于公元前448年无疾而终，享年88岁，被后人尊为中国商人圣祖（简称"商圣"）。范蠡是历史上著名的政治家、军事家和实业家。他与文种一起投奔越国，辅佐越王勾践。帮助勾践兴越国，灭吴国。功成名就之后，他急流勇退，以经商致富，广为世人所知，后代许多生意人皆供奉他的塑像，称为财神。范蠡是能上能下，能官能商的圣贤。他一生聚财无数，"三散三聚"传为佳话。范蠡被视为顺阳范氏之先祖。世人称赞他"忠以为国；智以保身；商以致富，成名天下"。

司马迁《史记·货殖列传》里写道："天下熙熙皆为利来，天下攘攘皆为利往。"古往今来，赚钱谋利也是生活所迫，也是人生所必需的。谁又能离开钱财？谁还怕钱扎手呢？但我们必须明白"君子爱财取之以道""不义之财君莫取"的古训及道理。如若赚钱赚得非常多了，数十亿，几百亿，上千亿。那么，巨大的财富对某个大商人而言也就成为一个符号象征。为富不仁，积攒财富以遗子孙，子孙未必能守得住。何况财富老积聚在一家一地，恐怕也会腐败发臭，甚至遗臭万年，这也未必是好事。能想到如何赚钱，如何脱贫致富，如何取之于民，皆是有大智慧的商人；而能想到如何花钱，如何共同富裕，如何用之于民，更是有大德行的商人！我们学习古今中外经商之道，首先要树立正确的财富观。中华民族自古所秉持的"义利观"就是老祖宗留给中华儿女的最大精神财富。我们一定要知道，财富是为人服务的，也是为自己服务的，更应该为众生服务。

魏白圭，治生祖，兴商学，传门人。

【解析】

白圭（前463～前385），名丹，战国时人，出生在东周的都城洛阳，曾担任魏国国相，后弃官经商致富，是古代著名的经济谋略家和理财家，后人称其为商祖，《史记·货殖列传》记载了其事迹，并称其为"天下言治生者祖"。白圭恐怕是我国古代商业中最先收授门徒之人，有人称其为商业的"祖师"。白圭收授门徒的标准非常严格，他认为良商必须具备"智、勇、仁、强"四个条件，亦即：要通权达变，权衡利弊，把握时机，出奇制胜；要勇敢果断，当机立断；要有仁爱之心，通晓取予之道，遵守"人弃我取，人取我与"的经营原则；还要有耐心，有毅力，能够固守等待，不轻举妄动。白圭的经商思想对后世影响很大，一直到明、清两个朝代，我国的徽商还保留了白圭的很多遗风。近代著名的民族资本家荣宗敬也恪守白圭"人弃我取"的经营原则，而南洋最著名的华侨企业家陈嘉庚所奉行的"人弃我取，人争我避"的经营思想，也是对白圭经营理论的继承和发展。直到新中国成立前夕，在一些店铺中，还供奉着白圭的神像。

商圣祖，立商训，经世界，济黎民。

【解析】

范蠡、端木赐、白圭等人是我国商业的圣祖，他们的在经营中所立下的道德、规矩和商训，概括起来就是"经世济民"。东汉许慎在《说文》中解释：

"世，三十年为一世。"一个人从入世、处世到离世，顶多也就三世。但一个人若有了"经世济民"的理想与道德，则可以传千秋万世。因此，中华新儒商就要有经世济民的胸怀。你的品格高，心胸宽广，器量宏大，你才能量大容人，才能有大格局，才能开创宏伟事业，才能驾驭更多的财富，才能真正取之有道、用之于民。当然，你的心胸不够宽大，格局自然就小，一般也发不了大财。即便侥幸发了大财，也往往守不住，受用不了。如果你依靠奸计、阴谋和坏心眼，发不义之财，发国难之财，或依靠压榨穷苦百姓而发财，那不义之财正悄悄地为你积累灾祸与凶险，这正是时时刻刻都在等着取你项上人头的利刃！

古代的商圣与商祖们煞费苦心地立下了商训，一代又一代的商人苦口婆心地代代传颂。他们到底是为了什么？恐怕他们既不是为了自己出名，也不是为了自己谋利。归根结底，他们是为了告诫他们所关爱、所祈盼的"一代更比一代强"的后人一句话"经商重在做人，一定要守住做人的根本！"

笔者在教书育人中随着年龄和阅历的增长，也渐渐地感受到了商圣商祖和历代贤明商人的良苦用心。为此，在2016年1月11日上午，笔者花费十余分钟特地作了一首现代体的自由诗。这首诗恰好像一个"金字塔"，也正是一个"人字塔"。"金"代表财富，但财富也要依靠人来创造！试想若没有坚实的基础，怎能有高高矗立的金字塔？一个人如果没有坚实的道德、能力与素质基础，怎能做到顶尖的商业家，又怎能做到商业的顶峰呢？这首诗共九行四十五个字，也正好对应《易经》的阳数"五"和"九"。"五"就是正午，代表中兴和鼎盛，"九"是至阳，代表持久和永久。这首诗从"做"字开始，到"中华新儒商正己化人"结束。《周易·乾卦》九五爻辞有"飞龙在天，利见大人"之语。因此，这首诗就以"中华新儒商正己化人"来命名，让中华新儒商在广阔的天空奋勇腾飞，在广袤的大地勤奋耕耘吧！

做，
一个，
好商人；
一年四季，
三百六十五，
惠千家乐万民；
做新时代的儒商，
德达天下独善其身，
中华新儒商正己化人！

财有道，德润身，欲取之，先予人。

【解析】

"君子爱财，取之有道。"这句古话影响了一代又一代的中华商人。经营需要遵循客观规律，遵循市场规律。人们已经认知的市场经济规律包括价值规律、供求规律和竞争规律三大规律。在探索规律认知规律中悟道立德，就会滋润我们的身心。市场之道是供求矛盾的对立统一，最重要的是客户关系。《道德经》上说："将欲去之，必固举之；将欲夺之，必固予之。将欲灭之，必先学之。"《孙子兵法》也说："欲取之，必先予之。"有智慧的商人，皆能学习、领悟取予之道，把握好取和予的度。当今也有一些商人，店里和家里都供着财神①，有供奉王亥的，也有供奉比干的，有供奉范蠡的，也有供奉关公的，还有不少商人供奉菩萨和佛祖的等。这种祈盼财富保家庭事业平安的心情也是可以理解的。当然，若在供奉范蠡和关羽等神灵时，从中学习、领悟范蠡财富聚散的精神与道德，学习领悟关公的忠义精神，也是善事，更是好事。我国实行宗教信仰自由政策，国家保护一切宗教活动。但宗教信仰自由并不鼓励人们愚昧和迷信。何况世界上到底有没有神灵？到底有没有神仙鬼怪？人们还没能搞清楚，搞不太清楚就跟着盲从盲信，也就离愚昧迷信不远了。如果您愿意虔诚地给财神或者什么神灵磕个头烧炷香，那是您的事，好像也没有人干涉您，只要不过火就好。但我们也应该好好想一想，如果你给神灵磕个头烧炷香，这些神灵就都时时刻刻保佑着你，你就升大官，你就发大财，这种可能性又有多大呢？世界上的诸多神灵若真的有灵，我们供奉个苹果、葡萄、香蕉之类的，他们就一心一意地保佑着咱们吗？孔老夫子说过一句"敬鬼神而远之"的话，恐怕连他老人家也没有弄清楚鬼神到底存在不存在，但他告诫他亲爱的学生：对

---

① 财神，在民间也称为财神爷。在汉族民间传说中，财神是主管财源的神明，主要分为两大类：一是道教赐封；二是汉族民间信仰。道教赐封为天官上神，汉族民间信仰为天官天仙。中国主要供奉的五大财神，分别是王亥、比干、范蠡、关公和赵公明。王亥，商高祖，开创了华夏商业贸易的先河，被后人称为华商始祖，在五路财神中居中。比干，商纣王的叔父，忠臣，被纣王挖心，因无心则不偏私，被后人奉为文财神，居东。范蠡，叶城陶朱公，经商致富，三聚三散，被后人奉为财神，江浙一带多供奉范蠡，居南。关公，关羽，字云长，因一生忠义勇武而被历代帝王褒封。在民间被称为关圣帝君、关圣帝、关帝君、关帝等。中国佛教界奉其为护法神之一，称为"伽蓝菩萨"。关公被后人奉为武财神，居西。赵公明，本名朗，字公明，又称赵玄坛，赵公元帅。"玄坛"是指道教的斋坛，也有护法之意。相传为正财神，居北。另外，还有其他四方财神：端木赐（西南）、李诡祖（东北）、管仲（东南）、白圭（西北）。五路财神加上四方财神遍布四面八方中，正好是九，九为阳数至尊。

鬼神一定要敬而远之。事实上，儒家坚持以人为本，并不迷信什么鬼神。那时，西方的各路"神仙"或"神灵"还没有传到中国呢？但我们的这些老祖先不也活得很充实，甚至心地很纯净，很清净，也很有作为吗？即便真的有什么神灵，神灵也不可能像贪官一样，你稍微给神灵供奉些许东西，向神灵磕磕头许许愿，他们就上当，就甘心情愿地为你办事。

笔者深刻地体悟到，一个人有时也难免迷茫，也有不可救赎的时候。但为了清净自己的心，偶尔磕磕头烧烧香，也是以心中的神灵或偶像为引领，以他们的觉悟或境界为牵引来净化我们的各种欲望，从而在心地清净中提升道德，甚至达到大觉大悟。因此，中华儿女再也不要轻易迷信这个，迷信那个了，中国这头睡狮也应该彻底觉醒了。我们这些中华儿女应该主动地、积极地从我国优秀传统文化中系统地凝练中华精神与中国信仰，坚定我们的精神信仰与文化自信。我们要坚定不移地修养自己的身心，在修养中不断提高境界，提升觉悟。这需要诚心、爱心、决心、信心与恒心。我们要在我国优秀传统文化的学习中，不断领悟，不断笃行，不断提高。"自强不息，厚德载物"恐怕不仅仅是清华大学的校训，更是中华民族的精神命脉。

新儒商，志远人，师圣哲，重创新。

【解析】

新儒商不同于传统儒商，贵在"日新，日日新，又日新"。当今，全球化进程加快，新儒商不仅要适应我国社会主义市场经济发展这一新时代、新常态，还要走出国门，面向世界，面向未来，适应全球化进程。做新儒商要立志高远。孔老夫子说过："三军可夺帅也，匹夫不可夺志也。"三国蜀相诸葛亮在《诫子书》中说："非淡泊无以明志，非宁静无以致远。"我们就要在淡泊之中明确为中华民族培养新儒商的远大志向，更要在宁静之中矢志不移把培养新儒商之道路拓宽走长！新儒商作为具有中华民族优秀传统的商业群体，当然需要继承弘扬先贤圣哲的思想与精神。我们要在继承中不断创新，在学习借鉴中不断交融升华，我们更要立足中华民族精神这个根本！

学儒商，在富民，达天下，独善身①。

【解析】

孟子曰："穷则独善其身，达则兼善天下。"学习儒，践行商，贵在立德，贵在富民，贵在以天下为公，贵在先公后私，贵在为天下人民。富民是中华优秀传统思想。古代《尚书》中有"裕民"与"惠民"的思想与观点。《周易·益》有"损上益下，民说无疆。"（"说"通"悦"）。《论语·尧曰》也有"因民之所利而利之"。道家主张"我无事而民自富"。管子强调"凡治国之道，必先富民。"墨家认为求富的途径在于自己的努力劳动，提出"强必富，不强必贫；强必饱，不强必饥。"富民是治国方略，也是经商之方略。做中华新儒商不仅要自己致富，还要带领人民群众走向富裕之路。遵循道，树立德，才能通达天下，才能独善其身。做一个商人，尤其要做新时代的儒商，就必须加强修身，在修身中立德、立言、立功，在终生修身中创造财富，在获取财富中坚持终生修身。

常省己，修吾身，立长志，树恒心。

【解析】

做一个德高望重的商人，就要经常反省自身。正像孟子所说"行有不得反求诸己"。做人难免遭受挫折，经商也难免遇到困难。挫折与困难正好为磨炼我们的心志提供了机缘。失败也不可怕，可怕的是跌倒了再也立不起来。有了成绩，要多思众人的功劳，功劳永远是众人的；有了失误，要常思自己的过错，过错永远是自己的。在反省中，修养自己，提高境界，从而树立更长远高大的志向。我记得小时候，老师就说过"要立长志，而不要常立志。""志"是什么呢？《说文》曰："从心，之声。志者，心之所之也。""志"字下面是"心"，上面是"士"，"士"就是君子，"士"就要内心阳光，发自内心做士。一个人明确而远大的志向，贵在坚定信心，下定决心，持之以恒。"世上无难事，只怕有心人。"我们要有爱心、诚心、决心、信心和恒心，有真心，还用心，何患大事不成？

---

① 原经文为"学儒商，在富民，达天下，兼济身"，在本书编著中，感到"兼济身"还是不太好。习近平主席倡导"三严三实"，第一严就是"严于修身"，这是"三严三实"的根脉与基础。本人理解，"严于修身"就是要心中长存善念，与人为善。先做到独善其身，才能与人为善，才能善行天下。

欲富贵，在仁人，讲礼义，行诚信。

【解析】

富贵，人之所欲也。但若要富裕和高贵，必先有仁民爱物的道德情操。既要学会正向思维，还要学会反向思维；既要学会顺向思维，又要学会逆向思维。做到经常换位思考，就渐渐进入恕道了。通过将心比心，多考虑他人的利益，少念及自己的利益，就能在不断的利他中逐渐实现利己。礼是仁的外在表现，不同时期，不同场合，礼仪既是不可或缺的，又是有差异的。义就是仁爱所表现出的某种义务、正义与责任，如丈夫爱妻子就要承担义务与责任。企业经营者关爱职工与客户，也必须承担义务与责任。可以说，义也就是施行仁爱的一种道义与担当。"诚"就是发自内心地去做好，百分之百地完成。孟子曰："诚者天之道也，思诚者人之道也。"诚是因，信是果。诚实守信是中华美德。要创业立业，要发家致富，还必须讲礼仪，重义务，勇于履行社会责任，更要终生笃行诚信。诚实守信，人才能堂堂正正立起来，事业才能兴旺发达起来。

欲经营，开慧心，乐供求，惠万民。

【解析】

经营是经天地营人心的事业。你看，"经"字是千丝万缕，"营"是口口相向。要内心阳光，苗木才能茁壮成长。经营贵在赢得人心，贵在内存仁心，有了仁心，就能开智慧之心。多为自己着想是小聪明，多为他人着想就是大智慧。供求就是供给与需求，供给处于阳位，需求处于阴位。供给量能够统计出来，相对容易判断些，而需求在于内心的欲望，不确定因素较多，这就需要预测。在市场经济中，经营者要高高兴兴、快快乐乐地洞察供求，分析供求、预测供求、适应供求，满足供求。在市场中，经营者要以顾客为中心，切实提高顾客满意度，惠及千千万万的家庭与人民群众，让千千万万的人民群众高高兴兴、欢欢乐乐、幸幸福福地生活。

全球化，知识新，常学习，践行真。

【解析】

全球化（globalization）不仅仅是一个概念，也是人类社会在共生中持续发展的过程。打个比喻，地球就像一个村落，在这个村落中，你中有我，我中有你，谁也离不开谁，这就是全球化。全球化促进了人们对生态共生、经济共赢、社会共荣的新认识，成为一种新的价值观与世界观。全球化也促进了世界经济的一体化，蕴藏着很多机会，也潜伏着诸多挑战。全球化，给我国商业走向世界，服务更多的人群提供了重要机会。当今的"互联网＋"也为商业适应全球化搭建了新的平台。要适应全球化，不同国家、不同民族、不同信仰的人群都应该求同存异，相互学习，更新知识，牢记"人类万物只有一个地球"，笃行人道主义，践行生态主义，实现世界和平。

预则立，彼此心，树信誉，服众人。

【解析】

凡事预则立，不预则废。经商就好像行兵打仗，就要做到知己知彼，才能百战不殆。做企业，搞经营，就要下功夫，做好预测，抓住先机，走向未来。预测不仅是一种智慧，也有诸多方法。西方战略管理中，有一种 SWOT 分析法，也是一种知己知彼的预测谋划方法。在全球化与信息化的新时代，要做好战略管理，更要重视预测。商机在哪里？商机在市场中，商机在经济波动中，商机在供求非均衡中，商机也在人们购买欲望变化与购买力水平的提高中，商机还在人的心态与动机之中。要知己知彼，推己及人，将心比心，摸透心理，才能把住握商机。从无到有，从有到无，从阴到阳，从阳到阴，从动到静，从静到动，从刚到柔，从柔到刚，从此到彼，从彼到此，从供应到需求，从需求到供应，商机既在我们的心外，又在我们的心中。我们不可不洞察之，还要逆向思维之，更要换位思考之。在经营中，商人既要坚持诚实守信，还要树立信誉和形象。商人既要服务大众，还要便利人群。顾客皆满意，才是真满意；大家都说好，才是真的好！

商场似战场，但又不是战场；商场有输赢，但又不是赌场；商场好似月亮有盈有亏，但又永远不是月亮。商人的心要阳光，既要照亮自己的人生，也要照亮全世界所有的商场。你想赢，谁又不想赢呢？汉字"赢"字就造的非常奇妙啊！从汉字"赢"的结构来看，"赢"由五个汉字构成，包含了五种做人经商所必备的理念与意识：①"亡"——危机意识。生死存亡，不可不慎，如履薄冰，如临深渊；而"赢"的头就是"亡"，是"置之死地而后生"，不论是小赢，还是大赢，最后都得死亡。死后还能够赢得后人的尊重，那才是大赢；死后还能够彰显于后世，那才是真正的赢。②"口"——沟通能力。病从口入，祸从口出，沟通人与人的纽带，也是做人经商的维系各种关系的桥梁，更是实现个人和气，家庭和顺，商业和谐的法宝。③"月"——时间观念。月有盈亏，此事古难全。在宁静的月光下激起的不仅是诗人"把酒问青天"的豪情壮志，带给我们的更是圣贤智者的清净与智慧，有一颗"清净心"，才能激活智慧，从而运筹帷幄，决胜千里。④"贝"——财富与收益。财富是天地赋予，并由人开发创造的。所谓君子爱财，取之有道，取之于民，用之于民。慈善恐怕正是商人及其财富的终点。⑤"凡"——平常心态，平常心包括良心、恒心、爱心、苦心、真心、忠恕心、清净心和慈悲心。凡事平常心最好，不易犯心脏病，还能克制贪嗔痴慢疑，从平凡中悟出真谛，做人经商就会赢得人心，就会赢得真如自在，就可能赢得千秋万世。

懂管理，管自身，先正己，再化人。①

【解析】

真正懂得管理之道的人，就要时时刻刻地修养自己，管理自己。自己悟了道，就要把德立起来，用道德端正自己，用自己的德行感化别人。俗话说：正人必先正己。正己就是要时时刻刻端正自己的心。不端正自己，就去管理别人，别人也不可能真正佩服，更不可能心悦诚服。即便是表面上服从，也不是出于真心。管理的大学问、真学问就在于正己化人啊！

自1993年3月毕业北京理工大学管理工程专业获得硕士学位以来，本人从事工商管理与市场营销专业的教学也近23年了。在教学之余，笔者也曾对管理之道德，进行过反复的揣摩，也偶有顿悟，深深感到"管理"也是有目的、有目标、有境界和有层次的人类活动。管理的最高境界应是"正己化人"；其次是"正己管人"；再次就是"既不正己，还要管人"；最后则是"端正不了自己，也管不了别人"。君不见，众多的企业皆是"树倒猢狲散"，究其根源就是"没能端正自己，也没能感化他人"。企业管理者难道不应该时时刻刻多反省自己，多反思自己所认识的管理之道与德吗？

率垂范，感众人，愿景同，则齐心。

【解析】

范仲淹一句"先天下之忧而忧，后天下之乐而乐"传颂了千年。在家庭中，父母要率先垂范，做孩子的楷模；在企业，管理者也要率先垂范，做员工的楷模。率先垂范才能立住纲常，才能感化众人，教育众人，从而带领众人走

---

① 该句原经中为"懂管理，管自身，先正己，再管人。"在本书编著中，笔者再三推敲，于是将"再管人"改成了"再化人"。

正道。人心齐，撼山易。愿是心愿，景是前景。愿景就是内心所向往的前景。愿景是商人或商业家高层次的追求，也是特定信仰下的长远追求。愿景还是企业所期望，所追求，所为之奋斗的宏伟蓝图与光明前景。愿景包括未来长远目标，企业使命，企业核心价值，企业战略与规划等。目标一致，愿景趋同，大家才有奔头，商业家才有亲和力，公司的使命与核心价值才有号召力与感染力，公司的战略才有执行力，公司上下才能齐心协力，从而众志成城，朝着正确的方向和光明的前景前进，实现美好的梦想。

长久计，算莫真，己吃亏，利他人。

【解析】

　　长久的战略与计策，不能太过于算计。战略也是商业家或经营者志向、心胸、品格与价值观的体现。有什么样的志向、心胸与品格，就有什么样的器量与格局，也就有什么样的战略，也就有什么样的结局。斤斤计较是一时的小聪明，绝不是一世的大智慧。你算计的越真，也许能占些许小便宜，但往往吃大亏，真诚离你越来越远，大智慧也离你而去。扬州八怪之一的郑板桥经常说，也经常写"吃亏是福"四个大字。"吃亏是福"真是高境界啊！如果我们吃点亏，对别人有利；如果我们吃点亏，对单位有利；如果我们吃点亏，对民族有利；如果我们吃点亏，对国家有利；如果我们吃点亏，对世界有利……什么事都要利己，做什么都不能吃亏，人生处处都要占便宜，那这个人就会在反复欲占便宜的生活中，活得越来越小气，也就越来越没有底气，一旦身心呈现腐败之征兆，报应迟早会来临，到了生不如死之时，人生还活得有什么乐趣呢？

理财者，重责任，账目清，心不沉。

【解析】

　　理财（financial management）就是对于财产的经营。财产包括有形财产和无形财产。当今的知识产权也是重要的财产。理财，包括个人理财、家庭理财、企业理财，还包括国家理财。买卖理财产品，买卖股票都属于理财范畴。俗话说："吃不穷穿不穷，不会算计一世穷。"算计也属于理财的范畴。当今，理财是经营中所必需的，要把财理好，就要高度重视责任。经营财富，离开了责任感与责任心是万万不行的。经营财富有两个字很重要，一个是"挣"，另一个是"赚"。"挣"就是通过自己的双手去创造，挣钱的关键就在于通过勤劳的双手在创造财富中挣到自己应得的利益。

"赚"与"挣"就有区别了， "赚"字是左边一个"贝"，右边一个"兼"。左边为阳，为善，为吉；右边为阴，为恶，为凶。左边的"贝"是珍贵的海贝，古代曾作为货币流通，寓意钱财或财富。右边的"兼"字则描绘出一手执着两个禾的形象，其意思引申为收获了加倍的粮食。《说文》曰："兼，并也。""赚"字是把什么东西并在一起了呢？是把宝贝（也就是钱财）和加倍的粮食并在一起了。因此，"赚"就有加倍地获取财富的意思。要赚钱，要加倍获取财富，就需要大智慧，更需要大德行，大德大智才是真宝贝啊！有大智慧才能把财富并起来，有大德行才能在兼并财富中不但不会引起众怒，还能令众人在快乐中生活与工作，在幸福人生中感恩。要实现家庭小康就要学会挣钱，要做大事业就必须学会赚钱。每天经营的账目皆要打理得清清楚楚、明明白白，把账目理清楚，弄明白了，我们的心就不会沉重了，才能不愧吾心。俗话说："要想人不知，除非己莫为。"俗话又说："为人不做亏心事，不怕夜半鬼叫门。"当今，有多少人理不清账目？又有多少单位的财务一塌糊涂？又有多少人揣着明白装糊涂呢？有大智慧之人一定要理清账目，树立正确的财富观，把好财富这道关。

商属水，财养人，不义财，坏良心。

【解析】

在士农工商官中，士对应五行之金，五常之义。士就是君子，当然稀少，也很珍贵。农对应五行之土，五常之信。大地最讲信，春天播种，秋天收获，就是信啊！勤奋耕耘，大地才会有所收获；勤奋工作，人生才有所获得；要过好日子，还得勤俭持家；正所谓天道酬勤。工对应五行之木，五常之仁。做工就要有爱心，就要勤恳，把活做好，就活了，就像春天一样充满了生机。官对应五行之火，五常之礼。新官上任三把火，当官就要掌握火候，有礼还要有节。火的发狂发飙，恐怕就要遭殃了。商对应五行之水，又对应五常之智。因此，一谈到商，就要联想到水，把水字琢磨透了，就是大智慧。水要流动，资金也要流动，财富也自会流动。老子说"上善若水"。经商就要学习"上善若水"的精神，水的重要作用是润己、润人、滋润众生。水不仅会让我们自己解渴，也让别人解渴。我们不能只顾自己解渴，也要想着让别人解渴才好。中国共产党的"群众路线"就真正体现了"上善若水"的精神。俗话说："人向高处走，水向低处流。"群众路线不是想着法子巴结权贵，而是真正从群众中来，到群众中去。人民群众正在低处啊！我们共产党人到群众中去，不就是上善若水吗？商属水，财富是水，钱财皆是水，不义之财是祸水。有水就要先让老百姓喝，才能赢得百姓的心。经商也要让顾客满意，才能赢得顾客之心。财富是用来养人的，做事业要坚持以人为本，并从"财聚人散，人散财散；财散人聚，人聚财聚"中悟出人生哲理，创造财富，获取财富，用好财富。不义之财，绝不能取，取了就坏良心了。一个人的良心都坏了，其躯壳还能真正立得起来吗？

品格高，道行深，钱再多，不伤身。

【解析】

品格是一个人品性、性格与格调的统称。修养身心，就是要修炼自己的品性，品性的差别就是品格，品格所表现出的品位与韵调就是格调，而品性的外在表现就是品行。一个人的品性也有境界高低，格调高下之分。把品性修炼得境界高了，对道的认识也就提高了，道行也就深了。所谓道行，不仅要在品性修炼中悟道，更要行道，好好地笃行道。人生有什么样的品格，就有什么样的格调与格局。品格高尚道行又深的人，即便拥有很多的财富，财富也不能丝毫损伤其身心。一个人的德行与地位相匹配，品格与财富相匹配，才是真正的幸福与吉祥，才不至于酿成祸患。因此，做中华新儒商必须以德为先，德商、智商、情商、胆商、财商之"五商"并举，正己化人，修身齐家，创新创业，富民强国，善行天下，才能德耀千秋，壮我中华！

宇宙大，地球村，普天下，同为人。

【解析】

我国对宇宙比较早的解释曾出现在《文子·自然》和《尸子》两个文献中。前者有"往古来今谓之宙，四方上下谓之宇。"后者有"上下四方曰宇，往古来今曰宙。"这两个文献的说法基本一致，只是前后颠倒了顺序，换了个说法而已。"宇"代表上下四方，也就是人们常说的所有空间，"宙"代表往古来今，也就是人们常说的所有时间，宇宙一词就是所有空间与时间的高度概括。在宇宙中，空间和时间几乎是无限的。"宇"就是三维空间，"宙"就是一维的时间。宇宙则是三维空间加上时间这一维度，正好是四维。数学中有 n 维空间，超过了三维或四维，更多的维度我们也只能用心来体会了。因此，这一句可以才称"宇宙大"。地球与浩瀚的宇宙相比是非常渺小的，尤其在全球化和信息化的当代，地球可以比喻为一个村落。地球村译为世界村（global village）。其意思是说，现代科技的迅速发展，信息传输全球，大大缩小了地球上的时空距离，国际交往也日益频繁，十分便利。因此，整个地球就如同是茫茫宇宙中的一个小 村落一样。普天之下，人皆是同类；普天之下，包括人在内也皆是众生。地球不仅是我们人类的共同家园，也是众生共同的家园。人的本能就是爱人。再拓展之，就要仁民爱物。爱人类，爱众生，爱万物，那大爱就像磁场，浩瀚若无疆。

要惜物，知爱人，事俭廉，行勤谨。[①]

【解析】

《说文》曰："惜，痛也。"在这里，惜是指爱惜、怜惜、珍惜的意思。做人不仅要珍惜自己的生命，还要爱惜财物，怜惜动物，珍惜植物，更要知道如何爱人。做人要勤俭、节俭，还要廉洁，更要自律。比如，我们每个人每天多用一张纸，世界上不知道就要多砍掉多少棵树。树木虽无语，花草也无言，可她们正是与人类相依为命的生命。所有的树，所有的花，所有的草，所有的大地之绿，正是大地的肺脏啊！试想，树没了，花没了，连草也没了，就连大地呼吸都不顺畅了，甚至停止呼吸了，人类又岂能独善其身呢？

做事要勤劳、勤快、勤俭，还要奋发有为，发奋图强；做人还要勤谨、谨慎、慎重，以防患于未然。俗话说"业精于勤荒于嬉""少壮不努力，老大徒伤悲"。做商人，虽然财富是自己辛苦赚来的，也要悲天悯人，爱惜财物，绝不能随意浪费。经商更要节俭、廉洁、勤奋。俗话说："勤是摇钱树，俭为聚宝盆。"古人也常说"从俭入奢易，从奢入俭难。"中华新儒商就要做新一代引领商业新风尚的好商人，要做好商人，做好商业，做好大事业，甚至做顶级的商业家和宏伟事业，更要以爱为根，以人为本，勤奋节俭，廉洁奉公。

孝父母，在诚心，报国家，存忠心。

【解析】

孝敬父母双亲，在于真心实意，在于诚心诚意，儿女存心真诚就是宝，就是福啊！热爱祖国，就要为国效力；对祖国，对人民，中华儿女皆要忠心耿耿，终生报效祖国。做商人，不坑人不害人就是孝敬父母；做商人，珍惜自然资源，保护生态环境，就是报效祖国。自古忠孝难两全，做一个忠于祖国的好

---

① 原句为"行勤奋"，后经过推敲改为"行勤谨"。

商人，能舍小家为大家，舍小家为国家，那就是大爱，那就是大孝！哪一个父母希望自己的孩子做一个令人不齿的奸商？又有哪一个父母不盼望自己的孩子成为中华新儒商，成为国家的栋梁？古有岳飞精忠报国，文天祥舍生取义。今有热爱祖国、忠于祖国、报效国家的千千万万中华儿女奋力拼搏，中华民族伟大复兴的中国梦，自然也必然好梦成真。

常行道，悟在心，扪心问，莫亏人。

【解析】

韩非子曰："道者，万物之所然也。"道，说复杂，很复杂；道，说简易，又很简易。道，似乎离我们很遥远，又离我们很近，近在咫尺，尽在心头，其实就在脚下。做人有做人之道，做事有做事之道；修身有修身之道，齐家有齐家之道；创业有创业之道，经商有经商之道；治国有治国之道，世界处处都是道；大千世界，芸芸众生，自然而然就是道！不论是做人，还是经商，还是从事其他的职业，皆要以道而行，探索规律，认识规律，敬畏规律，遵循规律，皆要适应社会规律与自然规律。经商还要认识经济规律，市场规律与管理规律，领悟经营道德，笃行管理伦理。俗话说："道者，路也。"人，无路可走，欲速则不达；人，有道可循，心通则路路畅通。人，走道走多了，就学会了走道；人，做事做多了，就明白了事理；人与人打交道多了，就明白了人理与情理。关键是在做的过程中，要用心来悟，从而有所顿悟，有所觉悟，有所领悟，悟出人生光明之路。

不论是做人，还是做事，都要经常扪心自问，自己是否亏待了别人？亏待了别人，也就往往亏了良心，不可不慎啊！我们还要经常扪心问一问，我们是否亏待了父母？我们是否亏待了丈夫或妻子？我们是否亏待了儿女？我们是否亏待了兄弟姐妹？我们是否亏待了亲戚、同学和朋友？我们是否亏待了顾客与员工？我们是否亏待了股东与股民？我们是否亏待了人民群众？我们是否亏待了祖国与社会？如果我们常能扪心自问，就能生出丝丝的慈爱心，生出潺潺的清净心，生出敦敦的忠恕心，就能生出源远流长的立志经商，报效祖国，为人民群众好好服务的良心来。

存慈悲，知感恩，做善人，为人民。

【解析】

慈悲不仅仅是佛教用语，也是一个人的心态与境界，还是仁爱的根本。学儒弘儒，学商经商，勇做新时代的儒商，要忠恕为本，长怀慈悲心肠。慈，就是给予快乐；悲，就是拔除痛苦。能够慈爱众生，并给予众生快乐，就做到了慈；能够怜悯众生，并拔除其痛苦，就做到了悲。大慈大悲是一种高境界，也是一种大觉悟。为此，本人偶有顿悟，并以慈悲二字为题，作了两首诗。《慈》："给与众生乐，大觉无人我；心头慈念生，*丝丝在娑婆*！"①《悲》："拔除众生苦，大悟了凡尘；今生大悲愿，念念非度人！?"恐怕大多信佛之人皆如此理解，佛教就是要度人呀，怎么你却"念念非度人"呢？其一，我是一名中共党员，不是佛教徒，何况自己慧根不足，也恐怕达不到佛陀的觉悟之境。自己若能永远秉承儒家文化，弘扬儒学精神，正己化人，此生心愿已足矣。在学习中华优秀传统文化的过程中，我也曾经涉猎佛教典籍。笔者从不妄议佛，更不反对佛教等宗教。其二，佛教自从古印度传入东土以来，佛教文化已经成为中华传统文化的重要组成部分，非常有研究的必要，也蕴含着诸多入世处世出世的智慧与道理。其三，能否自度，又能否成佛；如何自度，又如何度他，恐怕需要大的觉悟和坚定而持久的信愿行。这种一心一意的信愿行与大彻大悟的至高境界，不仅需要慧根具足，也非得长期修炼与下大功夫不可。试想连自己都未必度得了，又何必以慈悲者自居，念念声声地非要度化别人，甚至欺骗自己，蒙骗他人。不论是学习儒家的忠恕，还是道家的清净，乃至佛家的慈悲，都需要长期不断地端正自己，教化他人。何况不从教化入手，怎能正己化人，又岂能度己度人呢？教化正是正己化人与度己度人的重要手段与途径。本人才疏学浅，也不知道理解的对不对，说的是否合适？还请高人教诲与批评，还望众人包涵，也望仁者见仁，智者见智。

　　儒家的忠恕、佛教的慈悲、道家的清净之心皆是围绕人之本性，无非视角不同，境界不同而已。慈悲也是本然良善之心性，这是与生俱来的，人人皆有之。既然人人皆有慈悲之心，人生关键在于自觉自悟，不断提升自己的境界，

---

　　① 娑婆，读音 suō pó。切记"娑婆"不同于"婆娑"。"婆娑"是指盘旋舞动的美妙样子。如：婆娑起舞。《诗·陈风·东门之枌》有："子仲之子，婆娑其下。"毛苌注解曰："婆娑，舞也。"清代田兰芳在《两堂问答·石仙（袁可立堂号）》中"婆娑阶下舞仙禽，此地幽人酒独斟。"就描绘出了一幅翩翩起舞、婀娜多姿、饮酒得乐、人与物和的美好仙境。本诗中所引用"娑婆"一词则是佛教用语。人们所在的"大千世界"亦称为"娑婆世界"。"娑婆"二字是梵语的音译，也可译作"索诃""娑河"等，意为"堪忍"，是指此界的众生安于十恶，堪于忍受诸苦恼而不肯出离。佛教认为：由彼三业，能成十恶。其中，身三业（杀生、偷盗、邪淫），口四业（妄语、两舌、恶口、绮语），意三业（悭贪、瞋恚、邪见）"娑婆世界"的教主是释迦牟尼佛，亦即释迦牟尼佛所教化的世界，通常是指"五浊世界"（五浊是指：劫浊、见浊、烦恼浊、众生浊、命浊）。"娑婆世界"正是"极乐世界"的对立面。佛教所谓的从此岸到彼岸即是从娑婆世界到极乐世界。彼岸，说远很遥远，说近在心田。

在大觉大悟当中实现自度，然后才能谈得上度他。即便彻悟之人，有了度人的心愿，时常心存度人之心，但也要善缘巧合。贵在给他一个火种，让他自己点燃智慧的心灯；贵在给他一把钥匙，让他自己打开觉悟的法门。如果一个人，不觉不悟，不笃行慈悲，是根本达不到慈悲为怀这个境界的，又何谈其他？[①]佛教所倡导的"存好心，说好话，行好事，做好人"就开示我们在人世间要以慈悲胸怀对待人与物，关爱尊重自然界的众生。是人，皆有慈悲之心，我们要内存慈悲之心，经世济民，要懂得感恩报恩。做一个良善之人，自然身心和悦，也就能延年益寿了。但我们为什么非要做一个具足慈悲心的良善之人呢？是为了自己？还是为了家人？到底为什么？仔细一琢磨，原来人的慈悲良善之心是天然的，本来具足。唤醒她，既是为了自己，也是为了他人。但归根结底恐怕还是为他人，为民族，为人民，为众生。先做到为了人民，才能更好地为众生。于是，笔者就将原经中的"福寿临"就改成了"为人民"。当然，我们为人民多做些善事，多做些人民满意的好事和实事，人民日子好过了，生活幸福了，我们也就开心快乐，福寿还能离我们越来越远吗？

在传统结婚典礼中，为什么要一拜天地呢？本人悟到，首拜天地，就是要人们感激天地自然化育之恩。有一首歌《酒干倘卖无》，唱起来很感人。歌词中唱道"没有天哪有地，没有地哪有家，没有家哪有你，没有你哪有我，假如你不曾养育我，给我温暖的生活，假如你不曾保护我，我的命运将会是什么！"真是唱得令人揪心，让人想家！试想没有天，就没有我们赖以生存的地球；没有地球，恐怕就没有生物；没有生物，也不可能有人；没有祖先，也就没有父母，又怎么能有我们这些儿女呢？因此，天地之恩是人类万物的大恩，人作为灵长动物，感恩天地自然是首要的了。要感恩天地，就要敬畏天地，尊重天地，顺应天地，保护天地自然环境。

第二拜是拜父母高堂。这是拜谢父母的生育、哺育、养育与教育之恩情。在人的一生中，谁对我们有恩呢？我们应对谁感恩呢？这是一个不容忽视的问题。俗话说："恩重莫过于父母。"人们也常用"恩重如山，情深似海"来形容父母对子女的恩情。古代结婚拜父母高堂，仪式非常隆重，要三跪九叩。当今，结婚典礼，拜父母双亲，也就鞠个躬。有些孩子恐怕闪了腰，鞠躬的诚意

---

①　笔者在研究中华传统伦理与文化过程中，对佛教也有所涉猎，断断续续至少也读了上百万字。在学习与研究中，深感佛教博大精深。佛教重在修行中顿悟，从而达到大觉大悟。一个人不内心长存慈悲，又怎能大觉大悟呢？慈悲之心不仅仅佛才具有，慈悲之心恐怕也是每个世人的本然之心。我们学习儒家和道家等国学，也绝不能盲目排斥佛教，断送自己的慈悲之心。

和力度也不太够，也就意思意思罢了。磕头也好，鞠躬也罢，都不太复杂，也不太艰难。人生，最难得的是，不论何时何地，都能终生报答父母之恩。

第三拜是夫妻对拜。男女能结为夫妇，百年好合，直至白头偕老，那是几世修来的莫大缘分。夫妻一定要感激对方，能够在今生相遇，而又相知相爱。能结为夫妻，实在不是一件容易事啊！"在天愿为比翼鸟，在地愿为连理枝。"能结合在一起，生活在一块，岂能不相互感恩呢？夫妻能否琴瑟和谐，要靠双方来共同营造。婚姻也是要用心经营才有幸福红利。老子在《道德经》中说："道生一，一生二，二生三，三生万物。"所以夫妻对拜排在第三，这个"三"，也正好寓意着一对夫妇在相互感恩之中，生出好儿好女来啊！

我记得中学有个语文老教师很有德也很有才，写得一手好字。老人家在黑板上写的粉笔字很有力度，讲课抑扬顿挫，非常有韵味。我特别敬佩他。他经常说"女子，就是好！"你看左边一个"女"，右边一个"子"，合起来不就是"好"字吗？他还说道"少女更妙！"当时，我就感到老师太有才了，解释的真好。现在，自己也度过了五秩春秋，才突然悟道，要真正领悟"好"字，不仅要学会从左向右琢磨，还应学会从右往左琢磨。事实上，古人写在甲骨或竹简上的文字，还是自宋朝开始印在纸张上的文字，皆是从上往下读，从右往左读的。就"好"字，若从右往左读，去联想，就不再是"女子就是好"了，而是"子女就是好"啊！"有子有女，儿女双全，才是好，才是真的好！"当今，我国全面实施了一对夫妻二孩政策，这些年轻的后生们才有儿女双全的可能啊！我们这些五十多岁的人恐怕是赶不上了，祈盼多个孙子孙女吧！我们做人做事都要换位思考。

理解了"好"字还不算好，重在"存好心，说好话，行好事，做好人。"仅仅一心盼望着生子生女还不是存好心，人生至要是教育子女为善，教育子女德才兼备。做父母的或者做教师的，不仅要以身作则，从教育自己的子女开始，还要想到普天下的儿女，所谓"老吾老以及人之老，幼吾幼以及人之幼。"说好话，不是光捡人家爱听的话说，而是说人话，出于善心和诚心来说话。行好事，要从做小的好事开始，一点一点做起！看见老人和孩子过马路，让一让，帮一帮；看见花开了，能不被"花开堪折直须折"所诱惑；养宠物，要善待管好它，避免伤害他人；诸如此类，都是小事，也是做好事。当然，能做利国利民的大好事，就更好了！做好事，也是对自己好！当然，只对自己有利，那就未必是真的好事了！"好"字的基因就是"善"，"善"就是儒家的"仁善"、佛家的"慈善"和道家的"自然本善"。做好人，也不是做谁也不得罪的老好人，而是一心做有善心的人，把自己内在的慈善发扬光大，惠及人群，惠及千秋万代。

莫为己，别昧心，了生死，自成真。

【解析】

如果能做到"莫为己"，就是高境界，大觉悟。当然，作为一个有七情六欲的正常人，在任何时刻，任何处境下，一点也不为自己着想，恐怕也做不到，除非是圣人才能做得到。我们大多数人或多或少还是有私心，还有为自己的心。"人为财死，鸟为食亡"这句俗话传了数千年，之所以能传下来，也有其存在的道理。但做人又千万不能仅仅为了自己，更不能损人利己。如果每个人都千方百计地损人利己，那么市场交易的成本和社会交往的成本就会大大提高，人与人的关系也就变得愈加复杂。英国著名经济学家，享有"经济学之父"的亚当·斯密（Adam Smith）在《道德情操论》一书中指出："人，不管被认为是多么的自私，在他人性中显然还有一些原理，促使他关心他人的命运，使他的幸福成为他的幸福必备的条件，尽管除了看到他人幸福他自己也觉得快乐之外，他从他人的幸福中得不到任何其他好处。"正如诺贝尔经济学奖得主米尔顿·弗里德曼所言："不读《国富论》，不知道应该怎样做才叫'利己'，读了《道德情操论》，才知道'利他'才是真正的利己。"亚当·斯密在《道德情操论》一书中提出了"合宜性的同情心"，这里讲的"同情心"不仅包括对人类的同情心，也包括对动物的同情心。斯密所提倡的"同情心"有些类似我国古代孟子所提倡的"恻隐心"。恻隐之心人皆有之，恻隐之心正是仁的开端。有了大仁爱，才能克己而不仅仅为己。"仁"就是真正意义上的利他。事实上，不真正利他，也就不可能实现真正利己！

本人悟道：为己的心小了，为他人的心就扩大了；为小家的心小了，为大家的心就扩大了；为家庭家族的心小了，为民族国家社会的心就扩大了。人生的意义与乐趣在于心量的扩大与拓展，心有多大，事业才可能有多大！俗话说"量大福也大，机深祸亦深"是很有道理的。有了公心，心量自然而然地就扩大了；一旦起了私心，心量自然而然地就缩小了。为自己的私心少了点，昧良心之事也就做得少了。为人要保持自己那颗良心，不断地唤醒良知与良能，做到一生不昧良心，也就活得值了。

"山中常有千年树，世上少有百岁人。"人生在世，活过百岁的人真是少之又少，俗话说"七十三八十四，阎王不叫自己去。"孔夫子活了73岁，孟夫子活了 84 岁，连佛祖释迦牟尼在世也才 79 个春秋，像老子那样活过百岁，真的是少见，而又不易啊！世人谁又能摆脱得了生死呢？不论是好人，还是坏人，也不论是君子，还是小人，是人皆有生死，谁也逃脱不了。生死事大，子曰："未知生，焉知死。"一个人，如果能学习文天祥"人生自古谁无死，留取丹心照汗青。"能学习范仲淹"先天下之忧而忧，后天下之乐而乐。"人生不也活得愈加光彩吗？我们这些中华儿女，作为一个人，如果能学习毛主席一心一意为人类谋幸福，笃行他老人家所倡导的"全心全意为人民服务"，人生不也活得愈加精彩，愈加光荣吗？不也活得更加有意义，更加有价值吗？入世难，处世也难，出世更加难。能在有限的生命历程中追求真理，为人民服务，就是死也高尚。若能心地清净达到真如之境，在快乐中了脱生死，恐怕也正是人生较高的境界与觉悟吧？一个人只要活得开心，活得快乐，活得幸福，感觉自己这一生活得值，也就够了。

附 1

陶朱公及其经商秘诀

陶朱公是指范蠡。范蠡（公元前 517～前 448 年），字少伯，生于楚平王十二年，春秋战国末期，楚国宛（今河南南阳）人，是历史上早期著名的政治家、军事家和经济学家。范蠡出身贫寒，但聪敏睿智、胸藏韬略，年轻时就学富五车，上晓天文下识地理，满腹经纶，文韬武略，无所不精。其可贵的经商思想是"富好行其德"。《史记》记载，范蠡在齐致富后，就曾"尽散其财，以分与知友乡党"；后来经商，"十九年中，三致千金"。他把钱又分给贫穷百姓和远房兄弟，受到人们的高度赞扬。范蠡以自己的勤劳和智慧，经商致富，其子孙继承他的事业，不断发展成为巨富。范蠡可谓中国古代劳动致富的典型，旧商人经常悬挂"陶朱事业，端木生涯"。范蠡是中国有记载的最早的成功富商之一，也是当时著名的慈善家，后人称之为"商圣"。

陶朱公经商秘诀如下：

生意要勤紧——切忌懒惰，懒惰则百事废；

货物要修整——切忌散漫，散漫则查点难；

用度要节俭——切忌奢侈，奢侈则钱财竭；

用人要方正——切忌滥用，滥用则付托难；

接纳要谦和——切忌躁暴，躁暴则交易少；

出入要谨慎——切忌潦草，潦草则错误多；

买卖要机警——切忌拖延，拖延则机宜失；

货物要面验——切忌滥入，滥入则售价减；

议价要订明——切忌含糊，含糊则争执多；

期货要约定——切忌讹延，讹延则枝节生；

期限要约定——切忌马虎，马虎则失信用；

赊借要识人——切忌滥出，滥出则血本亏；

钱财要明慎——切忌糊涂，糊涂则弊买生；

帐目要稽查——切忌懈怠，懈怠则资本滞；

临事要尽责——切忌放弃，放弃则权力损；

优劣要分明——切忌糊浑，糊浑则判断繁；

说话要规矩——切忌浮躁，浮躁则失事多；

立心要诚正——切忌粗糙，粗糙则出品劣；

主心要安静——切忌惊惶，惊惶则忘决断；

相处要诚实——切忌虚假，虚假则害己终。

附2

陶朱公致富十二则

能运数，多寡宽紧，酌中而行；

能倡率，躬行以律，亲感自生；

能知机，售贮随时，可称名哲；

能办货，远货不荷，蚀本便轻；

能辩论，生财有道，阐发愚蒙；

能用人，因才器使，任事有赖；

能讨账，勤谨不怠，取讨自多；

能敏捷，犹豫不决，终归无成；

能整顿，货物整齐，夺人心目；

能安业，厌旧喜新，商贾大病；

能接纳，礼义相待，交易日旺；

能识人，知人善用，账目不负。

附 3

经营道德"十二字"诀

"忠"——忠诚，做事要忠于国家，经商莫损大众利益。

"孝"——孝顺，为人要孝顺父母，孝敬父母不在富贫。

"仁"——仁爱，做人重在仁与爱，仁爱助人成就大业。

"义"——道义，处事要坚持原则，经商重在义以生利。

"礼"——礼让，待人要讲究礼貌，经商岂能贪得无厌。

"智"——明智，处事要明白事理，管理就须正己化人。

"信"——信用，经营要恪守诺言，一生守信受人敬重。

"直"——正直，做人要诚实正派，买卖理应童叟无欺。

"谦"——谦虚，待人要谦虚谨慎，狂妄自大定吃大亏。

"勇"——勇敢，创业要勇于担当，遇挫折应愈挫愈勇。

"俭"——勤俭，勤谨确是摇钱树，节俭真乃聚宝金盆。

"惠"——恩惠，恩泽天下皆兄弟，惠及百姓莫求感恩。

第九章

笃行《弟子规》　勇做中华新儒商

建国军民教为先，生子不育也枉然；
李贾匠心弟子规，国学启蒙乃名篇。
孝悌谨信爱仁文，做人规矩挺在前；
从中悟得经商义，勇做儒商心至善！

中国古籍《礼记》有云："建国军民，教学为先。"教育是富民强国之本，是人生事业之基。教者，教人尽孝也，百善孝为先！育者，使人作善也，本善人之初！俗话说："人生至要莫过于教子，人生至乐莫过于读书。"宋家颐①在《教子语》中说："人生至乐无如读书，至要无如教子。父子之间，不可溺于小慈，自小律之以威、绳之以礼，则无不肖之悔。教子有五：导其性，广其志，养其才，鼓其气，攻其病，废一不可。养子弟如养芝兰，既积学以培植之，又积善以滋润之。人家子弟惟可使觌②德，不可使见利。富者之教子须是重道，贫者之教子须是守节。子弟之贤不肖系诸人，其贫富贵贱系之天。世人不忧其

---

① 家颐，宋代学者，生卒年不详，字养正，宋眉山（今属四川人）人，著有《子家子》。家训作者充分认识到读书和教子的重要性，认为读书是人生最大的乐事，而教子是最重要的事。四库提要中有《子家子》条："宋家颐撰，颐字养正，眉山人，其始末未详。"

② 觌，读音dí。觌的含义有：见，相见；观察，察看；显示，显现。觌德就是看见德行，在此强调要善于发现别人德德行或长处。西汉杨雄在《先知》中也强调"民可使觌德，不可使觌刑。"

在人者而忧其在天者，岂非误耶？"① 他曾经说过："外物之味，愈久愈厌；读书之味，愈陈愈香。"这的确很有道理，不读书者，不教子者，很难有此体会。老师是父母教子的接力棒，教育学生是老师的人生至要。把不住这个根本，恐怕就会误人子弟了。

笔者在上面之诗中第一句倡导"教"字，第二句中倡导"育"字，合起来不就是倡导"教育"二字吗？人心善，则善行天下也！生下了孩子，不仅要好好地养，更要好好地教，还要好好地育，不教不育，只是一味地溺爱惯养孩子，最终必然养一群白眼狼，至此境地，人生真是可悲可叹。在上面这首诗中有一句"孝悌谨信爱仁文"，笔者试图将弟子规中"入则孝，出则弟，谨，信，泛爱众，亲仁，余力学文"七个纲目全部融进去，但似乎还有些许词不达意，言不由衷之处。诗中最后一句中的"至善"取自《大学》中的"止于至善"一语，其意思是勇做中华新儒商，其最高的境界是其心止于至善。

教育应从儿童抓起，所谓童蒙养正。古德云："教儿婴孩，教妇初来。"百年大计，树人为本。立德树人，就要先立德，树好人。立德，就要始终坚持德育为先，通过以德为先的全面教育来引导人、感化人、激励人，自己堂堂正正地立德，也要使人人堂堂正正把德立起来；树人，就要始终坚持以人为本，通过德智体美劳等科学教育来塑造人、改变人、发展人，自己踏踏实实地做人树人，也要使人人踏踏实实做人，把人真正树起来！培养孩子和学生的德行是最为重要的，如果一个人不知孝悌忠信，就无法和睦家庭，更难以在社会上立足。

《弟子规》原名《训蒙文》，为清朝康熙年间秀才李毓秀所作。其内容采用《论语·学而篇》第六条"弟子入则孝，出则弟，谨而信，泛爱众，而亲仁，行有余力，则以学文。"及朱熹《小学》中的文义，以三字一句，两句一韵编纂而成。这个《小学》是《三字经》中"唯学者，必有初，小学终，至四书"的《小学》，专门教导做人做事，洒扫应对，进退之礼和做人首要以

---

① 译文：人生最大的乐事是读书，人生最重要的事情是教子。父亲对孩子不可过于慈爱。要从小就用威严来约束孩子，用礼节来教育孩子，这样孩子长大以后就不会因没有出息而让父母后悔当初的教育不妥。教育孩子的方法有五：引导孩子的天性，宽广孩子的志向，培养孩子的才能，鼓舞孩子的锐气，改正孩子的缺点，这五个方面缺一不可。养子如养花，既要用广博的知识来培育，又要用实际的善德来滋润。教育孩子发现别人家孩子德行良好的一面，而不要去注意其重利的一面。富人教子应该重视道德教育，穷人教子应该注重守住气节。孩子以后是贤良或是没出息这些都与人的教育有关，其贫穷贵贱是上天注定的。现在大家不去关心人可以努力的方面而去关心上天注定了的事情，这难道不是一种错误吗？

"孝"为本。但《小学》这本书距离我们已有七八百年了，内容当中有些用词也与现在社会状况差距较大，所以清朝李毓秀重新以《小学》中的重点为基础，编写出《训蒙文》，具体列举出为人子弟在家、出外、待人接物、求学等应有的礼仪与规范，特别讲求家庭教育与生活教育。后经清朝贾存仁修订改编，编成1080个字的《弟子规》，是启蒙养正、教育子弟"敦伦尽分、闲邪存诚"，养成忠厚家风的最佳读物。上面诗中"李贾匠心弟子规"的"李"是指先贤李毓秀，"贾"则是指先贤贾存仁。他们的仁心、爱心、诚心、恒心尽在匠心独具的传诵百年的国学名篇《弟子规》中。

要培养适应全球化与社会主义市场经济发展的中华新儒商，堂堂正正做人是根本，踏踏实实做事是途径。《弟子规》中有些内容不一定完全适应现代社会，甚至还存在一些"陈规陋习"和"繁文缛节"等糟粕，但其中的基本思想与做人的重要道理至今仍有积极的意义。在商科学生中推行《弟子规》不仅是补我国优秀传统文化的课，也是把做人的规矩与纪律挺起来，在心中树立其做人做事的尺度，把做人的道德、道理、规矩、纪律等挺在生活、学习、工作、赚钱、做官等人生道路的前面。学习《弟子规》，关键是践行《弟子规》的基本道理，以身作则身体力行是至关重要的。我们要以《弟子规》等传统文化为做人之基础，行为世范，奉行"经世济民"的理念，加强社会实践，勇做中华新儒商。

一、《弟子规》全文

为了方便读者每天朗诵《弟子规》，特在此附上《弟子规》全文。每天早晚念诵《弟子规》，不仅有助于我们尽孝悌之道，更好地修身行善，而且心量也会越来越大。不论是做人，还是做事，不论是经商，还是从政，不论是居家，还是出门在外，只要我们把人做真做好了，皆能安心定神，也能有所成就，甚至成为圣贤。诵读《弟子规》是基础，践行《弟子规》是关键。力行《弟子规》，造福个人，造福家庭，造福民族，造福国家，造福社会，造福天地自然，此乃功德无量。

总　叙

弟子规　圣人训　首孝弟　次谨信
泛爱众　而亲仁　有余力　则学文

入则孝

父母呼	应勿缓	父母命	行勿懒
父母教	须敬听	父母责	须顺承
冬则温	夏则清	晨则省	昏则定
出必告	反必面	居有常	业无变
事虽小	勿擅为	苟擅为	子道亏
物虽小	勿私藏	苟私藏	亲心伤
亲所好	力为具	亲所恶	谨为去
身有伤	贻亲忧	德有伤	贻亲羞
亲爱我	孝何难	亲憎我	孝方贤
亲有过	谏使更	怡吾色	柔吾声
谏不入	悦复谏	号泣随	挞无怨
亲有疾	药先尝	昼夜侍	不离床
丧三年	常悲咽	居处变	酒肉绝
丧尽礼	祭尽诚	事死者	如事生

出则弟

兄道友	弟道恭	兄弟睦	孝在中
财物轻	怨何生	言语忍	忿自泯
或饮食	或坐走	长者先	幼者后
长呼人	即代叫	人不在	己即到
称尊长	勿呼名	对尊长	勿见能
路遇长	疾趋揖	长无言	退恭立
骑下马	乘下车	过犹待	百步余
长者立	幼勿坐	长者坐	命乃坐
尊长前	声要低	低不闻	却非宜
进必趋	退必迟	问起对	视勿移
事诸父	如事父	事诸兄	如事兄

谨

朝起早	夜眠迟	老易至	惜此时

晨必盥　兼漱口　便溺回　辄净手
冠必正　纽必结　袜与履　俱紧切
置冠服　有定位　勿乱顿　致污秽
衣贵洁　不贵华　上循分　下称家
对饮食　勿拣择　食适可　勿过则
年方少　勿饮酒　饮酒醉　最为丑
步从容　立端正　揖深圆　拜恭敬
勿践阈　勿跛倚　勿箕踞　勿摇髀
缓揭帘　勿有声　宽转弯　勿触棱
执虚器　如执盈　入虚室　如有人
事勿忙　忙多错　勿畏难　勿轻略
斗闹场　绝勿近　邪僻事　绝勿问
将入门　问孰存　将上堂　声必扬
人问谁　对以名　吾与我　不分明
用人物　须明求　倘不问　即为偷
借人物　及时还　后有急　借不难

信

凡出言　信为先　诈与妄　奚可焉
话说多　不如少　惟其是　勿佞巧
奸巧语　秽污词　市井气　切戒之
见未真　勿轻言　知未的　勿轻传
事非宜　勿轻诺　苟轻诺　进退错
凡道字　重且舒　勿急疾　勿模糊
彼说长　此说短　不关己　莫闲管
见人善　即思齐　纵去远　以渐跻
见人恶　即内省　有则改　无加警
唯德学　唯才艺　不如人　当自砺
若衣服　若饮食　不如人　勿生戚
闻过怒　闻誉乐　损友来　益友却
闻誉恐　闻过欣　直谅士　渐相亲
无心非　名为错　有心非　名为恶

过能改　归于无　倘掩饰　增一辜

泛爱众

凡是人　皆须爱　天同覆　地同载
行高者　名自高　人所重　非貌高
才大者　望自大　人所服　非言大
己有能　勿自私　人所能　勿轻訾
勿谄富　勿骄贫　勿厌故　勿喜新
人不闲　勿事搅　人不安　勿话扰
人有短　切莫揭　人有私　切莫说
道人善　即是善　人知之　愈思勉
扬人恶　即是恶　疾之甚　祸且作
善相劝　德皆建　过不规　道两亏
凡取与　贵分晓　与宜多　取宜少
将加人　先问己　己不欲　即速已
恩欲报　怨欲忘　报怨短　报恩长
待婢仆　身贵端　虽贵端　慈而宽
势服人　心不然　理服人　方无言

亲　仁

同是人　类不齐　流俗众　仁者希
果仁者　人多畏　言不讳　色不媚
能亲仁　无限好　德日进　过日少
不亲仁　无限害　小人进　百事坏

余力学文

不力行　但学文　长浮华　成何人
但力行　不学文　任己见　昧理真
读书法　有三到　心眼口　信皆要
方读此　勿慕彼　此未终　彼勿起
宽为限　紧用功　功夫到　滞塞通
心有疑　随札记　就人问　求确义

房室清	墙壁净	几案洁	笔砚正
墨磨偏	心不端	字不敬	心先病
列典籍	有定处	读看毕	还原处
虽有急	卷束齐	有缺坏	就补之
非圣书	屏勿视	蔽聪明	坏心志
勿自暴	勿自弃	圣与贤	可驯致

二、《弟子规》译文与解析

总　叙

弟子规	圣人训	首孝弟	次谨信
泛爱众	而亲仁	有余力	则学文

【译文】

《弟子规》这本书，是依据至圣先师孔子的教诲而编成的生活规范。首先，在日常生活中，要做到孝顺父母，友爱兄弟姐妹。其次，在一切日常生活言语行为中要小心谨慎，要讲信用。和大众相处时要平等博爱，并且亲近有仁德的人，向他学习，这些都是很重要非做不可的事，如果做了之后，还有多余的时间精力，就应该好好学习六艺等其他有益的学问。

【注释】

"首孝弟"中的"弟"字读音 tì，不读 dì，通"悌"讲。

【解析】

在《弟子规》一书中，作者特别强调了做人做事的行为规范。做人方面最为重要的是孝悌，而在做事方面最重要的则是谨慎、诚信、勤奋与廉洁等。"孝是仁之根，悌是义之本。"笃行孝悌就把握了仁义的根本。人不仅要爱己，还要爱人爱物，爱护自然。人还应该多亲近有仁德之人，不断提升自己的道德水平。俗话说："听君一席话，胜读十年书。"其中，所谓的"君"首要的就是他比我们有更高的道德觉悟与思想境界。一个人，学习知识和技能固然重要，但道德品行永远是第一位的。

【故事】

虞舜孝感动天

在上古时代，中华民族出了三位非常贤明的帝王：尧、舜、禹，他们均因德行至大而受四方举荐登上帝位。这其中，舜因其至孝而感动天地，被尧帝选为继承人，他的故事被列为历代孝行故事之首。尧帝十六岁称帝治理天下，到八十六岁时，觉得自己年纪大了，希望能找到一个合适的人继承帝位。于是他征求群臣的意见，没想到众位大臣一致推荐耕地的舜，因为舜是一个著名的孝子。

舜即位之后国号为"虞"，历史上称他为"虞舜"。舜，本姓姚，名重华。父亲叫"瞽叟"（注：瞽读 gǔ）是一个不明事理的人，很顽固，对舜特别不好。舜的母亲叫"握登"，非常贤良，但不幸在舜很小的时候就过世了。于是父亲再娶。后母却是一个没有妇德之人。尤其生了弟弟"象"以后，父亲偏爱后母和弟弟，三个人经常联合起来欺负舜，并多次想害死他。他们让舜修补谷仓的仓顶时，在谷仓底下纵火，舜手持两个斗笠跳下逃脱；让舜掘井时，瞽叟与象却下土填井，还用一块大石头盖在井口上，舜却掘地道逃脱了。事后舜丝毫不嫉恨，仍对父亲和后母恭顺，对弟弟慈爱。他的孝行感动了天帝。舜在历山耕种，大象替他耕地，鸟代他锄草。帝尧听说舜非常孝顺，有处理政事的才干，就把两个女儿娥皇和女英一起嫁给了他。经过多年观察和考验，选定舜做他的继承人。当舜继承王位时，并不感到特别的欢喜，反而伤感地说："即使我做到今天，父母依然不喜欢我，我作为天子，成为帝王又有什么用呢？"舜的孝行，沥血丹心。皇天不负苦心人，舜的孝心孝行，终于感化了他的父母和弟弟。

《孟子》云："舜何人也？予何人也？有为者，亦若是！"舜能做到孝顺，我们也能。因为我们天性中都有一颗至善、至仁、至慈、至敬的爱心。

入则孝

父母呼 应勿缓 父母命 行勿懒
父母教 须敬听 父母责 须顺承

【译文】

父母呼唤，应立刻回答，不能迟缓，父母有事交代，要马上动身去做，不可拖延偷懒。对父母的教诲，要恭敬地聆听。对父母的责备，要顺从地接受。

【解析】

"入则孝"是学生的第一课。孟子曰："孝子之至，莫大乎尊亲。"（《孟子·万章上》）。"孝"是指孝养父母，顺其心意，这包括物质、精神两大方面。孝养父母是每个做子女的责任，这个责任重于泰山。我们每个做子女的人都应把孝敬父母这个责任坚定地扛在肩膀上，终生无怨无悔。父母对子女的爱叫"慈"，子女对父母的爱叫"孝"。"上慈下孝"体现了上一代与下一代双方的责任。

父母是孩子的第一任老师，也是孩子学习、模仿的榜样。为人父母者首先要孝敬男女双方的父母，以身作则，才能做到"身教胜于言教"。如果为人父母者都做不到尊敬父母，又怎能让孩子尊敬自己呢？古德云："君子闻过则喜，小人闻过则怒"。一般父母是爱孩子胜于爱自己，尤其当今的孩子大都是独生子女。父母责罚孩子往往是万般无奈。父母要从小教育孩子"闻过则喜"、"知过能改"才好。

现代社会是充满竞争的社会，在家里如果不能"闻过则喜"，在外面就很可能"闻过则怒"，心胸狭窄是人事业成功的天敌。即使因各种机巧，敛取了一些财富，恐怕也是祸不是福啊！人的福田是"仁慈"之心，"孝悌"之志，我们把孝悌做到位了，必成仁德之人，也必有后福！

【故事】

闵损顺母至孝

闵损，字子骞，春秋时期鲁国人，孔子的得意门生，在孔门中以德行与颜回并称。孔子曾赞扬他说："孝哉，闵子骞！"（《论语·先进》）。他生母早死，父亲娶了后妻，又生了两个儿子。继母经常虐待他，冬天，两个弟弟穿着用棉花做的冬衣，却给他穿用芦花做的"棉衣"。一天，父亲要乘车出门，闵损牵牛时因寒冷打颤，将绳子掉落地上，遭到父亲的斥责和鞭打，芦花随着打破的衣缝飞了出来，父亲方知闵损受到虐待。父亲返回家，要休逐后妻。闵损跪求父亲饶恕继母，他哭着说："母在一子寒，母去三子单。"子骞的一番话，非常的凄凉，特别的恳切，完全是肺腑之言，连铁石心肠的人听后，都为之声泪俱下。父亲听了也十分感动，就依了他。继母听说后，也悔恨交加，从此待他如亲生之子。

冬则温　夏则清　晨则省　昏则定
出必告　反必面　居有常　业无变

【译文】

子女照顾父母，冬天要让他们温暖，夏天要让他们清爽凉快，早晨要向父母请安问好，晚上要和父母谈心，并伺候父母安心睡眠。外出离家时，须告诉父母要到哪里去，回家后还要当面禀报父母，让父母安心。平时生活起居，要保持正常有规律，做事应符合常规，不要任意改变，以免父母忧虑。

【注释】

"夏则清"中的"清"字读音 jīng，意思是"清爽"。"出必告"中的"告"字读音 gù 为古音，今音 gào。

【解析】

"可怜天下父母心"，尤其当今社会，子女往往不在父母身边，或求学，或打工，或经商，尤其是经商之人，更是日夜奔波操劳，在人流、车流中游走，父母更是一颗心悬在嗓子眼里，日夜盼望子女平安。当然，在竞争激烈，日趋繁忙的今天，让子女"晨省昏定"也不太现实。但是，做儿女的不管多忙，也要"常回家看看"，至少也要经常打个电话向父母问安，以安父母之心。当今有不少这样的事，老人在家里死了一两个月了，尸体都发臭了，子女还不知道，也不过问，真是令人寒心啊！做子女做到这份儿上，能算尽到孝养父母的责任了吗？难道不感到羞愧吗？

【故事】

黄香温清孝父

黄香，字文强，东汉江夏安陆人。黄香九岁时，母亲就病故了。虽然黄香只有几岁，但他深深懂得孝的道理。黄香每天都非常思念去世的母亲，常潸然泪下，乡里的人看到他思母的情景，都称赞他是个孝子。失去了母亲的黄香，事父极孝。酷夏时为父亲扇凉枕席；寒冬时用身体为父亲温暖被褥，传为千古美谈。黄香少年时即博通经典，文采飞扬，京师广泛流传"天下无双，江夏黄童"。安帝（107～125）时，黄香任魏郡（今属河北）太守，魏郡遭受水灾，黄太守尽其所有赈济灾民。黄香著有《九宫赋》《天子冠颂》等。

当今，我们夏天有电风扇和空调，冬天有暖气，生活比过去舒适幸福多了。但不少子女成家立业之后只知道追求小家庭的舒适甚至豪华，却不太关心父母饮食起居。因此，我们做子女的一定要学习黄香那份孝心啊！

事虽小　勿擅为　苟擅为　子道亏

物虽小　勿私藏　苟私藏　亲心伤

【译文】

不要因为是小事情，就不禀告父母而擅自去做。假如擅自作为，就不合人子之道了。东西即使很小，也不能私藏，如若私藏，就失了德，父母知道了会很伤心。

【解析】

家庭是社会的基本单元。家庭对每个成员而言就是集体，家里的钱财物品等财产是每个成员共同拥有的。因此，每个成员都应该爱这个家，并维护家庭利益，而不能擅自作为，私藏财物。即使在家庭中，也要培养孩子的公心，养成有规矩守纪律的良好习惯。长大了，才能融入企业等各类社会经济组织中。

【故事】

怀橘遗亲孝母

陆绩，三国时期吴国吴县华亭（今上海市松江）人，科学家。六岁时，随父亲陆康到九江谒见袁术，袁术拿出橘子招待，陆绩往怀里藏了两个橘子。临行时，橘子滚落地上，袁术嘲笑道："陆郎来我家做客，走的时候还要怀藏主人的橘子吗？"陆绩回答说："母亲喜欢吃橘子，我想拿回去送给母亲尝尝。"袁术见他小小年纪就懂得孝顺母亲，十分惊奇。陆绩成年后，博学多识，通晓天文、精于历算，曾作《浑天图》，注《易经》，撰写《太玄经注》。陆绩小小年纪就有孝母之心是可嘉的，但不经主人许可而私藏橘子也属"偷窃"行为，是不可效法的。

亲所好　力为具　亲所恶　谨为去
身有伤　贻亲忧　德有伤　贻亲羞
亲爱我　孝何难　亲憎我　孝方贤

【译文】

父母亲所喜好的东西，应该尽力去准备；父母所厌恶的事物，要小心谨慎地去除。如果身体受到伤害，会让父母亲忧虑。如果在德行上有了缺陷，做出了伤风败德的事，就会让父母亲蒙受耻辱。父母亲喜爱我们，做到孝顺并不难，若父母亲不喜欢我们，我们还能尽心尽孝，才是难能可贵的！

【解析】

《孝经》子曰："身体发肤，受之父母，不敢毁伤，孝之始也"。爱护自己的身体不仅是自爱自重的表现，也体现了对父母的孝心。修养自己的德行，开创自己的事业，为集体，为社会，为民族，为国家做贡献也是孝的表现。在生活中，我们不要过多地追究父母慈不慈，而应该经常反省反问自己孝不孝。自己该尽的义务与责任，一定要担起来。俗话说："父子天性，母子连心"。孝敬父母一定要注意细节，从小处和细处入手。

【故事】

母啮指子痛心

曾参，字子舆，春秋时期鲁国人，孔子的得意弟子，世称曾子，以孝著称。少年时家贫，常入山打柴。一天，家里来了客人，母亲不知所措，就用牙咬自己的手指。曾参忽然觉得心疼，知道母亲在呼唤自己，便背着柴迅速返回家中，跪问缘故。母亲说："有客人忽然到来，我咬手指盼你回来。"曾参于是接见客人，以礼相待。曾子在孝养父母方面非常细心，注意观察父母的生活习惯，并将父母最喜欢吃的食物牢牢记在心里。因此，一日三餐，曾子总能准备出父母爱吃而又丰盛的菜肴。曾子将孝心融于生活细节之中，真是有孝心孝行之人啊！曾参学识渊博，曾提出"吾日三省吾身"（《论语·学而》）的修养方法，相传他著述有《大学》《孝经》等儒家经典，后世儒家尊他为"宗圣"。

亲有过　谏使更　怡吾色　柔吾声
谏不入　悦复谏　号泣随　挞无怨

【译文】

父母亲有过错的时候，应小心劝导改过向善，劝导时态度一定要和颜悦色，声音一定要柔和。如果父母不听规劝，就要等父母心情好时再劝，如果父母还是不听，甚至生气，此时我们虽难过得痛哭流涕，也要恳求父母改过，纵然遭到责打，也毫无怨言。

【解析】

孝养父母有三：一是养父母之身；二是养父母之心；三是养父母之志。养父母之身就是让父母吃好穿暖，生活舒适，身体健康；养父母之心就是让父母心情愉悦，感到幸福；养父母之志最关键的是让父母的慈爱经过我们传递给社会，造福人群与苍生。《论语》中子夏问孝。子曰："色难"。因此，对父母和颜悦色，心平气和本身就是孝。做子女的常回家看看，问寒问暖，了解父母所思所想，解除父母后顾之忧是非常重要的。当然，父母责罚我们时，应该从命。但如果父母正在气头上，要狠狠地打你，还是三十六计走为上。在人人平等的当今，做父母的要责罚孩子，也要讲究方式和策略，不能怒火填膺，也不能惩罚过重。做父母的，火气一时上来了，也要尽量压一压，绝不能不管不顾把孩子往死里打，等把孩子打残疾了，再后悔就迟了。

【故事】

泰伯兄弟隐居让位

泰伯，是周太王古公亶（读音 dǎn）父的长子，亦即周文王的大伯父。古公亶父的妃子太姜，生子三人：长子叫泰伯，次子叫虞仲（名仲雍），小儿子叫季历。季历的儿子姬昌，就是后来的周文王。据说，当周文王出世的时候，有祥瑞出现，所以身为祖父的古公亶父就说了这么一句话："我世当有兴者，其在昌乎？"言下对这个甫出生的孙儿，充满了殷切的期望。身为长子的泰伯在听到这话后，立刻明白了父亲的意思是希望能把家业传给季历，以便将来顺理成章地传给姬昌。于是，他就自动引退，带着二弟仲雍躲匿到很远的荆蛮地方，并且文身断发，表示让位于季历的决心。躲到荆蛮之后的泰伯，自号为"句吴"，他的义气感动了许多荆蛮的人，于是有一千多家自动地跟随了他，而逐渐发展成为吴国。根据《通志氏族略》的记载："泰伯封于吴，子孙以国为姓。"

亲有疾	药先尝	昼夜侍	不离床
丧三年	常悲咽	居处变	酒肉绝
丧尽礼	祭尽诚	事死者	如事生

【译文】

父母亲病了，吃的药自己要先尝一尝，并昼夜在父母身边服侍，不离开。父母去世后，要守丧三年，常常思念父母的养育之恩，提起父母时会难过地哭泣。居处要力求简朴，禁绝酒肉、情欲等。操办丧事要合乎礼节法度，祭祀要诚心诚意，对待死者，要如同他们在世时一样。

【解析】

古礼，父母去世之后，子女要守孝三年。据说，对母亲守孝是足孝，要足足守够三年整，共 36 个月，若赶上闰月，恐怕还得 37 个月呢。而对父亲却不是足孝，每年守 10 个月，三年共 30 个月也就可以了。父母皆是至亲，守孝同样是三年，为什么对母亲却要多守 6 个月的孝呢？我百思不得其解。后来问村里的长辈，老人们说，母亲要怀胎十月，身怀六甲，还要操劳生计，而且生儿生女就是母亲的鬼门关。过去，医疗条件差，因生育难产，母子皆亡，或者保住了孩子，死了亲娘的多了去了。当个母亲，是多么的不容易啊！

如今，守孝三年，似乎也大可不必了，但在父母生病期间，悉心照顾伺候父母却是应该的。当然，当今找个满意的工作也挺难，完全放下或放弃工作来照料父母，也不太现实。父母去世后，子女要常常追思、感怀父母教养的恩德。对待父母的丧事要哀戚合乎礼节，既不要为了面子铺张浪费，也不可草率马虎了事。《论语》上的"生，事之以礼，死，葬之以礼，祭之以礼""祭如在，祭神如神在"都是很有道理的。

【故事】

亲尝汤药

汉文帝刘恒，是汉高祖的第三子，为薄太后所生。高后八年（前 180）即帝位。他以仁孝之名，闻于天下，侍奉母亲从不懈怠。母亲卧病三年，他常常目不交睫，衣不解带；母亲所服的汤药，他都要亲口尝过后，才放心让母亲服用。他不仅关心母亲的疾苦，而且始终和颜悦色，注意了解母亲的所思所想，使母亲幸福地安度晚年。刘恒贵为皇帝，可以说是日理万机，还能如此地侍奉母亲，更是难能可贵啊！汉文帝在位 24 年，重德治，兴礼仪，注意发展农业，使西汉社会稳定，人丁兴旺，经济得到恢复和发展，他与汉景帝的统治时期被誉为"文景之治"。

出则弟

兄道友　弟道恭　兄弟睦　孝在中
财物轻　怨何生　言语忍　忿自泯

【译文】

当哥哥姐姐的要友爱弟弟妹妹，做弟弟妹妹的要懂得恭敬哥哥姐姐，兄弟姐妹能和睦相处，一家人和乐融融，父母自然欢喜，孝道就在其中了。与人相处不斤斤计较财物，怨恨就无从生起。言语能够包容忍让，多说好话，不说坏话，忍住气话，不必要的冲突与怨恨也就自然化解而消失了。

【注释】

"出则弟"中的"弟"通"悌"。

【解析】

"出则弟"是学生学习的第二课。孝悌是有机联系在一起的，二者不可分割。"孝"是对上辈，"悌"是对同辈。"悌"也是会意字，一个"心"字，加一个弟弟的"弟"字，心在弟旁，心中有弟。表示哥哥姐姐爱护弟弟妹妹，兄弟姐妹之间诚心友爱。"弟"又有"次第"的意思，表示弟弟要尊敬、顺从兄长。"悌"反映了兄与弟、姊与妹等长幼次序关系，兄（姊）对弟（妹）要友善，弟（妹）对兄（姊）应恭敬。即：兄（姊）友弟（妹）恭。在社会中，人与人之间也有长幼之别，敬长爱幼，做到长幼有序是悌道的进一步推广。

兄弟姐妹和睦相处是父母的心愿，也是做人孝心的体现，这是人之常情。兄弟姐妹的亲情是天然的，所谓"血浓于水"，在人生道路上，与父母妻子相比，兄弟姐妹陪我们的时间可能更长些。因此，珍惜兄弟姐妹的亲情，相互关爱，相互谅解，显得尤为重要。当然，兄弟姐妹之间发生了矛盾，一忍再忍，也往往不是道行浅的人能做到的，但加强沟通，想方设法化解矛盾却是上策。兄弟姐妹这些至亲的亲人长期相处，也难免有矛盾，兄弟姐妹之间的纷争有时起于财产之争，更多的是因言语不和而起纷争。

俗语说"病从口入，祸从口出"，可以说言语为福祸之门。孔门四科有德行、言语、政事、文学。"言语"仅次于"德行"之后，可见其重要性。当今信息社会，沟通非常重要，言语是沟通的桥梁。存仁心，才会说话，才能说好话。

【故事】

李子和三次让产

李义，字子和，是东北王善人（讳树桐，字凤仪）的表弟。他几十年跟随王善人周游四方行善。他曾问王善人如何行道。王善人告诉他："你妈妈是孀居下堂（寡妇改嫁），到你家生的你。因为你妈不知当后妈的道，和你前房所留的（前母所生的）大哥，没能处得一德一心。又怕你受大哥的气，所以分居另住。你大哥也不知道尽孝，只给你们母子俩二百吊毛钱。所以你从小给人家放牛，长大又给人家扛活（佣工），现在挖煤，总算成家立业了。你的道好行，只要把悌道行真了，便是直接尽了悌道，间接尽了孝道，把你妈的慈道也补上了。"后来，李子和的大哥，因为抽大烟被押。王善人劝李子和母子出钱营救他大哥。李子和拿出几年来所积蓄的一千吊钱，把他大哥救了出来。过了几年，他大哥又穷得没法过了，那时李子和的母亲和妻子都已去世，王善人又劝他把家产让给他大哥，并跟王善人外出劝善，学习宣讲。他不但照王善人的话做了，并且说："我要不会当兄弟，算我白活一世。"有一次，他叔叔告诉他说："你大哥又要卖地了。"他说："他就是把我卖了，我也得去。卖到谁家，保管当个好儿孙。"后来李子和的长子连溪，过继给他同宗的大娘，得了点遗产。他又叫儿子，把这份产业也让给他大哥了。李子和听从王善人的话，三次让产，把悌道算尽真了！当今，亲兄弟还因家产闹得不可开交，甚至出人命的都有。李子和能对异母所生的哥哥三次让产，真是千古难得。

或饮食　或坐走　长者先　幼者后
长呼人　即代叫　人不在　己即到

【译文】

不论在用餐、就座或行走时，都应该谦虚礼让，长幼有序，让年长者优先，年幼者在后。长辈有事呼唤人，应代为传唤，如果被叫的人不在，自己应该主动去询问有什么事？或代为转告。

【解析】

良好的作风与习惯要从小培养，并逐步养成；不论是大事，还是小事，都要谦虚谨慎，彬彬有礼，做一个文明礼貌的好人。孙中山先生曾说："人生以服务为目的，不以夺取为目的。"事实上，"我为人人，人人则为我。"不论在家庭，还是社会上，助人为乐是深受欢迎的，也是快乐之本。

【故事】

雷锋助人为乐的故事

1961年5月的一天，雷锋因公事到丹东出差，清早五点钟从连部出发，在去抚顺火车站的路上，看到有一位大嫂背着小孩，手里还拉着一个六七岁的小女孩去赶车。天淅淅沥沥地下着雨，他们母子三人都没穿雨衣。那个小女孩因掉进泥坑里，弄了一身泥，一边走还一边哭。看到这种情况，雷锋立即想道：我军宗旨就是全心全意为人民服务，群众的困难就是我的困难。雷锋急忙上前去，脱下自己的雨衣，披在背小孩的大嫂身上，马上又背起那个小女孩，一同来到火车站。雷锋替她买好了票，又一同上了火车。在车上，雷锋看到那个小女孩，全身衣服没有一点干处，头发还在往下滴水，冻得她直哆嗦。雷锋自己一身衣服也湿了，他急忙解开外衣，摸摸贴身的那件绒衣还是干的，立即脱了下来，给那个小女孩穿上。听说他们母子三人早晨没吃饭就出来了，雷锋又把自己带的三个馒头送给了他们。上午九点钟，列车到了沈阳，雷锋领着小女孩，把他们母子三人一直送出车站。

当今社会中有些怪现象，据说某地有一位八十多岁的老人摔倒在家门口，连保安也不敢上前扶一把，围观了不少人，其中有一女士报了警，但等到110、120等赶到后，老人已经气断身亡了。真是可悲可叹。当今有些商人不仅很少助人为乐，而且专门坑人害人，有的还专门坑老人和孩子，真是可恨啊！自古流传无商不奸。事实上，商人也是人，也有良心，本性也是善良的，其初心也绝不是恶毒的。我就认识不少企业家、经营者非常乐意帮助别人。河北众诚集团的董事长韩杏军不仅倡办了石家庄诚信促进会，而且还乐助多名贫寒学子念大学，真是难能可贵。

称尊长　勿呼名　对尊长　勿见能
路遇长　疾趋揖　长无言　退恭立
骑下马　乘下车　过犹待　百步余

【译文】

称呼长辈，不可以直呼姓名，在长辈面前，要谦虚有礼，不可以炫耀自己的才能；路上遇见长辈，应向前问好，长辈无言没事时，即恭敬退后站立一旁，等待长辈离去。古代礼节，晚辈不论骑马或乘车，路上遇见长辈均应下马或下车问候，并等到长者离去稍远，约百步之后，才可以离开。

【注释】

"对尊长 勿见能"中的"见"读音 xiàn，通"现"。"骑下马 乘下车"中的"车"读音 jū 为古音，今音 chē。

【解析】

尊老是中华民族的美德，尊老也是孝亲的体现。老人往往人生阅历、经验较多，值得我们学习的地方也多。俗话说："不听老人言，吃亏在眼前"是很有道理的。当然，现代社会节奏快，生活压力大，像过去那样的繁文礼节实行起来也不太现实。何况，当今很多家庭都有了小轿车，等长辈坐车都开走数百米了，晚辈还在这里傻站着，也是非常危险的。对待长辈有礼节，既要有礼，还要有节，尽量从简，但又不失尊敬才好。当今，不少晚辈或学生，不懂礼节者多矣，连个招呼都不打或者不会打的人，的确也很常见。但一个高素质的人，还是应该讲究些礼节，晚辈在尊长面前谦虚礼让也是很有必要的。就是送别长辈和同辈也不能一样，送别长辈，还是要有一小会儿适度的目送礼，这不仅体现了晚辈的心诚，也表现了晚辈对长辈的尊重。

【故事】

张良礼遇黄石公

一天张良路过一座桥，突然看见有位老人家朝桥下看。张良又仔细一看，原来是一位衣衫破旧的老人（黄石公）光着一只脚站在桥上。张良急忙走过去说："老人家，您别着急，我去替您捡。"说完，他就奔下桥捡了鞋，但他发现这鞋不是掉下去的，而是扔下去的。张良回到了桥上，谁知，老人把脚一伸，吩咐道："把鞋给我穿上！"张良心里真的有些生气，但是想了想还是帮老人穿了鞋。老人拍了拍张良的肩膀说："年轻人，你可教诲的啊！五天后的早上你来这里等我吧"。张良答应了。可张良年轻贪睡迟到了，老人生气地说："五天后再来吧！"张良又羞又愧，五天后，刚过半夜，他就早早地来了。过了一个时辰、两个时辰……终于等来了老人。老人送给他一本书。天明后，张良一看，正是梦寐以求的《太公兵法》。从此张良奋发研读，终于成为一个帮刘邦创立帝业的千古大谋士。

> 长者立　幼勿坐　长者坐　命乃坐
> 尊长前　声要低　低不闻　却非宜
> 进必趋　退必迟　问起对　视勿移
> 事诸父　如事父　事诸兄　如事兄

【译文】

与长辈同处，长辈站立时，晚辈应该陪着站立，不可以自行就座，长辈坐定以后，吩咐坐下才可以坐。与尊长交谈，声音要柔和适中，声音太低让人听不清楚，也是不适宜的。有事要到尊长面前，应快步向前；退回去时，必须稍慢一些才合乎礼节。当长辈问话时，应当神情专注地聆听，眼睛不可以东张西望，左顾右盼。对待叔叔、伯伯等尊长，要如同对待自己的父亲一般孝顺恭敬；对待同族的兄长，如堂兄姐、表兄姐，要如同对待自己的兄长一样友爱尊敬。

【解析】

上面这一大段话，重在有礼节，体现长幼有序。见了尊长，要大大方方的，有礼貌，会寒暄，从真诚发心。当然，对待传统的繁文缛节，我们也不能过于教条，过于苛求孩子们，那样反而可能扼杀了孩子们的天性和纯真。大人坐着，让孩子傻站着。孩子们整天像个小奴才似的，见了长辈唯唯诺诺，甚至战战兢兢的。这恐怕也就扼杀了孩子们的创造力。尊长爱幼的礼节都要恰到好处，这个火候，有时不太好掌握，需要适当取舍，不断地积累经验。

孟子曰："老吾老，以及人之老。幼吾幼，以及人之幼。"这是尊老爱幼的至理名言。尊老爱幼要存"忠恕"和"恭敬"之心，要经常换位思考。在经商中，接触的人老少皆有，敬重老人，往往能受益匪浅。

【故事】

司马光敬爱兄长

司马光一生孝顺父母、友爱兄弟、忠于朝廷。他地位显赫，德高望重。他不仅德行极为人们所推崇，而他发乎真诚的友爱兄弟的情怀，更是千古流传。司马光的哥哥司马旦，字伯康，兄弟两人的感情特别好。当司马光退居在洛阳的时候，每次返乡探亲，总会探望兄长，他对哥哥既敬重又极为关怀。当时哥哥伯康已经八十岁了，而司马光也年纪不小，但侍奉兄长就如同侍奉父亲一样地尽心尽力。尤其老人家体质较弱，消化不佳，常需少量多餐，故照顾颇为费神。所以每当吃完饭不久，司马光总会亲切地问候哥哥："您饿了吗？要不要再吃点东西？"几乎是时时刻刻地关注，真是无微不至。季节交替，气温变化很大，老人最怕的是着凉。所以天气稍稍转凉，司马光就常常轻抚着兄长的背，并关切地问道："衣服会不会太薄？会不会冷？"日日嘘寒问暖。人的一生，和兄弟姐妹相处的时间，往往超过父母，所以应该彼此相互提携照顾。司马温公虽然身居显贵，但照料兄长从不委由仆人代劳，都是亲自操持，这种至情至亲的手足之爱，令人感动。

谨

朝起早	夜眠迟	老易至	惜此时
晨必盥	兼漱口	便溺回	辄净手
冠必正	纽必结	袜与履	俱紧切

置冠服　有定位　勿乱顿　致污秽

【译文】

清早要早起，晚上要迟睡，但不要过度熬夜，人生短暂，要珍惜光阴，积极努力。早晨起床后，必须先洗脸、刷牙、漱口使精神清爽，让一天有一个好的开始。大小便后，一定要洗手，养成良好的卫生习惯，才能确保健康。要注重服装仪容的整齐清洁，戴帽子要戴端正，衣服扣子要扣好，袜子穿平整，鞋带应系紧，否则容易被绊倒，一切穿着以稳重端庄为宜。回家后衣、帽、鞋、袜都要放置定位，避免造成脏乱，要用的时候又要找半天。

【注释】

"老易至，惜此时"中的"惜"读音 xī，另有读音 xí。"便溺回，辄净手"中的"溺"读音 niào，通"尿"，指小便。

【解析】

《说文》曰："谨，慎也。"慎重小心曰谨。"谨"字有"言"，口为祸福之门，言语的谨慎尤为重要。《易经·乾·文言》曰："庸言之信，庸行之谨，闲邪存其诚。"其意思是说：有大德之人，日常言论也要守信，要说到做到；日常的行为，也须谨慎小心；要防止一切邪念，内心还要长存诚实。可见，谨慎也是人生所必需的。当然，谨慎并不是胆小怕事，也不是平庸无为。

所谓"谨"，就是一种生活态度，做人要谦虚谨慎，才不至于犯错误。"谨"是学生学习的第三课。"谨"是做人之基，"慎"是护身之符。"谨"这部分的教诲可以培养人很多德行，提高人的素质。第一，培养良好的生活习惯，提高自制自理的能力；第二，培养好的心态，提高独立生活的能力；第三，培养劳动技能，提高做事的能力。大处着眼，小处着手，养成良好的生活习惯，勤谨做事就是成功的一半。因此，对人对事我们都要谦虚谨慎。

一个人要有所成就，还要珍惜光阴。汉代无名氏的《长歌行》中道："百川东到海，何时复西归？少壮不努力，老大徒伤悲。"陶渊明诗："盛年不重来，一日难再晨。及时当勉励，岁月不待人。"都是让人们珍惜光阴。当今，有不少学生迷恋网络，也有不少致富的商人迷恋赌博，酿造了许多人间悲剧。

【故事】

小心谨慎的故事

西汉时期，大将军霍去病的同父异母兄弟霍光被任命为光禄大夫，每当皇帝出行，霍光总跟随左右。他出入皇宫总是处处小心，事事谨慎，从来没有出过任何差错。汉武帝十分宠信他，封他为大司马。汉武帝死后，他与御史大夫桑弘羊辅佐汉昭帝刘弗陵执政。《汉书·霍光传》记载，霍光出入禁闼二十余年，小心谨慎，未尝有过。无独有偶，三国时期，诸葛亮一生谨慎，从不弄险。蜀国从建立到发展，尤其是蜀国伐吴失败后，蜀国能在困难中存续，实则得益于诸葛丞相的谨慎。

衣贵洁　不贵华　上循分　下称家
对饮食　勿拣择　食适可　勿过则
年方少　勿饮酒　饮酒醉　最为丑

【译文】

穿衣服贵在整洁大方，而不在于华丽。着装要符合自己的身份及场合，还要与家庭条件相适应，这才是持家之道。而对于食物，不要挑食，不可以偏食，偏食会营养不良。吃饭要适可而止，不要过量，过量会伤脾胃，危害健康。青少年或未成年，千万不可以饮酒。成年人饮酒也要适度。一旦喝醉了，就会丑态百出，很是丢人现眼。

【注释】

"上循分，下称家"的"分"读音 fèn，指身份；"称"读音 chèn，意为相称。

【解析】

爱面子是人之常情，而过于虚荣不仅无益，反而有害。一个人，要根据家庭状况，来安排吃穿出行，不能盲目攀比。在什么场合，应有什么样的穿戴。一个学生穿着大裤衩子和拖鞋去澡堂是很正常的，而这样的打扮恐怕参加婚礼就不合适了，就是去教室或者去图书馆，也是不合适的。穿戴得体，不仅能彰显一个人的气质，还反映一个人的素质。这些事虽小，也要引起高度重视。保持良好的饮食习惯，不仅有助于身体健康，还能养心养德，从而促进身心和谐。《论语》上有："食不厌精，脍不厌细。"孔老夫子劝勉我们：食物不要过分讲求精美，烹调不要过分要求细致。这是很有道理的。

【故事】

是虚荣心害了她

某女，原是某中学的一名英语教师，年轻靓丽，教学效果也很好，深受领导的器重和学生的爱戴。可是，在这个物欲横流的社会，每当她看到同学、朋友一个比一个风光，就感觉心里不是滋味。最后实在是经受不起金钱和物质的诱惑，她毅然辞去了教师这一份工作，去了一家外企公司，开始了她的白领生涯。进了外企之后，她的收入明显地比以前多了好多，可是和其他女孩子相比，却仍是小巫见大巫。尤其是面对老板情人的趾高气扬，这个女子心里感觉特别不是滋味。她想"她不仅不如我漂亮，还没有我的学历高，凭什么就过着那么优越生活？"与她在一起合住的一个女友经常去歌厅坐台，挣来很多外快，她禁不住诱惑也就去了。后来，偶然的机会，她结识了一伙毒贩子。毒贩子引诱她贩毒，她开始过上了花天酒地的生活。可好景不长，这伙毒贩子落入法网，她也被抓获归案。这时，她才终于明白，是虚荣心害了自己。

法国哲学家柏格森曾经说过："虚荣心很难说是一种恶行，然而一切恶行都围绕虚荣而生，都不过是满足虚荣的手段。"虚荣心是一种被扭曲了的自尊心，是自尊心的过分表现，是一种追求虚表的性格缺陷，是人们为了取得荣誉和引起普遍注意而表现出来的一种不正常的社会情感。在当今社会，不论男女老少都不能过于追求虚荣，尤其是年轻女孩子更不能过分追求虚荣。

步从容　立端正　揖深圆　拜恭敬
勿践阈　勿跛倚　勿箕踞　勿摇髀

【译文】

走路时，步伐要不急不缓，从容稳重；站立时，要端正直立。问候他人时，作揖要把身子躬下去；礼拜时，要恭恭敬敬。进门时，脚不要踩在门槛上，不要一条腿支撑身体歪斜倚靠；蹲坐时，不要岔开双腿，更不要摇晃大腿。这些都是很轻浮、傲慢的举动。

【注释】

"勿践阈，勿跛倚，勿箕踞，勿摇髀"中的"阈"读音 yù，意为门槛；"跛倚"读音 bǒ yǐ，"跛"是指一只脚斜站着；"倚"是指身子歪曲斜倚；"箕踞"读音 jī jù，是指坐着时双脚展开像簸箕或是虎踞的样子；"髀"读音 bì，"摇髀"是指抖腿或摇臀。

【解析】

俗话说：立如松，行如风，坐如钟，卧如弓。这不仅反映了一个人的精神风貌，还反映了一个人的修养。行坐都要符合规矩，不失君子风范。俗话说："男抖穷，女抖贱。"在生活中，立没立像，坐无坐姿，抖腿摇臀，是往往让人瞧不起的。当今社会，礼节也是必不可少的。见面如何问候？与人如何握手？

如何告辞？诸如此类，不少孩子，甚至有些成年人也不太会，这就有些欠缺了。当今，有些商人挣了点钱，发了点财，就摆出财大气粗的样子，摇头晃脑，吆五喝六，出言不逊，甚至目中无人，飞扬跋扈，行为不轨，这都应该引以为鉴。

【故事】

借腹生子的风流商人

李某出生在豫东农村，曾做过乡村教师，20 世纪 90 年代带着妻女到郑州发展。先在表亲开办的一家广告公司从事文字工作，他不甘心寄人篱下，凭着自己的聪明才智开办了一家广告公司，后又投资建材生意，没过多久，生意做得红红火火，资产达到数百万元，在郑州还购买了自己的别墅等多处房产，拥有了两部轿车。李某属单传，他经常想起"不孝有三，无后为大"的古训。可年近半百，一直希望妻子再生个儿子，可跑遍了多家治疗不孕不育的医院，折腾了十多年也没有任何结果。后来，夫妻商议决定借腹生子。在上网聊天的偶然机会，李某结识了一名即将大学毕业的女生。该学生出身贫寒但爱慕虚荣，李某以能为她介绍工作为名，加强了交往，不断地给她钱财，后来两人同居了。李某和盘说出了自己的苦恼及"借腹生子"的计划，并答应给予 13 万元的经济补偿。该女生正愁工作无着落，经济上也紧张，就答应并签署了"土协议"。后来，果然怀孕，通过现代检测手段，确定是个男孩。李某夫妇欣喜万分。可到临产时，通过检查，医生判断孩子可能是脐绕颈。大人、孩子都危险，要立即剖宫产。女孩子没嫁人，迟迟不愿签字，耽误了宝贵时间。后来经过剖宫产，大人是保住了，但孩子却落了个脑瘫。李某夫妇与该女生因此也反目成仇了，李某为了避免影响，赔了该女孩子八万元才算完事，李某看着脑瘫的儿子真是悔恨交加，悔不当初！

做人千万要守本分，生男育女皆是命，生男生女都一样，又岂能强求？

缓揭帘　勿有声　宽转弯　勿触棱

执虚器　如执盈　入虚室　如有人

事勿忙　忙多错　勿畏难　勿轻略

斗闹场　绝勿近　邪僻事　绝勿问

【译文】

进出门时，要缓慢地揭开门帘，尽量不要发出响声。走路拐弯时角度要大一些，不要碰着东西的棱角，以免造成不必要的伤害。手里拿着空的虚器，要像拿着装满东西的器具一样小心。走进没有人的房间，要像走进有人的房间一样谨慎，不可以随便。做事不能太匆忙，匆忙就容易出错。不要害怕困难，也不要马虎草率。凡是打架嬉闹的地方，不要接近，不符合情理的事情不要过问。

【解析】

做事要谨慎细心，要不断积累经验，汲取教训。有了错，要及时改正。尤其要远离赌博、色情等场所，不要凑热闹，更不能打架斗殴。因看热闹而引起的踩踏事件不少，因围观别人打架斗殴而引来祸患的事件也不少见。爱热闹看热闹不仅是"好奇心"的驱使，也是人们的陋习，是置身于危险之中的活动，千万要引以为鉴。

【故事】

朱寿昌、班银城古今寻母感天地

在宋朝有个叫朱寿昌的男孩，在他七岁的时候，生母因为被嫡母嫉妒，被赶出家门另嫁了他人，寿昌日夜思念母亲，长大科考做官后，仍不忘四处打听、寻找生母。后来辞官不做，专门寻找生母，在他五十岁的时候，历尽艰辛，终于找到了母亲，母子俩见面后抱头痛哭，寿昌把母亲和异父同母的兄弟也接到家中，全家过上了幸福生活。

无独有偶，在河北省广平县最近流传这样一个孝心故事：一个"80后"男青年班银城，为了寻找自己失踪的母亲，17年行程万里足迹遍及山东、河北、河南、山西四个省份上千个村庄。班银城父亲早逝，相依为命的兄妹四人在母亲含辛茹苦的呵护下艰难生存。17年前的某一天，生活中遮风挡雨的母亲突然不见了，年幼的兄妹开始了寻找，没想到，这一找，就是17年。为了找到母亲，次子班银城徒步四省近千个村庄走街串巷。期间，有过睡野地讨百家饭的艰辛，也有三天三夜不进水米昏迷山涧的惊险。多少人劝他别找了，班银城始终不放弃。"皇天不负有心人"，2010年7月6日，在平山县孟家庄镇黄家湾村，正在卖货的班银城偶然遇到了母亲。母子相拥而涕，随后，班银城把母亲接回老家奉养。很多好心人为班银城介绍工作，如今班银城有了自己的稳定工作与收入，母子生活幸福。

将入门　问孰存　将上堂　声必扬
人问谁　对以名　吾与我　不分明

用人物　须明求　倘不问　即为偷
借人物　及时还　后有急　借不难

【译文】

将要进入别人的家门之前，应该先敲门，或问一声："有人在吗？"进入客厅之前，应先提高声音，让屋内的人，知道有人来了。如果屋里的人问："是谁呀？"应该将自己的名字告诉对方。如果回答"是我"，那对方很可能分辨不出是谁来了。要借用别人的物品，一定要当面向人家提出请求，征得主人允许。如果没有事先征求同意，擅自取用就是偷窃的行为。借来的物品，不用后要及时归还，以后若有急用，再借就不难了。

【注释】

"人问谁"中的"谁"读音 shuí，另有读音 shéi。

【解析】

谚语云："好借好还，再借不难。"这真是千古颠扑不破的真理，然而，古今中外，有不少人并不懂这个道理，或者不能很好地践行这个道理。借用了别人的东西不及时归还。这是非常令人讨厌的。还有的人借了钱物就是赖着不还，不管什么原因，都显得不太道德，甚至有点缺德了。当今，很多人不愿意把财物借给别人，恐怕也是让人"借了不还"给借怕了。当你把钱借给别人之时，一定要想到，借给别人钱是有一定风险的。当然，只要你愿意借出去，收不回来时，一定要想开点，千万不能气着自己。就当不小心，把钱弄丢了。借别人钱的人，要想方设法来偿还。这不仅是出于感恩，也是守住良善与诚信的法门。

【故事】

姑嫂的诉讼

有一家人，男人经商，女人持家，独生儿子上学，积累了一些财富，一家人快快乐乐地生活着。有一天，这个男人的妹妹因买房需要首付来找哥哥借六万块钱，哥哥就痛快地答应了。因为是亲兄妹，哥哥也没让妹妹打借条。后来，哥哥把这件事告诉了妻子。过了几年，不幸的是哥哥突然得病去世了。嫂子当时处于悲伤中，也没来得及问小姑子借钱还钱的事。又过了些日子，嫂子找小姑子讨要那六万块钱。可小姑子说，她早就还给哥哥了。可哥哥从来未向嫂子提起妹妹还钱的事。因此，嫂子就认为小姑子赖账不还。于是将小姑子告上了法庭。在法庭上，双方谁都拿不出证据，清官也难断家务事。最后，也只能不了了之了。不过，其中总有一个人是不诚实的。做人不能丧失良心，应该是人死债不烂。

信

凡出言　信为先　诈与妄　奚可焉
话说多　不如少　惟其是　勿佞巧
奸巧语　秽污词　市井气　切戒之

【译文】

开口说话，诚信为先，说谎话骗人或花言巧语，都是不可以的。话多不如话少，话少不如话好。谈话内容要实事求是，不要奸佞乖巧。尖酸刻薄、下流的肮话，千万不能说。阿谀奉承以及讳言秽语等市侩习气，更是要不得，一定要戒除。

【注释】

"勿佞巧"中的"佞"读音 nìng，意思是"谄谀取悦"。

【解析】

"信"是学生学习的第四课。孟子曰："有诸已之谓信。"墨子曰："信，言合于意也。"《说文》曰："信，诚也。"信的本义是真心诚意。一般而言，信是指做人诚实守信不欺骗别人，我们与人交往要讲诚信。《论语》中关于信的名言不少，如："与朋友交，言而有信"。"信近于义，言可复也"。"民无信不立"等。古人强调：与人交往，言必合宜，绝不食言；不妄语，不轻诺；言既出，事必行。在现实生活及市场经济中，"诚信"是做人的根本，也是经商的前提。当今社会愈加复杂，我们立身处世更应该谨言慎行。言多必有失，须引以为鉴。子曰："君子欲讷于言，而敏于行"。在现代市场经济中，为人处世要少说多做，决策要果断，行动要迅速。做人一定要诚实守信，践行承诺。

【故事】

一诺千金的故事

"一诺千金"原作"季布一诺"。据《史记·季布栾布列传》载，汉代初年有一位叫季布的人，他乐于助人，很讲信用，凡是答应过的事，一定会设法办到，因此享有盛名。

当时有一名叫曹丘生的楚人，好以财物结交有权势的官员，借以抬高自己的身价。他听说季布作了大官，就请求窦长君引荐他去见季布。窦长君告诉曹丘生说季布不喜欢他，劝他不要去。但曹丘生还是苦苦央求窦长君写封引荐信，窦长君勉为其难地答应了。曹丘生拿了引荐信就马上去拜访季布，见到季布后，他深深作揖，并说：“楚人有一句谚语说：‘黄金百斤，不如得季布一诺。’你在梁、楚一带的名声之所以能这么大，都是我帮你传扬的啊！大家都是楚人，为什么你一直拒绝见我呢？”季布听了这句恭维的话，非常高兴，以上宾之礼招待。曹丘生住了几个月才离开，临走时，季布还送了他一份厚礼。曹丘生继续替季布宣扬，季布的名声也就越来越大了。

后来“一诺千金”这句成语，就从这里的“黄金百斤，不如得季布一诺”演变而出，用来形容信守承诺，说话算数。

见未真　勿轻言　知未的　勿轻传

事非宜　勿轻诺　苟轻诺　进退错

凡道字　重且舒　勿急疾　勿模糊

彼说长　此说短　不关己　莫闲管

【译文】

看到的事情没弄清楚，不要随便乱说；听来的事情没有根据，不要随便乱传。对自己不适宜的事情，不要轻易许诺。假如轻易许诺，就会进退两难。说话的时候，吐字要清楚、舒缓，不能讲得太快，也不能讲得含混不清，使人家听不明白。这家说长，那家说短，与自己无关的事情，不要多管。好管闲事，往往惹是生非。

【注释】

“知未的”的“的”读音 dì，意思是“真实”“确实”。“勿模糊”的“糊”读音 hū，另有读音 hú。

【解析】

当今社会是信息社会，各种小道信息很多，我们既不要轻易听信，也不要轻易传播。俗话说：“谣言止于智者。”因为，智者能正确分析，不轻易相信谣言，也不会轻易传播谣言，自然不会被谣言所利用了。在现代社会，沟通是非常必要的，言语是沟通的桥梁。第一，要学会倾听（也叫洗耳恭听）；第二，要注意说话的时机，话多不如话少，话少不如话好，话好不如话巧；第三，说话清晰、庄重、舒缓，还要重视抑扬顿挫，让人听得明白。在社会交往中，不能轻易许诺。若许了诺而不能实施承诺，就失去了信誉。不管闲事，不惹是非是对的，但事不关己，就高高挂起也是不好的。

【故事】

黄骅"冰河救人"群体

2010 年 2 月 28 日，渤海岸边狂风劲吹，雪花飞舞，气温降至零下 5 摄氏度。下午 1 时许，天津港天乐公司职工张希强驾车带着一家五口，从山东老家返回天津，在行至黄骅黄赵公路一转弯处时，由于下雪路滑，轿车失控掉入两米多深的冰河，车上 5 人命悬一线。关键时刻，路过此处的黄骅市出租车司机白宝海，黄骅市检察院干部郑炳强等，不顾个人安危，跳入冰冷刺骨的水中展开救援。在白宝海的帮助下，车里 5 人陆续爬到车顶上。此时，白宝海盘算着先把小孩救到岸上，但他的腿突然抽筋，只得抱着孩子又回到车顶上。狂风夹着雪花，抽打在 6 个人的身上。此时，岸边已聚集了很多人，一辆路过的货车司机见状，解下绑货的绳子抛向水中，任由他车上的货物被狂风吹散。关键时刻，郑炳强抓住货车司机抛下的绳子，向对岸奋力游去，对岸早有好心人在那里等候。这样，海水岸两边的人们终于拉起了一道救援绳索。黄骅市南排河镇的张吉军，抢着拉住了救人的绳子，当把张希强和其妻子、外甥媳妇和一个不足一岁的宝宝顺利拉到岸边时，张吉军才发现早上出门才穿的新皮鞋已没了踪影。刚刚还和妻子帮着拉绳子救人的黄骅市住房和城乡建设局干部戴伟星，把满身是水的 3 名被救者放到自己的车上，第一时间送往医院。由于风力太大，已在水里游个来回的郑炳强，已没力气把绳子送到白宝海的手中。冰冷的海水中，只剩下白宝海和几乎已经冻僵的一名 9 岁男孩。白宝海跪在落水的车顶上，海水淹到胸部，手被冻僵，为了不让孩子落水，他用牙紧紧地咬住孩子的衣领，在冰冷的海水中坚持着。危急时刻，一辆吊车从远处驶来。听说要救人，吊车司机王文新迅速调整好车位，把长长的吊臂伸向白宝海和孩子。白宝海用尽最后一点力气，抱着孩子，成功上岸！

在完成了一场从死神手中抢回 5 个生命的壮举之后，英雄们都悄然离开现场。英雄不能被埋没！人们想方设法搜索着英雄的踪迹。白宝海、郑炳强……一个个英雄的名字，开始在社会上传颂。

见人善　即思齐　纵去远　以渐跻
见人恶　即内省　有则改　无加警

【译文】

看见他人的优点或善行义举，要立刻想到向他学习看齐，即使跟他差距较大，也要下定决心，积极努力，逐渐赶上。看见别人的缺点或不良的行为，要反躬自省，检讨自己是否也有类似缺点，有则改之，无则加勉。

【注释】

"以渐跻"的"跻"读音 jī，其含义有"登""上升""达到"等。

【解析】

《论语》子曰："见贤思齐焉，见不贤而内自省也。"向比自己优秀或有善行的人学习是进步的原动力，看到别人不好的一面，应反省自身，并引以为戒，这是克己修身的功夫。当今市场上假冒伪劣屡见不鲜，事实上，造假也容易跟风。正所谓："从善如流，从恶如崩。"

【故事】

见贤思齐的故事

东晋时期，有兄弟俩，一个叫孙潜，一个叫孙放，两人都是机智聪慧、勤奋好学的人。他们时刻都想着学习别人的善行，这从他俩的名字中也可以看得出来。孙潜，字齐由。为什么叫齐由呢？原来在古代有一个叫许由的贤士，尧帝把自己的帝位让给他，他感到才浅德薄，就推辞不受。孙潜觉得应该向这种谦让的精神看齐，所以取名"齐由"。孙放，字齐庄。我们都知道，庄子是古代著名的思想家，孙放觉得自己应该向庄子学习，所以取名"齐庄"。兄弟二人见贤思齐的精神，是很值得我们今天学习的。

唯德学　唯才艺　不如人　当自砺
若衣服　若饮食　不如人　勿生戚

【译文】

每一个人都应当重视自己的品德、学问和才能技艺的培养，如果感觉到有不如人的地方，应当自我惕励，要奋发图强，努力赶上。至于外表穿着，或者饮食不如他人，则不必放在心上，更没有必要忧虑自卑。

【解析】

《中庸》上讲："好学近乎智，力行近乎仁，知耻近乎勇。"学习别人的德行、才艺是智慧的表现。"仁德"是需要力行才培育出来的。当今社会，人们攀比心理较强，衣着饮食不如别人，也感到自卑或嫉妒，房子、车子不如别人更是生气或愤慨。心不平，身必病，既伤己又害人，何苦呢？还有一些现象，男人脏话连篇，肆无忌惮；女人袒胸露背，妖艳淫荡。羞耻之心荡然无存，真是可悲可叹。因此，"知耻近乎勇"更是难能可贵。

【故事】

颜回的故事

《论语》子曰："贤哉，回也！一箪食，一瓢饮，在陋巷，人不堪其忧。回也不改其乐。贤哉，回也！"

颜回（前521～前481），字子渊，又称颜渊。孔庙大成殿四配之首，人称复圣，鲁国人，是孔子最得意的学生，孔子七十二门徒之首，孔门十哲德行科的高才生，著名的思想家，儒家学说的重要创始人，后人尊称为"颜子"。《孔子家语》中有颜回一篇。据说颜回非常聪明，深晓推理之术。他主张为人要谨慎，克己，多注意自己的行为是否正确，而不应该严以待人。颜回有才无寿，"年二十九发尽白，早死，……死有棺无椁"（也有传说36岁去世）。孔子对此非常难过，发出"天丧予？"的感叹。

颜回，自幼家贫，酷爱读书，少年时便拜孔子为师，别的同学家境较好，独颜回家最贫，每日放学回家吃饭，总是很快而归，回来苦心攻读。天长日久，恩师有所觉察，问颜回回家吃什么饭，颜回答曰："一张饼，一碗粥而已"。其师不信，待次日回家吃饭时，悄悄跟踪，原来颜回回家只食一碗薄粥而已。师返回后再问颜回："吃的什么饭？"颜回仍回答曰："一张饼一碗粥而已。"子曰："为人要诚实，明明只吃一碗粥，为何说还有一张饼？"颜回曰："粥上有冻皮，不就是饼么。"孔子长叹，并给钱物于回，颜回不受。

颜回与同学同窗共读。一日，有同学曰，钱物丢矣。大家都怀疑为颜回所偷，因为颜回家最穷，唯老师孔子不信，他对其他弟子说：颜回虽贫，但洁身自好，不做偷盗之事，随即便取黄金一锭，带同学一起放到颜回常打水的井台上，并在金锭上写上一行字"天赐颜回一锭金"。众人躲起来窥视，不久颜回来打水，见金不拾，并又在金锭上书字曰"外财不发命穷人"。事后同学皆信服，颜回虽然家贫，但志气凛然，日后定成大器。

据说，有一天，颜回去街上办事，见一家布店前围满了人。他上前一问，才知道是买布的跟卖布的发生了纠纷。只听买布的大嚷大叫："三八就是二十三，你为啥要我二十四个钱？"颜回走到买布的跟前施一礼说："这位大哥，三八是二十四，怎么会是二十三呢？是你算错了，不要吵啦。"买布的仍不服气，指着颜回的鼻子说："谁请你出来评理的？你算老几？要评理只有找孔夫子，错与不错只有他说了算！走，咱找他评理去！"颜回说："好。孔夫子若评你错了怎么办？"买布的说："评我错了输上我的头。你错了呢？"颜回说："评我错了输上我的冠。"二人打着赌，找到了孔子。孔子问明了情况，对颜回笑笑说："三八就是二十三哪！颜回，你输啦，把冠取下来给人家吧！"颜回从来不跟老师斗嘴。他听孔子评他错了，就老老实实摘下帽子，交给了买布的。那人接过帽子，得意地走了。对孔子的评判，颜回表面上绝对服从，心里却想不通。他认为孔子已老糊涂，便不想再跟孔子学习了。第二天，颜回就借故说家中有事，要请假回去。孔子明白颜回的心事，也不挑破，点头准了他的假。颜回临行前，去跟孔子告别。孔子要他办完事即返回，并嘱咐他两句话："千年古树莫存身，杀人不明勿动手"。颜回应声"记住了"，便动身往家走。路上，突然风起云涌，电闪雷鸣，眼看要下大雨。颜回钻进路边一棵大树的空树干里，想避避雨。他猛然记起孔子"千年古树莫存身"的话，心想，师徒一场，再听他一次话吧，又从空树干中走了出来。他刚离开不远，一个炸雷，把那棵古树劈了个粉碎。颜回大吃一惊：老师的第一句话应验啦！难道我还会杀人吗？颜回赶到家，已是深夜。他不想惊动家人，就用随身佩带的宝剑，拨开了妻子住室的门闩。颜回到床前一摸，啊呀呀，南头睡个人，北头睡个人！他怒从心头起，举剑正要砍，又想起孔子的第二句话"杀人不明勿动手"。他点灯一看，床上一头睡的是妻子，一头睡的是妹妹！天明，颜回又返了回去，见了孔子便跪下说："老师，您那两句话，救了我、我妻和我妹妹三个人哪！您事前怎么会知道要发生的事呢？"孔子把颜回扶起来说："昨天天气燥热，估计会有雷雨，因而就提醒你'千年古树莫存身'。你又是带着气走的，身上还佩戴着宝剑，因而我告诫你'杀人不明勿动手'。"颜回打躬说："老师料事如神，学生十分敬佩！"孔子又开导颜回说："我知道你请假回家是假的，实则以为我老糊涂了，不愿再跟我学习。你想一想，我说三八二十三是对的，你输了，不过输个冠；我若说三八二十四是对的，他输了，那可是一条人命啊！你说头冠重要还是人头重要呢？"颜回恍然大悟，"扑通"跪在孔子面前，说："老师重大义而轻小是小非，学生还以为老师因年高而欠清醒呢。学生惭愧万分！"从此以后，孔子无论走到哪里，颜回再也没离开过老师。

闻过怒　闻誉乐　损友来　益友却
闻誉恐　闻过欣　直谅士　渐相亲

无心非　名为错　有心非　名为恶
过能改　归于无　倘掩饰　增一辜

【译文】

如果一个人听到别人说自己的过错就生气，听到别人称赞恭维自己就欢喜，那么有损德行的朋友就会来接近你，真正的良朋益友就会远离你。反之，如果听到他人的称赞，就感到恐怖不安，听到别人指出自己的过错就欢喜接受，那么正直诚信的人，就会渐渐喜欢并亲近我们了。无心之过称为"错"，若是明知故犯，那便是"罪恶"。知错能改，是勇者的行为，错误就会减少直至消失。如果为了面子，死不认错，还要去掩饰，那就是错上加错了。

【解析】

俗话说"物以类聚，人以群分""同声相应，同气相求"。在现实社会中，真是什么人找什么人，所谓"近朱者赤，近墨者黑"。因此，为人处世，在交友以及交际中不可不慎啊！

《说文》曰："过，罪愆也。"在《书·大禹谟》一书中对"宥过无大"的注解为"过者，不识犯也。"因此，不是存心犯错，而是缺乏正确认识而犯错，称为"过"。错的本义是杂乱，杂乱就可能有误，也常指不正确或不符合逻辑。过错或错误皆是常用之词语。

子曰："知过能改，善莫大焉！"又曰："人非圣贤，孰能无过？"在生活中，在经商中，交了些不良的朋友，犯了一些错误，都是难免的。只要悔真了，错就能改，罪就能消。

【故事】

关云长千里护皇嫂

关羽约生于东汉桓帝年间，字云长，河东解良人（今山西运城市人），三国时期蜀汉著名将领。死后备受民间推崇，又经历代朝廷褒封，被人奉为关圣帝君，佛教称为伽蓝菩萨。后来的统治者尊崇关公为"武圣"，与号为"文圣"的孔子齐名。据说关羽与刘备、张飞曾在桃园结义，刘备是大哥，关羽、张飞为弟。三兄弟虽是异姓兄弟，但却是生死之交。蜀汉的先主刘备在打天下的时候，和他像亲兄弟一样同床而睡。可是关羽在许多人的面前，总在先主的旁边整日地立着，跟着先主去周旋一切，无论什么艰难危险，都毫不退避。有一回曹操带了军队，攻破了下邳的城池，关羽被围困，曹操差张辽去劝降。关羽就与张辽约定三个条件：一是只降汉朝，不降曹操；二是用刘备的俸禄奉养他的二位嫂子；三是一旦知道刘备的下落，便要去寻找他。曹操最后终于答应了。这个时候，先主的妻子甘夫人和糜夫人都被曹操捉住了，曹操就让关羽和二位夫人在一个房间里同住。关羽点燃了蜡烛，秉烛立于门外，整夜在读书，直到天明。曹操见此，更加敬佩关羽的人品。曹操对关羽三日一小宴、五日一大宴，又送美女和金银财宝无数。关羽让美女服侍嫂嫂，财物则交嫂嫂暂时收藏。曹操又将吕布的赤兔马送给了关羽，关羽再三拜谢。曹操感到奇怪，问他为什么以前得到东西从不感激，而今天却再三拜谢。关羽说有了这千里马，他便可早一天找到他的大哥刘备。后来，关羽得到了刘备的消息，便保着两位嫂子，过五关斩六将，历尽艰难险阻，终于与大哥刘备、三弟张飞等人相会。

至今，北方很多人家宅子里多供奉关圣帝，以保全家平安；南方不少商人也在店铺里供奉关公，还有人称关公为"武财神"。事实上，关羽一生不爱财，可南方为什么还供奉关公呢？因为关公是"忠义"的化身，有了"忠义"，自然财源滚滚而来。

泛爱众

凡是人	皆须爱	天同覆	地同载
行高者	名自高	人所重	非貌高
才大者	望自大	人所服	非言大

【译文】

只要是人，就是同类，不论是什么人，我们都要相互关心，皆须相亲相爱。因为，我们共同生活在同一个蓝天下，同一个大地上。德行高尚者，名望自然高超。大家所敬重的是他的德行，而不是他的容貌。有才能的人，声望自然会大。人们所佩服的是他的德与才，而不是因为他自吹自擂。

【注释】

"行高者"的"行"读音为 xìng，意为德行。

【解析】

"泛爱众"是学生主修的第五门课。泛是广泛，爱是仁爱，众是众人或者众生。"泛爱众"就是"博爱"。儒释道耶回等不同宗教皆倡导"博爱"。"泛爱众"不仅仅是爱众人，恐怕还隐含着"爱众生"。一个人，与亲人相处，要尽爱心；与同学、朋友交往，也要讲平等，重博爱。爱人者，人恒爱之。我们不仅要懂得爱人，还要懂得爱物，如爱怜动物，爱惜植物，爱护矿物等世界万物。唐朝著名诗人白居易居士在《护生画集》中写道："莫道群生性命微，一般骨肉一般皮；劝君莫打枝头鸟，子在巢中望母归。"孙中山先生说："物种以竞争为目的。人类以互助合作为目的。"孙中山先生一生倡导博爱，教化人民无数。

俗话说："人不可貌相，海水不可斗量。"不论是经商，还是从事其他行业，我们都要修养品德，培养能力，人们总是钦佩德才兼备的人。德才是通过学习、修身、实行而逐步养成的，不是吹嘘而来的。不自量力，自我吹嘘的人很难成就大事，也往往被人瞧不起。在当今教育变革的年代，我们的大学和社会培养的人有四种：一是德才兼备，这是优品；二是德优于才，这是正品；三是有才少德，这是危险品；四是无德无才，这是废品。

【故事】

古代商人的家庭教育

古代的商人多受儒家思想的影响，虽然有些商人弃学经商，但修身、齐家、忠君、爱国的志向与情怀未变。他们非常重视对子弟的教育，重视"养教结合"。如鼓励子弟立志报国，养成勤俭节约的品格，塑造孝敬父母长辈、甘于奉献的精神等。不论是晋商还是徽商，对子弟的教育都非常严格，重视启蒙教育与社会实践。歙商鲍相庭说过："富而教不可缓乎也，徒积赀财何益乎！"歙商郑敬伟教子曰："非勤无以生财，非俭无以足用，非礼无以立身，非义无以处事。"因徽州男子大多在外经商，无暇顾及家庭，"娶妇数月则出外，或数十年，至有父子邂逅而不相认识者。"因此，蒙养教育就责无旁贷地落到了徽商妇人身上。而不少徽商妇女眼界开阔，对子女要求严格，能够因势利导，因材施教，可谓女中丈夫。徽商的精神境界被胡适先生称之为"徽骆驼"的精神。

己有能　勿自私　人所能　勿轻訾

勿谄富　勿骄贫　勿厌故　勿喜新

人不闲　勿事搅　人不安　勿话扰

【译文】

自己有才能，不要自私自利。别人有才能，不要心生嫉妒，随意毁谤。不要谄媚巴结富有的人，也不要对穷人傲慢无礼。不要喜新厌旧，对于老朋友要珍惜，对于新朋友要真诚。对于正在忙碌的人，不要去打扰他，当别人身心欠安时，不要说话打扰他，以免增加他的烦恼与不安。

【注释】

"勿轻訾"的"訾"读音为 zī，意思是"诋毁""毁谤"。

【解析】

有人说："不良商人的唯利是图，就像苍蝇叮咬血液。"事实上，商人也是人，也有良心。良心就像电灯泡，有时因灰尘油污蒙蔽了表面而暗淡。世界上有"金木水火土"五行，其中"水"对应的就是"商"，对应人体就是"肾"，钱财属水，无根无基，随波逐流。只知道掠夺财富，而不知散去财富。就像不识水性的人，别说是大江大浪了，就是一条小水沟，也能淹着。如今，在商海中弄潮的也大有人在，而葬身商海也不乏其人。社会中，有不少人往往喜富厌贫，有的地方是"笑贫不笑娼"。这种心理是一种病态。子贡问曰："贫而无谄，富而无骄，何如？"子曰："可也。未若贫而乐，富而好礼者也。"在当今物欲横流的社会中，做到"贫而无谄，富而无骄"也是不容易的。至于喜新厌旧，无端地打搅别人，或讨好，或献媚，或进谗，那就非君子之风了。

【故事】

节俭的韩国首富郑周永

韩国首富、现代集团郑周永，虽然腰缠万贯，但却非常节俭简朴。他经常说，他只是一个富有的劳动者，是用劳动生产财富的人。他对年轻的职工说："你们不要先忙着买电视。连自己的房都没有呢，买来电视往哪放呢。有一台收音机就足够你们了解天下大事了。在没有建立家庭之前最好不要抽烟，连咖啡等也最好不喝。公司发给你们工作服，甚至连内衣都发，只要有一套去见岳母的西服就足够了。我年轻的时候，只有一套春秋装，冬天时就在春秋装里面加一件内衣。一年过得也不错。"他一生奉行节俭，20 世纪 80 年代初，他为了省下更换鞋底的钱，自己在鞋底上钉了铁掌。80 年代的工作服穿了十几年，电视也是 90 年代初 21 英寸彩电。郑周永从开米店立业，承揽建筑工程发家，到发展汽车行业致富，直到 2001 年 86 岁时去世，终生勤奋节俭、恪守诚信。早年为了完成桥梁工程，当时实际花费超过了预算，出现了 6500 万元的赤字。他决心借钱也要把工程完成，把工人的工资发了！无奈之下，全家人卖掉了房子，筹得了现金 9970 万元，挽救了企业，也获得了多少钱都买不到的东西——信誉。

人有短　切莫揭　人有私　切莫说
道人善　即是善　人知之　愈思勉
扬人恶　即是恶　疾之甚　祸且作
善相劝　德皆建　过不规　道两亏

【译文】

别人有短处，千万不要去揭穿，更不要到处宣扬。对于他人的隐私，切忌去张扬。赞美别人的善行，本身就是美德。因为别人知道后，必定会更加勉励行善。张扬他人的过失或缺点，本身就是一种恶行。如果过分指责，并宣扬别人的过错，就会招来灾祸。朋友之间应该互相规过劝善，共同建立良好的品德修养。如果有错不能互相规劝，两个人的品德都会有缺陷。

【解析】

俗话说："来说是非者，便是是非人。"有些长舌妇天天道人短长，而招来祸端的事情古今都有。男人更不能搬弄是非，此非大丈夫本色也。朋友之间更应真诚相爱，相互勉励，共同发展。"朋"字是两个"月"，一左一右，一前一后。"月"代表"智慧"，朋友之间要多给予对方恩德与智慧，相互索取就不是朋友了。朋友之间也不能过于亲近，两个"月"合二为一时，就成"用"字了。当然，朋友之间不仅要相互信任，相互帮助，还要相互批评，相互诫勉，共同成长，共同进步。当今，不少人信奉相互利用的朋友关系，真是愧对天上的明月。

【故事】

张瑞敏的真诚到永远

张瑞敏是海尔集团董事局主席、首席执行官。如今的海尔集团享誉全球，家喻户晓，尤其是海尔的"真诚到永远"更是深入人心。海尔的成功之路还要从张瑞敏砸冰箱说起。1984 年，34 岁的张瑞敏入主青岛市电冰箱厂。他是短短一年中被派来的第四任厂长，前三位厂长都已负气离开。他刚一上台，就颁布 13 条规定，从禁止随地大小便开始，揭开了海尔现代管理之路。1985 年的一天，一位朋友要买一台冰箱，结果挑了很多台都有毛病，最后勉强拉走一台。朋友走后，张瑞敏派人把库房里的 400 多台冰箱全部检查了一遍，发现共有 76 台存在各种各样的缺陷。张瑞敏把职工们叫到车间，问大家怎么办？多数人提出，也不影响使用，便宜点儿处理给职工算了。当时一台冰箱的价格800 多元，相当于一名职工两年的收入。张瑞敏说："我要是允许把这 76 台冰箱卖了，就等于允许你们明天再生产 760 台这样的冰箱。"他宣布，这些冰箱要全部砸掉，谁干的谁来砸，并抡起大锤亲手砸了第一锤！很多职工砸冰箱时流下了眼泪。在接下来的一个多月里，张瑞敏发动和主持了一个又一个会议，讨论的主题非常集中："如何从我做起，提高产品质量"，三年以后，海尔人捧回了我国冰箱行业的第一块国家质量金奖。

张瑞敏说："长久以来，我们有一个荒唐的观念，把产品分为合格品、二等品、三等品还有等外品，好东西卖给外国人，劣等品出口转内销自己用，难道我们天生就比外国人贱，只配用残次品？这种观念助长了我们的自卑、懒惰和不负责任，难怪人家看不起我们，从今往后，海尔的产品不再分等级了，有缺陷的产品就是废品，把这些废品都砸了，只有砸的心里流血，才能长点记性！"一场砸冰箱的事件，不仅使海尔成为了当时注重质量的代名词，同时也震服了海尔所有的人，从而确立了张瑞敏在海尔绝对的领导地位。

海尔砸冰箱由此成为中国企业注重质量的一个最典型的事件，通过这一事件的传播，海尔注重企业管理、注重产品质量的形象被极大地树立起来。20 年后，当海尔今天创造逾千亿人民币的年收入、打造国际品牌、在距离全球 500 强最后一公里处全速冲刺时，对当年砸冰箱之勇，张瑞敏感慨地说，"现在你想砸也不可能了，如果再出质量问题，不是这么少一点，当时只有几十台，现在动辄就是几万台啊！"

凡取与　贵分晓　与宜多　取宜少

将加人　先问己　己不欲　即速已

恩欲报　怨欲忘　报怨短　报恩长

【译文】

财物的取得与给予，一定要分得清清楚楚。宁可多给别人，而自己少得一些。这是为人处世的正理。想托别人办的事情，在托人做事之前，先要反躬自问："如果换作是我，我愿意吗？"如果连自己都不愿意，就要立刻停止，绝不能强加于人。受人恩惠，要感恩在心，常记不忘，时时想着报答。别人做了对不起自己的事，应该宽大为怀，尽快把它忘掉。报怨之心不能在心中太久，久则生病。报恩则应常记不忘，时常想着报答恩情。

【解析】

《论语·宪问》或曰："以德报怨何如？"子曰："何以报德？以直报怨，以德报德。"这是学生向孔夫子的提问。孔夫子告诉他：拿公正来回报怨恨，拿恩德来酬报恩德。为人处世既要重恩德又要讲原则。在生活及经济社会中，"你多我少"往往是争斗的导火索，也容易积怨结仇。在"怨恨"中生活就像在地狱中生活，只有仇恨没有快乐。只有生活在"感恩"的世界中，才能获得快乐与幸福。俗话说："找好处开了天堂路，认不是闭上地狱门。"

【故事】

韩信千金酬"漂母"

《史记》上记载：韩信小时候，家中贫寒，父母双亡。他虽然用功读书、拼命习武，然而，挣钱的本事却一个也不会。迫不得已，他只好到别人家吃"白食"。为此常遭别人冷眼。韩信咽不下这口气，就来到淮水边上垂钓，用钓的鱼来换饭吃，经常饥一顿饱一顿，有上顿无下顿的。淮水边上有个老妈妈为人家漂洗纱絮，人称"漂母"。她见韩信忍饥挨饿挺可怜的，就把自己带来的饭分一半给他吃。天天如此，从未间断。当时，韩信就发誓要报答漂母之恩。韩信被封为"淮阴侯"后，仍对漂母分食之恩没有忘记，还派人四处寻找漂母，最后终于找到了，并以千金相赠。

待婢仆 身贵端 虽贵端 慈而宽
势服人 心不然 理服人 方无言

【译文】

对待家中的婢女与仆人，最重要的是自身品行端止。品行端止固然重要，对人还要仁慈宽厚。依仗权势压服别人，别人就会口服心不服。唯有以理服人，别人才会心悦诚服而没有怨言。

【解析】

当今社会，人人平等。封建时期的奴婢已经不存在了。但随着家政业的兴起，各种雇佣关系还是存在的。因此，以仁厚存心，平等待人也是非常必要的。

不论是在家庭，还是学校，以及工商企业组织中，品行端正、以身作则都是非常重要的。尤其是领导人更要仁慈宽厚，严于修身，严于律己，还要宽以待人。你的品行高了，别人自然佩服你。道德是管理中最重要的力量源泉。

【故事】

张弼士与张裕葡萄酒

张弼士（1841～1916），名振勋，原名肇燮，字弼士，广东大埔县西河镇人。幼时因家贫，随父读书三年即辍学。1858 年，17 岁的张弼士只身漂洋过海，到荷属巴达维亚（今印度尼西亚雅加达）。他先后在米店、纸行等华人办的商店里当勤杂工，经历了种种艰难的谋生历程。在印度尼西亚的鱼档打小工时，因建议老板将剩余的鱼制成鱼干，结果老板获利，他也从此步入商界。

张弼士继承了岳父的小酒行经营酒类，后获荷兰殖民者批准承包酒税、典当税和一些地区的鸦片烟税，财富日增。1866 年，他在雅加达创办裕和垦殖公司，随后又创办了裕兴、笠旺等垦殖公司。到了 1868 年，他经营的垦殖公司遍布整个千岛之国。1878 年，他创办了日里银行，涉足金融业务。1880 年，他成立东兴公司专门投资开办锡矿开采加工业。1886 年，他创办裕兴轮船（货运）公司，开创了民族海航业的先河。

1892 年张弼士投资 300 万两白银创办张裕葡萄酿酒公司。张裕公司是中国第一个工业化生产葡萄酒的厂家，也是当时亚洲最大的葡萄酒生产经营企业。张弼士与葡萄酒的不解之缘，始于 1871 年。当时他在雅加达应邀出席法国领事馆的一个酒会，一位法国领事讲起，咸丰年间他曾随英法军队到过烟台，发现那里漫山遍野长着野生葡萄。驻营期间，士兵们采摘后用随身携带的小型制酒机榨汁、酿制，造好的葡萄酒口味相当不错。说者无意，听者有心，张弼士暗暗记下了烟台的这段典故。1891 年，张弼士实地考察了烟台的葡萄种植和土壤水文状况，认定烟台确为葡萄生长的天然良园，于是向清政府要员提出要在烟台办葡萄酒厂。张弼士在创建张裕葡萄酒品牌时，十分注意名人效应，"张裕葡萄酿酒公司"的匾牌就是请当时状元出身的帝师翁同龢写的。他请康有为到公司参观，酒香助兴，康有为此还写下了诗句："浅饮张裕葡萄酒，移植丰台芍药花。更复法华写新句，欣于所遇即为家。"1912 年 8 月，孙中山先生来烟台，参观了张裕葡萄酒公司，亲笔题赠"品重醴泉"四字，更使张裕酒声名大噪，蜚声中外。张弼士心怀"取之于社会，应用之于社会"的"儒商"抱负。一生致力于"兴实业""办教育""捐助社会福利，以报效国家"。1900 年，黄河决口成灾，他一次就募集了白银百万两。他的慈善行为深得清光绪皇帝的称誉，清廷为其赐建"乐善好施"牌坊。辛亥革命后，他积极支持孙中山先生，捐助福建军民 7 万元，以巩固海防。

亲　仁

同是人　类不齐　流俗众　仁者希
果仁者　人多畏　言不讳　色不媚
能亲仁　无限好　德日进　过日少
不亲仁　无限害　小人进　百事坏

【译文】

同样是人，但品行高低各不相同。跟着社会潮流走的人众多，而仁慈博爱的人稀少。对于真正品行高尚的人，人们都会心存敬畏。因为仁者说话时直言不讳，也不阿谀奉承。能够亲近有仁德的人，就能得到无限的益处。与仁者亲近，德行就会一天比一天增进，而过失就会一天比一天减少。不亲近仁人君子，就会有无穷的祸害。这样一来，不肖的小人会趁机接近，很多事情都因此而败坏。

【解析】

"亲仁"是学生学习的第六门课。"亲"是"亲近"，"仁"是指"仁者"，即：道德、品行高尚，有真才实学之人。"亲仁"就是要亲近仁者，以师事之，跟随他学习。这是讲择师。俗话说："仁者无敌"。这不是说仁者多么有本事，能打败所有敌人，而是说真正的仁者眼中没有敌人。"仁"是儒学中"仁义礼智信"五常的核心，"仁"也是做人做事的基础。说文解字中说"仁"者"亲也。从人从二"。中庸曰："仁者，人也"。从字形上看，"仁"左边是"人"字旁，右边是"二"，因此"仁"反映的是两个人之间的关系，世界上人与人的关系再复杂，都可以划分为"两两关系"。如在生活中，父子、母女、夫妻、兄弟、姐妹、君臣、朋友都可以划分成"两两"的关系。

"仁"反映的并不是绝对平等的爱，在生活中，老人对孩子要慈祥，一团和气，多提孩子尽孝的好事，鼓励孩子上进。做子女的要多承担孝养老人的责任，多感念老人的恩德。这样父辈与子辈就好相处了。夫妻是五伦中最重要的，没有夫妻阴阳和合，就没有人类。夫妻间应是相对平等的关系，心中多存念对方的好处，多感恩，多沟通，多敬重，多谅解，夫妻就能和睦相处，相敬如宾。敬爱的周恩来与邓颖超夫妇总结出的夫妻和睦相处的八项原则"互敬、互爱、互信、互勉、互助、互让、互谅、互慰"是非常值得我们学习的。上级与下级就是"君臣"，上级要仁厚，下级要忠诚，自然能同心同德，共存共荣。

朋友之道以信义为重，守诚信，尽责任，朋友关系就能保持下去，越处越好。否则，像酒肉朋友，早晚要分道扬镳。

【故事】

孟子的"仁者无敌"

《孟子·梁惠王》记载：惠王对孟子说："魏国曾一度在天下称强，这是老先生您知道的。可是到了我执政的时候，东边被齐国打败，连我的大儿子都死掉了；西边丧失了七百里土地给秦国；南边又受楚国的侮辱。我为这些事感到非常羞耻，希望替所有的死难者报仇雪恨，我要怎样做才行呢？"

孟子回答说："只要有方圆一百里的土地就可以使天下归服。大王如果对老百姓施行仁政，减免刑罚，少收赋税，深耕细作，及时除草；让身强力壮的人抽出时间修养孝顺、尊敬、忠诚、守信的品德，在家侍奉父母兄长，出门尊敬长辈上级。这样就是让他们制作木棒也可以打击那些拥有坚实盔甲锐利刀枪的秦楚军队了。因为那些秦国、楚国的执政者剥夺了他们老百姓的生产时间，使他们不能够深耕细作来赡养父母。父母受冻挨饿，兄弟妻子东离西散。他们使老百姓陷入深渊之中，大王去征伐他们，有谁来和您抵抗呢？所以说：'仁者无敌啊。'大王请不要疑虑！"

事实上，真正的仁者，心中有一颗纯真善良的心，时时以慈悲为怀，处处以仁爱为本，心里没有敌人，眼里也没有敌人啊！因此，仁者无敌。

余力学文

不力行　但学文　长浮华　成何人

但力行　不学文　任己见　昧理真

【译文】

如果所学的"孝、悌、谨、信、泛爱众、亲仁"这些内容不实践力行，而一味地读死书，容易增长浮华不实的习气，不能成为一个真正对家庭和社会有用的人。反之，如果只是一味地做，而不肯读书学习，就容易依着自己的偏见做事，蒙蔽了真理，也是不对的。

【注释】

"昧理真"中"昧"读音 mèi，其意思是"暗，不明""昏，糊涂""隐藏""蒙蔽"等。

【解析】

"文"是古代结绳记事所打的扣，像"爻"字一样。其本意是事物错综所造成的纹理或形象。这里的"但学文"是仅仅死读书，学习知识、文化或者技能之类的。做人做事的本事是学来的，不仅仅是读书才能得来的。"读明白了书理，却不懂人情，不通人理"是非常可悲可叹的。做人的基础是弘扬人善的本性，"孝悌"是弘扬"仁善"本性的最基本也最可贵的两个内容。孔夫子曰："学而时习之，不亦说乎？"，夫子倡导的"习"不是简单的"复习""练习"，而是"实践"与"力行"，并逐步养成良好的习性与习惯。孔夫子还说："学而不思则罔，思而不学则殆。"学习与思考、调查与研究是辩证的关系，在学习、生活当中，我们要正确处理二者的关系。不同的人，读书有不同的境界。基础层次是学习、掌握知识；再高层次是学习思维方式与研究方法；更高层次是读作者的人品与世界观。读书的乐趣是顿悟书中三昧，最重要的则是践行书中做人做事的道理。

【故事】

李嘉诚与2元硬币的故事

一次在取汽车钥匙时，李嘉诚不慎丢落一枚2元硬币。硬币一下子滚到了车底。当时他估计若汽车开动，硬币会掉到坑渠里。李嘉诚及时蹲下身欲拾取。此时旁边一名印度籍值班见到，立即代他拾起。李嘉诚收回该硬币后，竟给他百元酬谢。李嘉诚对此的解释是"若我不拾该硬币，让它滚到坑渠，该硬币便会在世上消失。而100元给了值班，值班便可将之用去。我觉得钱可以用，但不可以浪费"。这件小事说明了李嘉诚的一种理财哲学，也说明了他的思维风格。这就是用社会总净值的增损来判断个人行为合理与否。只要社会总净值增加了，自己损失一点也不算什么。相反，如果社会总净值减少了，自己即使收获了一定的财利也是损失。不要小觑了着眼社会总净值的思维方式，这却是关系到国家富强的大问题。

读书法　有三到　心眼口　信皆要

方读此　勿慕彼　此未终　彼勿起

宽为限　紧用功　功夫到　滞塞通

心有疑　随札记　就人问　求确义

【译文】

读书的方法有三到：眼到、口到、心到。即：眼要看，口要读，心要记。三者相辅相成，缺一不可。正在读着这本书时，就不要想着那本书。这本书还未读完，就不要再去读另一本书。读书要用心专一，才能有所成就。不妨把学习计划的期限安排得宽松一些，但在读书学习时则要抓紧时间。只要功夫到了，不懂的地方自然就通达了。读书时，若心中有疑问，就要随时记下来，以便向人请教，求得准确含义。

【解析】

当今是知识爆炸的信息社会，了解与学习多方面的知识都是很有必要的。也有人说，当今是终身学习的社会，跟上时代步伐，终身学习都是必需的。无知必然愚昧，愚昧就会糟糕。"智慧"的"智"字从字形上看是"日日增长知识"。"知识"只有消化、吸收了，才是人成长的"营养"，"一知半解"是夹生饭，是危害生命的。俗话说："思之，思之，鬼神告知。"还有人说"读书三遍，其义自见。"读书贵在一门深入，贵在专精，而不能一味地贪多贪广。当今，读书的方法可以将精读与泛读相结合，重要的一定要精读，不太重要的则泛读，无关紧要的浏览一下就够了。读书是有乐趣的，力行书中的道理更是乐趣无穷。读书还要勤学多问，不论是向老师求教，还是同学朋友之间交流心得与方法都是十分有益的。

在制订读书计划的时候，不妨宽松一些，实际执行时，就要加紧用功，严格执行，不可以懈怠偷懒。日积月累功夫深了，原先窒碍不通，困顿疑惑之处自然而然都迎刃而解了。《大学章句》曰："是以《大学》始教，必始学者即凡天下之物，莫不因其已知之理而益穷之，以求至乎其极。至于用力之久，而一旦豁然贯通焉，则众物之表里精粗无不到，而吾心之全体大用无不明矣。此谓格物，此谓知之至也。"这是儒学大师朱熹注解《大学》的名言，也是对"格物致知"的生动阐释，同时也告诉了我们长期熏修与顿悟的关系。用现代的语言表达就是："因此，《大学》一开始就教学习者接触天下万事万物，用自己已有的知识去进一步探究，以彻底认识万事万物的原理。经过长期用功，总有一天会豁然贯通，到那时，万事万物的里外巨细都被认识得清清楚楚，而自己内心的一切认识能力都得到淋漓尽致的发挥，再也没有蔽塞。这就叫万事万物被认识、研究了，这就叫知识达到顶点了"。

【故事】

阿基米德与皇冠的故事

阿基米德（前287～前212），古希腊哲学家、数学家、物理学家。出生于西西里岛的叙拉古。有这样一个故事曾广为流传。一天，阿基米德进宫不久，遇到了一件伤脑筋的事。原来赫农王让金匠替他做了一顶纯金的王冠，做好后，国王疑心工匠在金冠中掺了银子，但这顶金冠确与当初交给金匠的纯金一样重，到底工匠有没有捣鬼呢？既想检验真假，又不能破坏王冠，这个问题不仅难倒了国王，也使诸大臣们面面相觑。国王看到最有智慧的阿基米德来了，高兴万分，于是就把这个难题交给了阿基米德。阿基米德冥思苦想出很多方法，但都失败了。有一天，他去澡堂洗澡，他一边坐进澡盆里，一边看到水往外溢，同时感到身体被轻轻拖起。他忽然恍然大悟，跳出澡盆，连衣服都顾不得穿就直向王宫奔去，一路大声喊着"尤里卡""尤里卡"（Fureka，我知道了）。原来他想到，假如王冠放入水中后，排出的水量不等于同等重量的金子排出的水量，那肯定是掺了别的金属。这就是有名的浮力定律，即浸在液体中的物体受到向上的浮力，其大小等于物体所排出液体的重量。后来，该定律就被命名为阿基米德定律。

我国古代曹冲称象的故事也是利用了浮力原理，但我国古人并未研究出浮力定律。因此，顿悟是必要的，但潜心研究一门深入更为重要。

房室清	墙壁净	几案洁	笔砚正
墨磨偏	心不端	字不敬	心先病
列典籍	有定处	读看毕	还原处
虽有急	卷束齐	有缺坏	就补之
非圣书	屏勿视	蔽聪明	坏心志
勿自暴	勿自弃	圣与贤	可驯致

【译文】

书房要收拾的整齐、清洁，墙壁要保持干净。书桌要保持洁净，笔墨纸砚等文具要摆放端正。如果把墨磨偏了，说明你心不在焉。如果字写得潦草、不工整，说明你浮躁不安，心未安定下来。书籍课本应分类，排列整齐，放在固定的位置，读完一本书一定要放回原处，以便下次查找。即便有急事，也要把书本整理好再离开，发现书本有损坏，应当及时修补完整。对于无益身心健康的不良书刊，应该摒弃，千万不要看。因为不良的书刊，会蒙蔽人的智慧与心志，败坏人的德行与操守，甚至使人迷失心性。遇到困难或挫折的时候，不要自暴自弃，应该奋发向上，努力学习。圣贤的境界虽高，只要我们持之以恒，循序渐进，努力修学，也是可以达到的。

【注释】

"非圣书，屏勿视"的"屏"读音 bǐng，通"摒"，意为"放弃""除去"等。"勿自暴，勿自弃"中的"自暴"通"自曝"，意思是"自己糟蹋自己"，"自弃"意思是"自己瞧不起自己"。"圣与贤，可驯致"中的"驯"读音 xún，意思为"逐渐"。

【解析】

读书的志向固然重要，但读书的环境也不可忽视。保持整洁的读书环境，不仅是一个良好的习惯，还是激发良好的心境。各种坏毛病都是不重视细节而逐步形成的，而要改变不良习惯却并非易事。不论是读书，还是工作，不论是生活，还是交往，都要结识君子、圣贤等高人。古代的圣贤是我们立志学习的榜样，现实生活中的正人君子也是我们效法的对象。俗话说："读万卷书，不如行万里路。"因此，要做新儒商，一定要见贤思齐，努力实行。孟子曰："舜何人也？予何人也？有为者亦若是！"孟老夫子告诉我们，圣人、贤人、凡人都是人，无非境界不同而已。只要我们一生努力，奋发有为，也是可以成圣成贤的。

【故事】

胡小林力行《弟子规》

胡小林，男，1955 年出生，北京汇通汇利公司董事长。国家恢复高考后（1977 年）第一批大学生，研究生学历，后放弃优厚的国家单位、移民加拿大、经商从事房地产、成立北京汇通汇利壁挂炉公司，从接触传统文化开始学习《弟子规》，并在企业中落实推广《弟子规》，按照《弟子规》来管理经营企业，短短两年时间，不但他自己本人洗心易行，完全变了一个样，而且带动公司所有员工落实《弟子规》，帮助无数个员工的家庭重新找回和谐与幸福。公司落实《弟子规》后，第一年即 2007 年，就同比增加利润 600 万元。2008 年是学习落实《弟子规》的第二年，北京奥运，许多工程停工，年底加上金融危机，房地产价格下跌，可是汇通汇利公司业绩还是与 2007 年持平，没有下滑。目前，受胡小林等老师的影响，学习、落实《弟子规》的商人越来越多，不少人洗心革面，脱胎换骨，重新做人。可见，传统文化的活力无尽，法力无边，魅力无穷啊！

当今，正处于变革与创新的年代，学生们不仅要读好书，还要把学到的做人做事的道理应用到人的生活与工作中，要学以致用，尽量做到知行合一。同学们要在学习中，不断地思悟、顿悟与领悟，把所悟出的东西应用于实践，在实践中进一步创新与升华！

参考文献

［1］习近平．习近平谈治国理政［M］．北京：外文出版社，2014.

［2］陈国庆注释．论语［M］．西安：陕西人民出版社，1996.

［3］陈国庆，张爱东注译．道德经［M］．西安：三秦出版社，1995.

［4］李明哲．四书五经［M］．乌鲁木齐：新疆青少年出版社，2002.

［5］司马迁著，杨忠贤，李解民，吴树平选评．史记［M］．中国少年儿童出版社，2001.

［6］胡适．哲学的盛宴（中国篇）［M］．北京：新世界出版社，2014.

［7］南怀瑾著述．易经杂说［M］．上海：复旦大学出版社，2002.

［8］（东汉）许慎撰，（清）段玉裁注．说文解字［M］．上海：上海古籍出版社，2014.

［9］冯友兰．中国哲学简史［M］．北京：新世界出版社，2004.

［10］钱穆．孔子传［M］．上海：生活·读书·新知三联书店，2002.

［11］厉以宁，孟晓苏，李源潮，李克强．走向繁荣的战略选择［M］．北京：经济日报出版社，1991.

［12］南怀瑾．易经系传别讲［M］．北京：东方出版社，2015.

［13］杜维明．现代精神与儒家传统［M］．上海：生活·读书·新知三联书店，1997.

［14］孙洪涛．影响中国文化的20大圣贤豪杰［M］．保定：河北大学出版社，1999.

［15］雷海宗．国史纲要［M］．南京：江苏人民出版社，2014.

［16］张君劢．新儒家思想史［M］．北京：中国人民大学出版社，2006.

［17］梁漱溟．人心与人生［M］．上海：上海人民出版社，2011.

［18］张格，高维国．诸子箴言［M］．石家庄：河北人民出版社，1998.

［19］朱允恭．王凤仪年谱与语录［M］．北京：九州出版社，2013.

［20］文若愚．论语全解［M］．北京：中国华侨出版社，2013.

［21］唐凯麟，陈科华．中国古代经济伦理思想史［M］．北京：人民出版社，2004.

［22］季风．儒学国学课［M］．厦门：鹭江出版社，2015.

［23］（美）雷恩（Wren. D. A）．管理思想史的演变［M］．孔令济，译．北京：中国社会科学出版社，1997.

［24］孔健．孔子的经营之道［M］．北京：中国国际广播出版社，1995.

［25］卢子震，等．影响中国文化的20大悲壮英杰［M］．保定：河北大学出版社，1999.

［26］李振纲．中国古代哲学史论［M］．北京：中国社会科学出版社，2004.

［27］刘宗贤，蔡德贵．当代东方儒学［M］．北京：人民出版社，2003.

［28］程裕祯．中国文化要略［M］．北京：外语教学与研究出版社，2011.

［29］陈树文．周易与人生智慧［M］．北京：清华大学出版社，2010.

［30］刘路．先秦经济和中国经济思想史［M］．北京：新华出版社，2005.

［31］才金城，荆荟良整理．梅花香自苦寒来——书斋小记［M］．西安：陕西出版集团、陕西人民教育出版社，2012.

［32］许文胜．大成之道［M］．北京：东方出版社，2008.

［33］潘乃樾．孔子与现代管理［M］．北京：中国经济出版社，1994.

［34］王惠明．儒家文化与中国当代管理［M］．北京：中国言实出版社，2002.

［35］苗泽华．新儒商理论与实践研究［M］．北京：经济科学出版社，2011.

［36］林忠军．易纬导读［M］．济南：齐鲁书社，2002.

［37］陈炳富，周祖成．企业伦理学概论［M］．天津：南开大学出版社，2004.

［38］周祖成．企业伦理学［M］．北京：清华大学出版社，2005.

［39］许文胜．和谐之道［M］．北京：东方出版社，2008.

［40］连玉明．学习型组织［M］．北京：中国时代经济出版社，2003.

［41］苗泽华，等．商业企业营销道德与文化研究［M］．北京：新华出版社，2005.

［42］苗泽华，薛永基，苗泽伟，等．基于循环经济的工业企业生态工程及其决策评价研究［M］．北京：经济科学出版社，2010.

［43］苗泽华，苗泽伟，王汉新，等．发展循环经济背景下工业企业与生态工程良性发展研究［M］．北京：经济科学出版社，2013.

［44］汪荣有．当代中国经济伦理理论［M］．北京：人民出版社，2004.

［45］吴成丰．企业伦理［M］．北京：中国人民大学出版社，2004.

［46］刘光明．企业文化［M］．北京：经济管理出版社，2004.

［47］何奇，谢琼，石含英，凌彬．中外古今管理思想选粹［M］．北京：企业管理出版社，1987.

［48］张祥平，吴俊．左手儒道右手商道［M］．海天出版社，2008.

［49］夏初，惠玲校释．蒙学十篇［M］．北京：北京师范大学出版社，2004.

［50］Tu Wei－ming（1993）．Way，Learning，and Politics：Essays on the Confucian Intellectual．State University of New York Press.

［51］唐凯麟，罗能生．契合与升华——传统儒商精神和现代中国市场理性的建构［M］．长沙：湖南人民出版社，1998.

［52］小约瑟夫·L．巴达拉克，等．伦理化商业决策［M］．吴易明，等译．北京：中国人民大学出版社，2003.

［53］曾萍．企业伦理与社会责任［M］．北京：机械工业出版社，2011.

［54］苏勇．现代管理伦理学——理论与企业的实践［M］．北京：石油工业出版社，2003.

［55］黄光国．儒家思想与东亚现代化［M］．台北：巨流图书公司，1988.

［56］黎红雷．儒家管理哲学［M］．北京：高等教育出版社，1997.

［57］魏新，马万华，陈向名．21世纪的大学——北京大学百年校庆召开的高等教育论坛论文集［M］．北京：北京大学出版社，1999.

［58］刘刚．中国传统文化与企业管理——基于利益相关者理论的视角［M］．北京：中国人民大学出版社，2010.

［59］公然．当论语遇上企业［M］．北京：中国纺织出版社，2004.

［60］甘碧群．企业营销道德［M］．武汉：湖北人民出版社，1997.

［61］约瑟夫·W. 韦斯（Joseph W. Weiss）. 商业伦理——利益相关者分析与问题管理方法［M］. 符彩霞，译. 北京：中国人民大学出版社，2005.

［62］乔治·恩德勒. 国际经济伦理——挑战与应对方法［M］. 锐博慧网公司，译. 苏芳，审校. 北京：北京大学出版社，2003.

［63］陈春花. 企业文化管理［M］. 广州：华南理工大学出版社，2003.

［64］叶陈刚. 企业伦理与文化［M］. 北京：清华大学出版社，2007.

［65］杨智杰. 中国古代官厅理财思想史研究［M］. 北京：经济科学出版社，2009.

［66］李金轩，赵书华，娄梅. 企业伦理与道德［M］. 北京：高等教育出版社，2008.

［67］高朴. 道德营销论——后营销时代经营思想研究［M］. 南京：江苏人民出版社，2005.

［68］席酉民，王亚刚. 管理研究［M］. 北京：机械工业出版社，2013.

［69］叶陈毅. 企业信用管理［M］. 北京：高等教育出版社，2008.

［70］蔡礼旭. 弟子规细讲精华［M］. 传统文化工作室内部学习资料，2006.

［71］学习中化传统伦理道德教育的大众读物：弟子规图说［M］. 弟子规公益网 http：//www. dizigui. cn

［72］道德教育课本：弟子规［M］. 弟子规公益网 http：//www. dizigui. cn

［73］中华传统美德故事——启迪心灵的钥匙（第四版）［M］. 弟子规公益网 http：//www. dizigui. cn

［74］陈才俊. 弟子规［M］. 北京：海潮出版社，2011.

［75］彭鑫. 中医启蒙［M］. 北京：中国中医药出版社，2011.

［76］弟子规易解［M］. 弟子规公益网 http：//www. dizigui. cn

［77］葛荣晋. 儒家"三达德"思想与现代儒商人格塑造［J］. 学术界，2007（6）：128 - 137.

［78］周桂钿. "商"、"商人"、"商家"、"儒商"［J］. 河南工程学院学报（社会科学版），2008，23（1）：50 - 53.

［79］周生春，杨缨. 历史上的儒商与儒商精神［J］. 中国经济史研究，2010（4）：153 - 158.

［80］张震. 论儒家管理思想及其对企业管理的现代价值［J］. 经济经纬，2000（6）：87 - 90.

[81] 郑群，张炎苏. 论儒商的社会价值观 [J]. 苏州大学学报（哲学社会科学版），2009，(6)：30-32.

[82] 葛荣晋. 企业创新与现代儒商 [J]. 中共中央党校学报，2009，13 (5)：90-95.

[83] 张若甲. 散论五伦思想与和谐社会 [J]. 社会科学论坛，2007 (8)：12-14.

[84] 苗泽华，孙增辉. 我国古代生态伦理思想及启示 [J]. 商业时代，2009 (12)：123-124.

[85] 高建立. 从易经、易传看先秦儒家伦理道德思想的衍生——以孔子伦理道德思想为中心 [J]. 江西师范大学学报（哲学社会科学版），2006，39 (2)：85-89.

[86] 赵东玉. 周代"男女有别"和"夫妇有别"的方方面面 [J]. 孔子研究，2002 (2)：76-88 转 112 页.

[87] 那日苏. 网络时代的经济发展与社会信任度问题 [J]. 北京理工大学学报（社会科学版），2000，2 (2)：23-26.

[88] 苗泽华. 论新儒商人才的培养 [J]. 现代教育科学，2005 (1)：98-100.

[89] 苗泽华. 论儒家经济伦理思想与新儒商的价值取向 [J]. 当代经济管理，2005 (5)：56-59.

[90] 苗泽华. 现代市场经济中新儒商涵义诠释 [J]. 商业时代，2007 (35)：111-112.

[91] 苗泽华. 弘扬传统伦理精神构筑现代商业道德 [J]. 商业经济，2008 (11)：166-168.

[92] 薛永基，苗泽华. 论新儒商的营销道德建设 [J]. 商业时代，2006 (3)：35-36.

[93] 苗泽华，李鸿飞. 谈儒家民本思想在企业激励中的价值及应用 [J]. 商业时代，2009 (34)：124-125.

[94] 栗子. 儒商与中国传统文化 [J]. 华夏文化，2002 (4)：8-10.

[95] 董立新. 儒商文化与市场经济 [J]. 中国商贸，2010 (1)：84-85.

[96] 宗小卜. 以义导利观是构建和谐社会的基础 [J]. 合作经济与科技，2007 (12).

[97] 王蕾. 儒商与中国式管理 [J]. 企业家天地，2009 (10)：251.

[98] 茅伟萍.《弟子规》是照耀心灵永恒的阳光 [J].中国校外教育, 2010 (8): 49.

[99] 郑秀芬.《弟子规》中的儒家文化传统及现代价值 [J].新闻爱好者, 2010 (7): 124 – 125.

[100] 李安纲.孝道与《弟子规》[J].运城学院学报, 2010 (4): 4 – 6.

[101] 申香英.《弟子规》走进企业 [J].纺织服装周刊, 2010 (11): 58.

[102] 吴珊珊.《弟子规》的道德教育思想初探 [J].才智, 2010 (32): 169 – 170.

[103] 肖慧, 许寒.《弟子规》成就儒商夙愿——企业家李文良传播优秀传统文化的故事 [N].经理日报, 2007 – 05 – 18 (儒商·文化版).

[104] 王承进.从《弟子规》看企业道德管理 [J].人力资源, 2009 (7): 23 – 26.

[105] 赵红卫.论《弟子规》的德育思想及其当代价值 [J].管理观察, 2008 (11): 116 – 117.

[106] 任民.从《弟子规》看国学教育的情感向度 [J].河南教育学院学报 (哲学社会科学版), 2006 (4): 51 – 56.

[107] 张迎春.《弟子规》的养成教育思想 [J].教学与管理, 2001 (3): 9 – 10.

[108] 邸春姝.《新弟子规》实践谈 [J].黑龙江农垦师专学报, 1999 (3): 5 – 6.

[109] 李祥熙, 相从智.《弟子规》是重建中华孝文化的重要参照 [J].运城学院学报, 2010 (4): 11 – 13.

[110] 刘建军.巧借《弟子规》塑造学生高尚人格 [J].河南农业, 2010 (10): 44.

[111] 徐莉, 戴长江.从《弟子规》看中国古代的言语交际原则 [J].安徽师范大学学报 (人文社会科学), 2010 (4): 612 – 615.

[112] 秦春雨.唐山高建忠和《弟子规》 [J].中国建材, 2010 (9): 104 – 105.

[113] 邵龙宝.《弟子规》与现代家庭教育 [J].运城学院学报, 2010 (4): 1 – 3.

［114］孔祥卫. 试论《弟子规》与当今大学生的德行教育［J］. 网络财富, 2009（17）: 7 - 8.

［115］江增辉. "儒道经营"与"爱拼会赢"——浅析徽闽商帮的文化差异［J］. 福建商业高等专科学校学报, 2007（4）: 3 - 5.

［116］郎咸平. 古商帮不是好榜样［J］. 商界（评论）, 2010（10）: 104.

［117］陶昱明. 清徽商的家庭教育［J］. 科教文汇, 2009（8）: 45, 93.

［118］东方. 世界巨富的理财观［J］. 价格与市场, 2004（9）: 42.

［119］闫恩虎. 张弼士与近代"客商"文化［J］. 嘉应学院学报（哲学社会科学）, 2006, 24（2）: 5 - 10.

［120］肖群. 传统儒商的概念辨析［J］. 科技信息, 2009（30）: 129 - 130.

［121］吕力. 论"儒"与"商"相结合的可能性——管理学视角下"儒商"概念的虚无性［J］. 商业经济, 2009（9）: 3 - 5.

［122］王悦, 张杰. 略论儒商精神与山东企业文化建设［J］. 价值工程, 2007（10）: 21 - 24.

［123］郑罗平. 儒家文化对学校教育管理的影响探讨［J］. 中国教育科学研究, 2005（12）.

［124］爱新觉罗·启翊. 孔子定义的"儒商"［J］. 新财经, 2010（9）: 112 - 113.

［125］于树彬, 陶志明. 儒商的苦涩与新儒商的打造［J］. 商业研究, 2008（1）: 127 - 129.

［126］董立新. 儒商文化与市场经济［J］. 中国商贸, 2010（1）: 84 - 85.

［127］戢斗勇. "儒商"及其特点［J］. 财富智慧, 2008（Z3）: 28.

［128］薛平. 现代"儒商"特征四议［J］. 扬州大学学报（人文社会科学版）, 2009（3）: 29 - 33.

［129］汤恩佳. 儒教、儒学、儒商对人类的贡献［J］. 韶关学院学报（社会科学）, 2006（2）: 48 - 50.

［130］何鹏荣. 赢的禅解［J］. 保险文化, 2010（7）: 92 - 93.

［131］戢斗勇. 儒商文化的时代要求［J］. 孔子研究, 2009（3）: 119 - 120.

［132］黄俊民，陈小冰．让新儒商文化融入财经类高校校园文化［J］．上海：人才开发，2006（4）：23－25．

［133］吴凡明．理学诚信思想与现代儒商人格的塑造［J］．南通大学学报·社会科学版，2008（2）：15－18．

［134］王冰，王兴泽．析儒学与创新人才的情商培养［J］．学术研究，2006（12）：94－95．

［135］汤恩佳．我为何一辈子宣传儒商精神［J］．商学院，2014（5）：119．

［136］葛荣晋．儒学与儒商［J］．河北大学学报（哲学社会科学版），2014，29（5）：10－15

［137］韩星．齐家之道及其现代传承［J］．中国儒商，2015，4（8）：9－14．

［138］苗泽华，孟高飞．以儒家"五常"为导向的企业伦理构建［J］．商业文化，2015（12上）：69－74．

后记

常念父母，常感恩，父母恩重如山；
长怀祖国，长衷情，祖国情深似海！①

今天是 2016 年 1 月 2 日，妻子回娘家看望八十余岁的父母双亲去了。那首歌，常回家看看，真是写得好，唱得好！中午，远在美国、漂泊了 10 余年的三弟②也打来电话问起家常。我坐在电脑前一边撰写着后记，一边再也忍不住想念起农历甲午年二月初二（2014 年 3 月 2 日）上午十点五十分仙逝已近两年

---

① 注：对待父母，子女要常常想念，时时刻刻感念，经常回家看看，终生报答父母之恩，父母的恩情重于泰山啊！我们还要懂得，没有祖先，没有祖国，哪能有我们的父母，又哪能有我们这些儿女呢？中华儿女就要把孝道和感恩推而广之，不论是在天涯还是海角，也不论是在国内还是国外，我们在人生岁月里都要永远心系家乡，永远心怀祖国，还要衷情祖国，忠于祖国，报效祖国！祖国，我们的母亲！只有心系家乡，心怀祖国，才能不断地长出对家乡的热爱，对祖国的衷情，我们才能慢慢地体会到祖国恩情似海深啊！在下联中。前一个"长"（读音 cháng）和后一个"长"（读音 zhǎng）其含义是不一样的，前一个"长"表达的是时间概念，是指长期、长久、长远，直到永远！后面那个"长"是生长、增长、生发、成长的意思。心怀祖国，才能长出衷情，才能感激祖国的恩情，才能真正忠于祖国，从而报效祖国。这副对联上联的首字"常"和下联的首个字"长"组合在一起就是"常长"，上联的两个"常"和下联的两个"长"合起来就是"常常长长"；第二个字组合是"念怀"或"怀念"；上联的"感恩"和下联的"衷情"合起来就是"感恩衷情"或"衷情感恩"，在衷情中感激父母和祖国之恩。上联的"父母"和下联的"祖国"合起来就是"父母祖国"或者"祖国父母"。上联的"恩重如山"和下联的"情深似海"合起来就是"恩重如山情深似海"！把上下联后半句全部上下合起来就是"父母祖国恩情重如山深似海"！让我们在漫漫人生之路上慢慢地体会、领悟与感恩吧！农历丙申年春节，鄙人曾将该对联和《中华儒商光明正大》等以贺春短信的形式发给领导、专家、老师和学生，获得了诸多好评与点赞。春节过后，鄙人还对这部书稿进行了反复推敲与雕琢，才得以定稿。

② 三弟苗泽伟，1996～1998 年在中国科学院生态环境中心跟随王如松等老师做博士后研究工作，21 世纪之初，他就去了意大利、加拿大、英国、美国等知名高校访学求真，在美国也待了 10 余年了。我以马世骏和王如松两位院士所倡导的复合生态系统理论为基础，长期致力于工业企业生态工程方面研究。十几年来，三弟提供了诸多国外领先的生态理念、思想、方法以及相关的外文资料，使我受益匪浅。作为手足之情和研究伙伴，我一直非常感念他。

的亲娘！我那还没有被严重雾霾污染的纯净泪水夺眶而出，像清澈的山泉盈满在脸上！流吧，思念的泪水！任其自然而然地流吧！把泪水化为埋在我心底的深深思念与感恩，直到永远，永远，再永远！

多次听母亲说过，父亲后来也说过，我生下来是个双胞胎，还有个哥哥生下来大概活了八九天就夭折了。母亲经常对我说，那个哥哥长得比我还白一些，胖一些，个子还大些，我是又黑，又瘦，又弱小。母亲也特别担心害怕我成不了人，小时候我一有个小病儿小灾儿，她老人家便虔诚地给家里供奉的观音菩萨烧香磕头，祈求菩萨保佑。她经常对我讲，你能长大成人，能考上大学，能当上大学老师，能取得些许成绩，都是菩萨保佑的！

母亲孝敬公婆、尊老爱幼、和睦邻里在村里村外是出了名的。20 世纪 60 年代初全国遭遇了罕见的自然灾害。当时，人民公社大食堂是社会主义集体的象征。社员们干完农活都到村里的大食堂吃饭，食堂会给每个干活的人按顿均分一些干粮和汤水，我母亲自己都舍不得吃干粮，宁愿自己饿着，有时饿得连上坡的力气都快没有了，还要请示管食堂的头头，说明家里有老有小，能否自己多喝点汤，把自己节省下的干粮带回去让老人们吃。我母亲的孝心连管食堂的头头都感动了，食堂的头头就让她悄悄地把她自己节省下来的那点儿干粮带回家孝敬公婆，爷爷奶奶在家里正饿得慌呢，一见我母亲带回来些吃的，都挺高兴，也挺感动，常对人夸我母亲有孝心。我母亲还是一个非常聪明能干，而又会持家过日子的好母亲。虽然她大字不识一个，可她却会口算，当时我们生产队只有两个妇女会算账，她就是其中之一。她非常勤劳，生产队一天的工值满分是 10 分，她是少数能挣 10 分的妇女之一。她也非常节俭，在吃了上顿没有下顿的日子里，是她精打细算，才勉强维持着全家人的生活。

我记得，小时候放学后都要去地里割筐草，喂猪喂羊喂兔子。在快秋收的时候，有些半大小子会偷偷摸摸地掰些生产队的玉黍黍（指玉米，在老家"黍"字不念 shǔ，而念 xǔ，还要两字重复）和偷挖些山药（指红薯）、落生（指花生）之类的，放在筐里用草盖着带回家，以便填一填全家咕噜咕噜乱叫的肚子。也有些小伙伴会偷偷在地里刨个坑，用干草或柴禾把山药、玉黍或落生之类的烤熟后再偷偷地吃。这些偷偷摸摸的事，在那个年代是屡见不鲜的。遇到这种事，我都是一个人躲得远远的，顶多就是远远地闻一闻那些飘出来的香味，多流出一些哈喇子（口水）而已。当然，如果你偷生产队的东西正好被村里委派的巡逻人员逮住了，那就有你的好果子吃了。轻则臭骂一顿，重则罚你家的粮食，扣你家的工分，甚至戴高帽子挂牌子游街示众。每当去地里割草，母亲都对孩子们千叮嘱万叮咛，说些咱家成分高①，你们千万不要祸害庄稼，千万不能偷吃生产队的山药、落生和玉秫秫之类的话。我们也都牢牢地记住，遇到类似的事也能够不动心，这都是母亲教子有方啊！母亲最扬眉吐气之时，就是 1977 年恢复高考后我大哥成为全村唯一首届考上大学（好像读的是河北林业专科学校林学类果木专业的专科）的学生。从此，她老人家脸上挂满了开心的笑容。

父母经常对孩子们讲，邓小平可是咱们家的大恩人，没有邓小平恢复高考的好政策，甭说你们上大学，就是给人家倒插门，找个媳妇也甭想！想起这些，真是言犹在耳，记忆犹新啊！此时此刻，忍不住的泪水又掉下来了，我怎能不思念我的母亲，又岂能不感恩自己的父母呢？又岂能忘记党和国家培养我成人成才的大恩大德？81 岁的老父亲还住在邢台为人打工 20 余年的四弟家里。去年和今年暑假，老父亲也曾在我这里住过一阵子。我尽量多陪陪他，与老人说说话。妻子敬老爱幼，忙里忙外，也尽量变着花样做些好吃的，让老人吃好喝好。一家子也时常逗逗乐，全家和和睦睦，快快乐乐，度过了幸福的暑假。父母双亲宅心仁厚，一生勤劳节俭，含辛茹苦把我们兄弟姐妹抚养成人，真的不容易啊！做子女的岂能不诚心诚意地感恩呢？又怎能不敬老爱老孝敬老人呢？

---

①　土改时划分成分，我爷爷奶奶被划为富农。听老人们讲，我曾祖父是个唯一的儿子，有几个姐妹。他考过功名，好像是清朝晚期的秀才，因为瘸腿不能参加举人以上的科举考试。他一生以教私塾为业，寓教于乐，双手写毛笔字，龙飞凤舞，文采与书法在乡里是知名的。我小的时候见过他写在家布（类似家谱）上的字，蝇头小楷，特别工整，像刀子刻出来的一样，如字帖一般。我也曾经练习书法多年，惭愧的是比起曾祖和祖父，我的字相差太远了。我曾祖父为人仗义，经常以文会友，可惜他不到五十岁就去世了，当时我爷爷才十九岁。我爷爷也是家中唯一的儿子，上面好像有四个姐姐。爷爷当家做主之后，继承了先人的遗风，为人也挺仗义的，支持乡村办学，也曾做过村里的校董。他一生勤奋劳作，乐善好施。抗日战争时期，离我们村八里地的宋庄（该村有一座日本鬼子的炮楼）有一个地下党员曾经在我们家后院住过七八年，与我爷爷也成了过命的朋友。我爷爷也救助过一个编席卖篓者的命，还有一家打风箱（烧火做饭用）的外乡人祖孙三代都住过我们家。不论村里村外，谁家有个红白喜事，或者遇到个坎有个难什么的，我爷爷都慷慨解囊助人渡过难关。他在生活上克勤克俭，精打细算，每年都用节省下来的粮食换些土地，日积月累，到土改时，已经有一百多亩地了。正因为地多，才被划为富农。在"文革"后期，连我们这些小孩子都受到牵连。记得小时候，我学习特别好，在村里小学考试，经常是数一数二的。我也曾梦想，像其他小孩子一样，当一名三好学生，领个奖状或铅笔什么的，那得有多光荣！都因为老人家出身不好而被取消资格。我们这些孩子不懂事，有时也埋怨老人没事买什么地呢？这不是害我们这些子孙后代吗？随着年龄的增长，我才逐渐懂得感恩，才深深体会到感恩，才把感恩作为生命力。恐怕正是祖上的恩泽与阴德，才沐浴着我们这个和睦幸福的大家庭，也正是祖上传下来的家规家训与寓教于乐的理念，才成就了我教书育人的学术生涯，才愈加坚定了我终生笃行"弘扬儒学，培育新儒商"的人生使命！

父亲从小就拜师习练梅花拳，有一身好功夫，都八十有余了，上我住的四层楼，比我还利索。因为他会些拳脚功夫，知道穴位在哪里，村里村外谁有个头痛、脑热、腿疼、胳膊酸、肚子不舒服之类的小病都来找他。也不管多忙，他都立马放下手中的活计，义务地给人家捋把这儿捋把那儿，有时还说些笑话逗逗乐，让人开开心。也真神，经过他捋一捋的人，有的明显见轻，也有的就此彻底好了的。几十年了，他都是乐此不疲。对此，全家人大都不太理解他，都说他傻。小时候，父亲看到我瘦小体弱，就耐心地教我习练起了梅花拳和梅花单刀，断断续续教了我好几年，我也苦苦地练了好多年。我记得他常说"练拳就要冬练三九夏练三伏"之类的话。从六七岁开始直到上大学，以及毕业参加工作以后，我大都在晚上人少的地方抽空练练拳耍耍刀，断断续续一直苦练到 1990 年 9 月初去北京理工大学攻读硕士研究生之时。自 1990 年 9 月以后，我为了把学问做好，把书教好，下定决心一股脑儿地把从小习练的梅花拳和喜爱的书法、绘画、篆刻，以及跳舞、下象棋、拉二胡等业余爱好统统彻底放下了。这一放下就是 25 年，直到今年我都过了知天命之年，才醒悟到这些老传统是传家宝，也是丢不得的！想起小时候练拳的日子，心底无邪，勤学苦练，真是快乐无比啊！

梅花拳的确是强身健体修养身心的好拳。梅花拳，取义寒冬腊月傲严寒而绽放的五瓣梅花，练拳者也要像梅花一样，终身学习笃行梅花之君子人格，未练拳先要修德。父亲常说："练拳的人既不能寻衅滋事，更不能欺负弱小，还要扶危济困行侠仗义。"本人也领悟到：要练好梅花拳，就得心中常存仁义礼智信，拳走金木水火土，外行八卦按阴阳接天地之正气。母亲去世后，我为了多与父亲交流沟通，温暖他老人的心，就冒出了再跟他学拳的想法。2015 年 7 月初，学校还没有放暑假，我和妻子就开车把他老人家从邢台接到我这里。整个暑假，我和妻子除了带老人家去西柏坡瞻仰革命圣地和去赵州桥参观古迹的那两天，也顾不得三伏天的酷暑难熬，几乎天天晚上都在向他老人家学习梅花拳，每天都大汗淋漓，像蒸了桑拿一样。习练了近两个月，我学会了关公的春秋大刀，妻子学会了双刀。大刀舞起来威风八面，双刀耍起来，影动四方。我们真的是在锻炼身心的乐趣中对老人尽足了孝，父亲也享受到了久违的教子习拳之乐，我们也渐渐体会到了练拳之乐，真是何乐而不为呢？

元旦，开元大吉！这一天真的是好事成双。元旦我作了一首 120 字的五绝自传体长诗。元旦下午，我发给一些领导、同事和同学，获得了不少点赞！下午我还和妻子一起包了顿饺子。饺子，中华民族美食的传家宝，阖家幸运幸福吉利吉祥的元根！今天是元月第二天，我又针对书中篇章，一口气作了四首七律诗，我感到身心皆益，似乎也神采奕奕！术有专攻，可惜鄙人毕竟不专攻诗词与文学，何况先圣先贤的微言大义，岂是我辈学疏才浅之人所能揣摩透的，诗不达情和文不达意之处在所难免，恐怕要贻笑大方了。

本人自 2015 年 4 月 18 日发下大愿并终生戒酒，至今已经 8 个多月了。为了戒酒，我还精心设计制作了戒酒卡片，并把自己撰写的一副对联"闻王善人言，死心化性，降糖问柔和；感众亲朋恩，培元长命，戒酒得健康！"印在上面。几个月来，虽然少了酒中之乐，再也体会不到"人生能有几回醉"的仙境，但能陶醉在学海与商海之中，以学习领悟圣贤语录潜心做学问为至乐，以正己化人教书育人为至乐，岂不醉哉？又岂不快哉？

在拙著的撰写过程中，首先我系统整理了本人发表的和未发表的学术论文，并取其精华纳入本书中，这正是本书的营养之一。其次，参考了大量的国内外著作和论文，以及互联网上的诸多资料，有的还真不知道作者姓名，这也是本书的营养之一。最后，本人不揣冒昧还从百度上搜集了若干张图片和一些解释资料，比如孔子、老子、孟子等圣贤的画像等，这也是本书的营养之一。正是这么多热爱祖国忠于国家的仁人志士和辛勤耕耘的学者们，激励着我编写了这部扬善止恶之书。在此，本人诚惶诚恐，对参考的所有注明和未注明的作者的著作、论文和绘画作品等表达我最真诚的感谢！

编著这本书的初衷是我想让石家庄经济学院商学院 1700 余名师生，包括五个专业的本科生、企业管理和旅游管理专业的研究生，工商管理（MBA）专业硕士生和商学院 60 多个教职工，都能读到这本书，体会到中华优秀传统文化的博大精深，用圣贤语录和中华优秀传统文化及其精神滋润自己和家人的心田，勇做新时代的儒商，都能一生忠心耿耿地报效我们共同的祖国，为中华民族伟大复兴的中国梦而努力奋斗！

每个师生人手一册书，这是我三个多月之前就发下的大愿。为此，我不辞辛苦，也不计报酬，夜以继日，废寝忘食，笔耕不辍，尤其是时常回家晚了，看着妻子做好了饭，坐在电视机前无奈地等待的神情，心里也不由得生出一丝丝歉疚。写到这里，我还是要真诚地感谢妻子长年累月的关心与支持，正是她任劳任怨地操持着这个家，我才解除了后顾之忧，才能潜心于学问，畅游于学海，奉献于师生。这本书若能为师生们的本善之心培元固根加点清净之水，激发更多的人诚意、正心、修身、齐家、创业、爱国，勇做新时代的儒商，我也就感到值了！我经常在想，如果在世界上多了一个中华新儒商，不仅可能会少一个奸商，少一个坏蛋，也就多了一个好人，多了一个中国声音，立起了一个中国形象，产生了一个自强不息厚德载物的正能量！我永远牢记并终生笃行自己的人生使命"弘扬儒学，培育新儒商！"

在本书出版中，得到了经济科学出版社周国强先生的鼎力支持，他为本书的编辑与出版付出了大量的心血。他认真负责，精益求精的敬业精神值得我学习，也令我感动与感激。本书还得到了国家第三批特色专业建设点工商管理专业建设经费和河北省高校重点学科建设项目的资助。30年来，自己在教书育人和做人做事做学问中享受到了不少人生乐趣。这本书是快乐幸福之作，也正是为了仁爱人间善行天下！大学之道在于教学相长，在于仁爱师生，在于寓教于乐，还在于善行天下，以止于至善！然而，独乐乐不如众乐乐，众人乐不如众生乐！独善善不如众善善，众人善不如天下善！为此，我倡议商学院一些支持新儒商教学与研究的老师和校友为商学院1700余名莘莘学子助印，为中华民族伟大复兴的中国梦助力！在本书的研究与撰写中，得到了石家庄经济学院党委书记李军教授语重心长的鼓励与鼎力支持。李军书记心底坦荡，性情豪迈，风趣幽默。他在我校任职以来，积极谋划学校发展战略，大力推进创新创业教育，深化教育教学改革，做得有声有色，风生水起。他的教育理念与慈善行为对我触动很大，我也深受熏染与启发，并尝试着将新儒商理论与创新创业有机结合起来。创新创业呼唤新时代的儒商，新儒商也必能承担起创新创业的重任。这部书之所以能顺利出版，还得到了一些校友的慷慨解囊，感谢商学院教师赵现峰、王彦博和校友郑罗平、陈士彬、江贻送、佟嘉、王勇、朱绥宾、施明泉、邵帅等人助印。学校的鼎力支持，令我感激；校友的慈善助印，更令我感动。这些校友也不是什么富商。他们不像有些大款那样任性，潇洒自如，挥金如土；也不像一些纨绔子弟，开着豪车，招摇过市，横冲直撞。他们应善而举，捐资助印。这正是校友们一颗、一颗、又一颗慈善乐善之心啊！我们要让这种慈善乐善的正心正能在商学院乃至天地之间永久地循环传递下去，让新儒商理念种在师生的心田里，滋润更多的中华儿女。校友们的善举正是新儒商种子盛开的花蕾，必将结出沉甸甸的新儒商果实！这岂能不令我感动、感激又感恩呢？在此，本人一并表达真诚的谢忱与致敬！

我不是专门研究传统伦理与文化的学者，也不是什么书画家，更不是什么诗人，只是对我国优秀传统文化心生敬畏与敬佩，心怀感激和感恩，闲暇之时业余爱好而已。因此，本书难免有诸多疏漏和不足，敬请诸位领导、专家、老师和学生批评指正！我既需要获得读者们的点赞，师生们的点赞和商界耕耘者的点赞！当然，也祈盼各级领导和专家们的点赞。我还怀着一颗诚惶诚恐的心，在此诚心诚意地接受社会各界的批评与指导，祈盼获得新的正能量，以激励我在教书育人的道路上堂堂正正踏踏实实地坚强走下去，直到永远，永远，再永远！

石家庄漫长而寒冷的冬，窗外飘着阴沉的厚霾，断断续续一个月都有余了挥之不去。天上的霾，虽然难治理，但恐怕还能想出法子，若人们心头积聚了阴沉的厚霾，不得清净，那更是挥之不去啊！要除却心头的霾，就得诚意，就得正心，就得修身！当今，习近平主席大力倡导中华儿女继承弘扬中华优秀传统文化，推行"三严三实"。这不正是治理心霾的清心剂吗？培养新时代的儒商虽然任重道远，中华新儒商恐怕就是清除商业雾霾与商人心霾的一支重要生力军。树立以生态为中心的观念，推进生态文明建设，促进循环经济的发展，全面实施生态工程也正是治理天霾与心霾的重要途径！在此，特献20字的五绝诗一首，权作本书的结束语，也好谱写新的华章！

国家大建设，难免有点霾；
只要人心正，蓝天自然来！

苗泽华

2016年1月2日晚22点写于卓达书香园
推敲雕琢书稿至农历丙申年正月十六